Albino Luciani

Mein Vermächtnis

Albino Luciani

Mein Vermächtnis

Verlag Styria

Ausgewählt und ins Deutsche übertragen
von Helmut Machowetz und Gerhard Trenkler
Die italienische Originalausgabe, herausgegeben von Alfredo Cattabiani,
trägt den Titel „Il Magistero di Albino Luciani“
und erschien © 1979 bei Editrice Grafiche Messaggero di S. Antonio – Padova

CIP-Kurztitelaufnahme der Deutschen Bibliothek
Johannes Paulus ‹Papa, I.›:
Mein Vermächtnis / Albino Luciani. [Aus d. Ital.
übers. von Helmut Machowetz u. Gerhard Trenkler]. –
Graz; Wien; Köln : Verlag Styria, 1986.
Einheitssacht.: Il Magistero ‹dt.›
ISBN 3-222-11677-6

Vw: Luciani, Albino [Früherer Name]
Johannes Paulus ‹Papa, I.›

Printed in Austria
Titelfoto: US-Press, Wien
Satz und Druck:
Druck- und Verlagshaus Styria, Graz
Bindung: Wiener Verlag, Himberg
ISBN 3-222-11677-6

Inhalt

Ein unbekannter Papst

Am Donnerstag, dem 28. September 1978, starb spät nachts ganz unvorhergesehen und völlig einsam Johannes Paul I. nach kaum 33 Tagen päpstlicher Regierung. Das Sterbezimmer war schmucklos, als gehörte es gar nicht zu dem prunkvollen Palast im Vatikan.

Die Nachricht von seinem plötzlichen Hinscheiden, die in den ersten Stunden des folgenden Tages verbreitet wurde, wollte man zuerst gar nicht glauben, man war wie vor den Kopf geschlagen; dann ergriff eine Welle der Erschütterung und Trauer die ganze Welt. Besonders die einfachen Menschen waren zutiefst betroffen über den unvorhergesehenen Tod dieses Papstes, der es in kürzester Zeit verstanden hatte, mit seiner unverwechselbaren Persönlichkeit, durch sein Gehaben, seine Sprache, seine tiefe Frömmigkeit, die Authentizität seiner evangelischen Hirtensorge und seine unmittelbare Anteilnahme am Leben aller die Herzen zu erobern.

Schon bei seinem ersten Erscheinen am Fernsehschirm gleich nach der Wahl hatte er mit seinem strahlenden Lächeln, der spontanen Mitteilung dessen, was geschehen war – abseits aller Konvention –, und mit einer unwiderstehlichen Kommunikationskraft eine neue Ära der Beziehungen zwischen dem Papst und dem christlichen Volk eröffnet. Die darauffolgenden Begegnungen bei verschiedenen Gelegenheiten hatten die Woge der Sympathie noch vergrößert. Seine von Herzen kommende Demut, seine menschliche Wärme, der Gebrauch der ersten Person und die Vermeidung des Pluralis majestaticus, die erfrischenden und bildhaft-lebendigen Ansprachen, die so überzeugend und für alle verständlich waren, hatten ihn trotz seines hohen Amtes wirklich als „einen von uns“ erscheinen lassen.

Dann hatte er jene zeichenhaften Taten gesetzt: die Änderung des Ritus der päpstlichen Amtseinführung, indem er die Krönung mit der Tiara (dem Symbol der Macht) und die Inthronisation abschaffte; das Schwergewicht, das er nachdrücklich auf die Tatsache legte, daß er Bischof von Rom war und erst dann, weil Bischof von Rom, Haupt der universalen Kirche (eine klare Aufwertung des Bischofsamtes und somit der Kollegialität in der Kirche). F. Alberoni bemerkte im *Corriere della Sera* vom 30. September 1978 diesbezüglich: „Indem er sich als einfacher Bischof von Rom, als Nachfolger Petri, präsentierte, hat der neue Papst symbolisch Formen wiederaufleben lassen, die nicht nur vor der Gegenreformation, sondern sogar vor dem Großen Schisma mit dem Osten Geltung hatten. Die öffentliche Zeremonie am Petersplatz, die Antwort der Menge bei der Messe haben die Akklamation symbolisiert, die einstens das Volk von Rom seinem Bischof spendete... Nicht als der Souverän einer Teilkirche (der katholischen) hat sich der neue Papst vorstellen wollen, sondern vielmehr als der Vertreter des Religiösen in der Welt an sich."

In dem Bemühen, die geistige Physiognomie und die Lehraussagen des Papstes Luciani einprägsam zusammenzufassen, wies die Presse der verschiedenen Schattierungen auf zwei charakteristische Punkte hin: die fröhliche Verkündigung der evangelischen Botschaft und den absoluten Vorrang der Seelsorge (und nicht der Politik) in der Sendung des Papstes in Kirche und Welt. Die einfachen Leute waren ganz unmittelbar von einer instinktiven Sympathie zu ihm gepackt. Man liebte ihn, „weil er gut war", „weil er alle liebte", „weil er die großen Probleme allen verständlich machte". Die Erinnerung an den unvergeßlichen Papst Johannes XXIII. und gewisse Ähnlichkeiten mit ihm kamen ganz spontan in den Stellungnahmen vieler Kommentatoren zum Ausdruck.

Raimondo Manzini schreibt im *Osservatore Romano* vom 30. September 1978: „Papst Johannes Paul I. wird in einem Ausmaß geliebt, das in gar keinem Verhältnis zur Dauer und zu den Taten zu stehen scheint, die er während seines kometenhaften Pontifikates vollbrachte. Wie konnte diese urplötzliche Begegnung, diese weitläufige Kommunikation und Übereinstimmung mit seinem Volk Platz greifen, diese Gemeinschaft zwischen dem Hirten und den Gläubigen, aber nicht nur diesen? Er besaß ein Charisma, eine spezielle Gnade der Überzeugung und der Kommunikation, deren Ausdrucksformen sehr persönlich und unwiederholbar waren. Es war ein Charisma, dessen Quellen dem Innersten entsprangen, aus der Vereinigung mit Gott, aus Begabung und Sublimierung eines in der Praxis der Liebe geübten Geistes."

Papst Johannes Paul I. ist vorbeigezogen wie ein Komet von freilich blendender Leuchtkraft. Er hat eine tiefe Spur hinter sich gezogen, die weder vom Zeitgeist noch vom Erfolg bedingt war, sondern im Evangelium wurzelte, für das die Quantität und die Dauer hinter der Qualität rangieren: der Geist ist nicht eingesperrt und begrenzt von der Zeit. „Es scheint ein Paradox zu sein", bemerkt im *Corriere della Sera* vom 30. September 1978 G. Barbiellini Amidei, „aber eigentlich hat die Kirche in den 33 Tagen des Papstes Luciani ohne Enzykliken, ohne Konzilien und sogar ohne Konsistorien, ohne die Proklamation von Dogmen und die Androhung von Exkommunikationen Geschichte gemacht, beachtliche Geschichte." Er hat tatsächlich eine Form evangeliumsgemäßer Hirtensorge verkörpert, die frisch und frei war von Staub und Flitter, frei auch von jedem politischen Kompromiß und allen, selbst formalen Kategorien der Macht. Er hat eine lebendige, offenherzige, volkstümliche Sprache ohne religiöse Rhetorik und Theatralik gesprochen, um sich ganz in den Dienst einer zeitgemäßen Verkündigung des Evangeliums vor allem an die Armen und Einfachen zu stellen. Er hat die unüberwindlich scheinenden weltlichen „Zwänge" mit dem gleichen Mut und der gleichen „Freiheit des Christenmenschen" außer Kraft gesetzt, mit der er durch Ironie und Humor der Aufgeblasenheit abstrakter Ideologien die Luft ausgelassen hat. Es ist keine Einbildung, zu behaupten, daß sein Nachfolger ihn weder übergehen noch seine Lektion wird vernachlässigen können.

Es gab allerdings auch Ablehnung und Kritik: zu Anfang gedämpft, später immer schärfer und radikaler. Sie kamen im allgemeinen aus „intellektuellen" Kreisen, die sich meistens in einer aufs höchste ideologisierten Sphäre zusammentun und in strengen Kategorien (rechts, links, konservativ, progressiv) denken, wobei man eifersüchtig die eigene abstrakte, den Massen unzugängliche Welt hütet. Es ist ganz richtig beobachtet worden, daß die Popularität des Papstes Luciani sich umgekehrt proportional verhielt zum intellektuellen Bildungsniveau der Menschen. Für gewisse Leute war Johannes Paul I. der Vertreter einer „kleinkarierten Theologie“, „politischer Naivität“, eines „gefährlichen und reduktionistischen Antiintellektualismus“. Er besaß nach deren Meinung eine bloß aufgepfropfte und oberflächliche Bildung. Von der Fülle von Zitaten, mit der er seinen Vortrag würzte, solle man sich nicht täuschen lassen – es handle sich um angelesenes Wissen ohne Tiefe. Sein Lächeln (gekünstelt für die einen, bauernschlau für die anderen) ziele auf Beruhigung, um die schweren und drängenden Probleme zu vertuschen. Seine Gestik und seine Sprache seien „einfach und banal“, weswegen man sich über das „Papperlapapp von Johannes Paul I.“ lustig machte. Der neue Papst – erklärte ein Psychologe – vermittle eine bruchstückhafte und somit eigentlich nicht existierende Bildung unter Leuten, die keinerlei Bildung haben. Diese von ihm verkaufte bruchstückhafte Bildung sei zwar allen zugänglich, aber sie sei eben keine wahre Bildung.

Immer wieder taucht – manchmal mit unterdrückter Gebärde, manchmal offen in Frage gestellt – gerade wegen seines „Hinterlandes“ und seiner sozialen Herkunft das Thema des „Bauern-Papstes“, des Papstes aus den Bergen, auf. Der amerikanische Soziologe James Alistair meldet sich hier zu Wort: „Ein Bauern-Papst, und noch dazu ein Italiener, trägt alle jene abwegigen Motivationen einer Kultur in sich, die völlig rückständig ist. Die Kirche gibt vor, eine universale Dimension zu haben, aber sie tut nichts, um sie zu legitimieren. Anstatt mutig in die Zukunft zu blicken, tut sie nichts anderes, als sich bei allen möglichen Gelegenheiten nach rückwärts zu wenden.“

Und dann gibt es da noch die Kurie, jene Institution mit ihrer schlaufüchsigen Diplomatie, unfähig für alle Neuerungen, mit ihren eisernen Gesetzen, ihren weltlichen Ansprüchen, mit ihrer Machtpolitik... Der Bauern-Papst, der „Weltpfarrer“ ist auf diesem aalglatten Parkett ausgerutscht und in den Fängen der Institution erstickt. Er starb unter dieser allzu schweren Last, erdrückt von dem Bewußtsein seiner Ohnmacht. Das Andenken an einen anderen, in der Geschichte berühmt gewordenen Papst, der vergebens die „Politik des Vaterunser" der rein weltlichen Politik der Kurie entgegenzusetzen versuchte und schließlich entmutigt abdanken mußte, wird in bezug auf Papst Luciani oft ins Gedächtnis gerufen: Seine „Abenteuer eines armen Christen" – um den Titel des bekannten Buches von Ignazio Silone über Cölestin V. zu gebrauchen – endeten auf eine noch tragischere Weise, in der absoluten Einsamkeit.

Wir könnten uns damit begnügen, dieser massiven Kritik nicht allein mit dem Hinweis auf die Intuition des Volkes, sondern mit Berufung auf das Evangelium entgegenzutreten. Auch Jesus Christus stand in diesem Widerstreit der Meinungen: Da war das Volk, das von seiner einfachen und lebendigen Sprechweise, von den aus der vertrauten Alltagswelt genommenen Parabeln und Gleichnissen fasziniert war. Verblüfft bemerkten die Hörer, daß keiner so sprechen konnte wie Er, und sie bemerkten vor allem, daß Er nicht wie die Doktoren und Intellektuellen seiner Zeit sprach, die ihn schon wegen seiner sozialen Herkunft mit deutlicher Verachtung zurückwiesen: „Kann denn aus Nazaret etwas Gutes kommen?" Die Opposition von Gruppen dieser zum Radikalismus neigenden „Intelligenzia" ist aber sehr bezeichnend, weil sie klar zeigt, daß Papst Luciani nicht nur innerhalb der Kirche Formalismen und Rigorismen hat platzen lassen, sondern auch einen gewissen „Klerikalismus" außerhalb der Kirche mit seiner Arroganz des Wissens in Frage gestellt hat. Der Papst hat beispielhaft gezeigt, daß sich ein Mensch von Bildung – gleich ob religiöser oder weltlicher Prägung – in den Dienst der ganzen Gesellschaft stellen und mit allen Menschen, gelehrten wie einfachen, in Austausch treten muß. Durch sein Auftreten hat er zu verstehen gegeben, daß alle Menschen und der ganze Mensch (nicht nur die Vernunft) am Wachstum von Kultur und Zivilisation, innerhalb wie außerhalb der Kirche, beteiligt sind. Seine klare, allen verständliche Sprache offenbart geradezu die Dienstfunktion seines Lehramtes für jeden Menschen. Das alles hat natürlich jenen mißfallen, die Kultur und Bildung als eine Sache für wenige auffassen; die sich eine Welt für sich zusammenbasteln, die sie allein für schöpferisch halten. Diese Leute reduzieren den Menschen bloß auf die Vernunft und mißachten jeden anderen Aspekt. Ihre abstrakte, nur für Eingeweihte verständliche Sprache stellt eine Art Trennmauer zu der ihrer Meinung nach bildungsunfähigen Masse dar, glauben sie doch, allein Welt und Geschichte interpretieren zu können. Daher betrachten sie Bildung als Herrschaft und Machtinstrument. Von daher der „Skandal" eines Bauern-Papstes und die verärgerte Zurückweisung seines Stiles und seiner Sprechweise.

Die Kürze der Amtszeit Papst Lucianis hat es nicht erlaubt, den ganzen Reichtum seiner Persönlichkeit kennenzulernen, die nun für immer vom Geheimnis umschlossen bleiben wird. So besteht die Gefahr, daß sein Bild in unzulässiger Weise vereinfacht und verzeichnet wird: als das des gutmütigen Papstes, der liebenswürdige Späße macht, recht schlagfertig ist, zwar ein wenig naiv, jedenfalls aber volkstümlich. „Man wird mehr auf seine rasch erworbene Erfahrung achten müssen", meint V. Gorresio *(La Stampa* vom 30. September 1978), „und wird dann auf der Suche nach seinem Geheimnis sicher fündig werden." Wenn wir sein Leben Revue passieren lassen, können wir die wesentlichen Züge seiner Persönlichkeit, die Motivationen seiner Entschlüsse und seinen Bildungsgang nachzeichnen. Wir werden sein Geheimnis zwar nicht enthüllen, aber wir werden diesen „unbekannten" und in vieler Hinsicht innovatorischen Papst besser verstehen. Letztendlich werden wir – einem Gedanken des heiligen Ambrosius folgend – zu dem Schluß kommen, daß wir nicht traurig sein dürfen, weil Gott ihn uns genommen hat, sondern fröhlich sein sollten, weil Gott ihn uns gegeben hat.

Die Biographie Papst Lucianis ist kurz und ohne Höhepunkte. Lediglich die Etappen, die seine Karriere im kirchlichen Dienst markieren, haben eine präzise Aussagekraft. Er wurde in Canale d'Agordo am 17. Oktober 1912 im Schoße einer armen, aber redlichen Arbeiterfamilie geboren. Das Dorf liegt in etwa 1000 m Höhe in den Bergen in einem Hochtal in unmittelbarer Nähe zur bezaubernden Alpenwelt der Dolomiten. Das Leben der kleinen Gemeinde ist wegen der spärlichen Gaben, welche die Natur bietet, hart und rauh. Die Emigration ist eine bittere Notwendigkeit, und auch der Vater von Albino Luciani mußte sich ins Ausland begeben, um die Familie erhalten zu können. Nach Jahren der Arbeit kehrte er arm wie zuvor und als begeisterter Sozialist nach Hause zurück.

„Unser Vater", erzählt Edoardo, der Bruder des Papstes Luciani, „hieß Giovanni, und schon mit elf Jahren war er als Maurergeselle Gastarbeiter in Tirol in Österreich. Dann ging er zur Arbeit nach Baden und nach Westfalen, also in das Deutschland Wilhelms II., und dort kam er mit den Sozialisten in Kontakt. Ich erinnere mich, daß er die deutschen sozialdemokratischen Zeitungen bezog, denn er konnte ein bißchen Deutsch lesen. Er machte auch hier Propaganda. Des Abends zündete er sich die Pfeife an und las; er hatte einen Schnurrbart wie Stalin. Meine Mutter war es, die ihn änderte. Sie hatten 1911 geheiratet: er war Witwer mit zwei Söhnen, sie 33 Jahre alt, nicht gerade mehr ein junges Mädchen. Sie war eine sehr religiöse Frau, und so begann mein Vater, ohne seinen sozialistischen Ideen abzuschwören, sie zur Messe zu begleiten. Aber unser Vater war ja fast immer im Ausland auf Arbeit. 1914 ging er sogar nach Argentinien. Zu Beginn des Weltkrieges kehrte er nach Italien zurück, um 1918 wiederum den Weg in die Emigration zu gehen: nach Frankreich diesmal, und zwar immer als Maurer." Erst gegen Ende konnte er in der Heimat Arbeit finden.

Das Dorf liegt einsam und weit abgelegen. Im Winter fällt reichlich Schnee und bleibt monatelang liegen. So ist das Dorf oft völlig isoliert, was die Widrigkeiten des Alltagslebens noch erschwert. Diese Situation fördert aber die menschlichen Beziehungen und die Solidarität unter den Bewohnern und erzieht zu Charakterstärke. Die Schönheit der schweigenden Wälder ringsum und die Stille der strengen Nächte laden zur Innerlichkeit ein, leiten zur Entwicklung einer Persönlichkeit an, die Gefühle verbirgt, ausgeprägtes Pflichtbewußtsein und Hartnäckigkeit zeigt und lärmendes Getriebe flieht.

Albino Luciani erwies sich in der Ausformung seines weiteren Lebens tatsächlich als typischer Sohn seines Bergdorfes. Sein Leben war gezeichnet von dem Klima, das er in seiner Familie und Gemeinde eingeatmet hatte. Seine in sich gekehrte und scheue Wesensart, die jede Form des Sich-zur-Schau-Stellens verabscheute, seine mit Strenge und unbezähmbarer innerer Energie gepaarte Liebenswürdigkeit bezeugen das. Luciani kehrte immer gerne in die Berge wie zu seinen Ursprüngen zurück. Er trat sehr jung ins Seminar zu Feltre und später in das zu Belluno ein und wurde am 7. Juli 1935, noch nicht 23 Jahre alt, zum Priester geweiht. Danach wurde er nach Rom geschickt, wo er die Gregoriana besuchte und mit einer Dissertation über Antonio Rosmini promovierte. Dieser ausgezeichnete, aus dem Trentino stammende Philosoph und Theologe des vergangenen Jahrhunderts wird noch heute, vor allem wegen der Lehren, die er in seinem berühmten Werk „Von den fünf Wunden der heiligen Kirche" vorgelegt hat, mit Argwohn und Mißtrauen betrachtet.

Der Studiengang des späteren Papstes bot kaum bedeutende Chancen, persönliches Profil zu gewinnen. Schon damals jedoch zeichnete sich die Leidenschaft für das Lesen ab, die weit über die Erfordernisse des Universitätsstudiums hinausreichte: Schriftsteller und Dichter zogen sein Interesse an und öffneten ihm neue Horizonte. Das Studium wurde nach Handbüchern der nachtridentinischen Theologie absolviert, die eine starre und verknöcherte kulturelle Welt widerspiegelte. Ohne jedes Verständnis für die gärenden Kräfte der Neuzeit reagierte sie lediglich auf gewisse theologische Strömungen (den Modernismus) sowie soziale und demokratische Perspektiven.

Die lückenlose institutionelle Geschlossenheit der Kirche, die durch das Erste Vatikanische Konzil noch akzentuiert wurde, schloß jeden Pluralismus – auch in der Theologie – im Namen der Einheit aus. Im Seminar von Belluno, wo Luciani Theologie studierte, wurde das alles mit besonderer Strenge befolgt: Wenige Jahrzehnte zuvor hatte sich nämlich jene bedauernswerte Geschichte ereignet, als der gesamte Lehrkörper aufgrund der Anklage des Modernismus abgesetzt worden war; man hatte an seiner Stelle ganz neue und absolut vertrauenswürdige Lehrer berufen. Als Musterbeispiele strenger und pflichtbewußter Lebensführung waren verschiedene Professoren, mit denen er zusammentraf, von großem Einfluß auf den jungen Studenten.

Interessant ist die Tatsache, daß er sich in Rom ausgerechnet Rosmini als Thema seiner Doktordissertation wählte. Auch wenn er – wie es scheint – darauf abzielte, Rosmini wegen seiner Theorien über den Ursprung der Seele zu „verdammen", so vertiefte er sich doch sicher beim Studium der Schriften des großen Theologen aus Rovereto auch (gewiß mit der Erlaubnis seiner Vorgesetzten) in das Werk „Von den fünf Wunden der heiligen Kirche", in dem Rosmini von seinem Standpunkt aus die Übelstände analysiert hatte, an denen die Kirche damals litt. Diesbezüglich hatte Rosmini auf liturgischem, pastoralem und katechetischem Gebiet Reformen vorgeschlagen, die schon vor mehr als einem Jahrhundert jene vorwegnahmen, die dann durch das Zweite Vatikanische Konzil realisiert wurden. Daß die Begegnung eines jungen Studenten mit einer Persönlichkeit dieses Formats, die ja Thema seiner Forschungen war, eine unauslöschliche Spur in seiner geistigen Entwicklung hinterlassen muß, ist gewiß. Es wäre aufschlußreich gewesen, wenn der Patriarch von Venedig unter seinen Briefen an verschiedene illustre Persönlichkeiten auch einen an Rosmini gerichtet hätte.

Nach der Rückkehr in seine Diözese Belluno wurde der junge Priester Luciani in die Pfarrseelsorge geschickt und begann mit voller Hingabe jene katechetische Aktivität, die ihn das ganze Leben hindurch beschäftigte. Er verstand seinen Dienst als Auftrag zur Katechese und Verkündigung des Evangeliums besonders an die Kinder und die einfachen Leute. Er vervollkommnete die Methode der Erklärung immer mehr, bereicherte sie mit Beispielen aus der Literatur, der Geschichte und dem Leben und erreichte so eine außerordentliche Meisterschaft, deren Fundament ein angeborenes Talent zur Kommunikation war. Von 1937 bis 1947 war er im Seminar von Belluno Dozent für Dogmatik, kanonisches Recht und kirchliche Kunst, im Jahre 1948 wurde er zum Leiter des Katechetischen Amtes seiner Diözese ernannt.

Frucht dieser intensiven und leidenschaftlichen Aktivität auf dem Felde der Katechese war ein kleines Büchlein mit dem Titel *Catechismo in briciole* (Katechismus in Brosamen), das sieben Auflagen erlebte und in vieler Hinsicht jene Katechismen vorwegnahm, die nach dem Konzil in dessen Geist herausgekommen sind. In diesem Werk schon offenbart der Autor einen durchgehenden fundamentalen Aspekt seiner theologischen Position. Die Geheimnisse und Wahrheiten des Glaubens bleiben als solche unberührt und klar ausgesprochen, sie werden weder auf Druck von unten umgangen noch kaschiert, aber die Sprache, mit der er sie vorträgt, ist frisch und lebendig, konkret und vertraut, so daß sie gleichsam eingefleischt erscheinen im Leben des Volkes Gottes. Das große Problem einer möglichen Neuformulierung der Glaubenswahrheiten nach dem Zeitgeist, wie es eifrig von größeren theologischen Gruppen im deutschen und französischen Sprachbereich diskutiert wird, stellt sich ihm nicht. Ihn interessiert lediglich ein neuer Stil in der Darlegung der traditionellen Formulierungen.

Schon in dieser ersten Periode seines Lebens erscheint Luciani mit seiner persönlichen spezifischen Begabung als ein genuines Produkt des kirchlichen Mutterbodens im Italien und Venetien seiner Zeit. Aber seine große Belesenheit, seine lebendige intellektuelle Sensibilität und der Kontakt mit der Bevölkerung einer armen Provinz, für die die Auswanderung die einzige Alternative war, machten ihn aufnahmebereit für neue Öffnungen.

Am 15. Dezember 1958 ernannte Papst Johannes XXIII. Luciani zum Bischof von Vittorio Veneto. Der Roncalli-Papst wollte den neuen Bischof, den er als Patriarch von Venedig kennengelernt und ganz besonders geschätzt hatte, persönlich weihen. Die elf Jahre, die Bischof Luciani in Vittorio Veneto verbrachte, waren zweifelsohne die interessantesten und entscheidendsten seines Lebens. Mit außerordentlicher Beharrlichkeit widmete er sich den Pfarrvisitationen, bei denen er sich durch sein persönliches Talent und seine tiefe Religiosität als ein unvergleichlicher Seelenhirte erwies Er hatte enge Kontakte zur Arbeitswelt und zu den Gewerkschaften, deren Probleme ihn sehr beschäftigten. Er nahm regen Anteil an verschiedenen internen Ausschüssen und empfing immer wieder Arbeiterdelegationen. Ihre Sorgen und Probleme wurden die seinen. Von nun an wurde der Kontakt mit den Arbeitern einer der Schwerpunkte seiner bischöflichen Amtsführung.

Ein Pfarrer der Diözese, der mehrere Male anläßlich von Pfarrvisitationen mit ihm zu tun hatte, bezeugt: „Bei Papst Luciani erinnere ich mich vor allem an zwei Gaben: seine Bescheidenheit und seine Festigkeit. Seine Bescheidenheit kleidete sich in eine einfache und demütige Form; niemand, der sich ihm näherte, war ihm unbequem, er flößte jedem Vertrauen ein. Weder in Wort noch Gestik war bei ihm etwas Großsprecherisches oder Triumphalistisches ... In den Prinzipien und in der Disziplin gab er nicht nach. Wenn er jemanden tadeln mußte, tat er es mit großem Bedauern. Eines Morgens kam er ohne Voranmeldung ins Pfarrhaus. Müde und abgespannt setzte er sich, und nach einer Weile gestand er: Heute nacht habe ich kaum geschlafen. Da ich seine schwache Gesundheit kannte, fragte ich: Fühlen Sie sich nicht ganz wohl, Herr Bischof? – Doch, doch, antwortete er, ich konnte nur keinen Schlaf finden, weil ich einen Mitbruder zurechtgewiesen habe. Die ganze Bitterkeit, die ich ihm mit meinem Tadel habe bereiten müssen, ist noch in mir" (*Avvenire*, 11. Januar 1979).

Während seiner Bischofsjahre in Vittorio Veneto erschütterte ein außerordentliches Ereignis die ganze Kirche: das Zweite Vatikanische Konzil. Bischof Luciani nahm an ihm mit gespannter Aufmerksamkeit teil. Er las zur Vorbereitung die Dokumente und Texte jeglicher Richtung, die nach der Ankündigung des Konzils die Welt zu überfluten begannen. Die Konzilsperiode selbst bedeutete für ihn gleichsam so etwas wie ein Trauma. Er fand sich mit Horizonten, Perspektiven und neuen theologischen Entwürfen konfrontiert, die oft zu jenen theologischen Positionen in Gegensatz standen, die ihm bis dahin von seiner theologischen Ausbildung her geläufig waren.

Mit großer Aufrichtigkeit bekennt er selbst: „Jahre hindurch waren wir daran gewöhnt, die Rechte der Wahrheit zu verteidigen und zu verkünden, daß der Irrtum kein Recht hätte und die nichtkatholischen Konfessionen nicht den Anspruch auf Freiheit erheben dürften. Die Änderung dessen, was ich lange Zeit selbst gelehrt hatte, kostete mich langes Studium. Ich las unzählige Bücher, bis ich überzeugt war und den Thesen des Konzils zustimmte." Die „Schule" des Konzils, die ausgedehnte Lektüre, die Gespräche und Kontakte mit Experten aus anderen Kulturen und Erfahrungshorizonten, der Atem der Welt auf der großen Bischofsversammlung waren für Bischof Luciani (wie für viele andere) eine Periode neuer theologischer und kirchlicher Grundlegung. Von da an griffen seine Interessen in neue Dimensionen aus: Mit geschärfter Aufmerksamkeit verfolgte er die theologischen Strömungen, die sich in den verschiedenen Ländern mit erneuter Kraft ausbreiteten, auch wenn er instinktiv davor zurückschreckte, die Theologie als eine abstrakte Sphäre oder gar als Wissenschaft „neben" dem Glauben oder als Ersatz für ihn zu betrachten. Sie mußte für ihn eine Vertiefung und ständige Aktualisierung des Glaubens sein.

Es war während dieser Jahre, daß ich Monsignore Luciani näher kennenlernte. Gelegenheit dazu boten besonders die theologischen Studienwochen zur Fortbildung des Diözesanklerus, zu denen er mich als Vortragenden einlud. Verschiedene andere Gelegenheiten der Begegnung kamen hinzu. Die abendlichen Gespräche sind mir lebendig im Gedächtnis geblieben. Am Ende des Tages kamen, nach einem sehr einfachen Mahl, jene Gespräche auf, die sich zwischen Theologie und Literatur bewegten. Damals wurden mir die Gediegenheit seiner Bildung, die Bandbreite seiner Interessen und seine außerordentliche Fähigkeit bewußt, komplizierte und nicht leicht durchschaubare Meinungen einleuchtend zusammenzufassen. Themen der Ekklesiologie und des Ökumenismus zogen ihn in besonderer Weise an: Die jüngsten Aufbrüche des Konzils gärten in der Tiefe seines Geistes. Eines seiner Hauptprobleme, mit dem er sich ständig beschäftigte, war die Unterscheidung zwischen theologischer Meinung und Glaubenswahrheit, und während ihm der theologische Pluralismus in zunehmendem Maße vollkommen legitim erschien, lehnte er jede Form des Pluralismus im Glauben ab: „Die Vorstellung, daß die Glaubenswahrheiten nur Ausdruck des Gewissens oder des Lebens der Kirche sind, muß nachdrücklich zurückgewiesen werden. Die Glaubenswahrheiten gelten immer, auch wenn sie immer besser verstanden werden und in neue, treffendere Begriffe gefaßt werden müssen" *(Ihr ergebener Albino Luciani.* Brief an P. I. Tschitschikow).

Während der vielen folgenden Jahre bis zu seiner Wahl zum Papst dauerten die Begegnungen mit Monsignore Luciani an und wurden immer häufiger. Als er Patriarch von Venedig wurde, hatten in unseren Gesprächen die die Presse, die Zeitungen und die verschiedenen Medien betreffenden Themen und Vorschläge einen hohen Stellenwert. So bot sich mir die kostbare Gelegenheit, mich immer mehr seiner reichen und faszinierenden Persönlichkeit zu nähern.

Nach dem Konzil war eine der heißesten und schwierigsten unbeantworteten Fragen, auf deren Lösung Millionen ängstlich warteten, die Geburtenkontrolle durch Gebrauch antikonzeptioneller Mittel. Die öffentliche Meinung und Wissenschaftler verschiedener Disziplinen wünschten Klarheit, und eine beträchtliche Schar von Spezialisten orientierte sie auf eine innovatorische Lösung hin. Bischof Luciani unterzog sich eines sehr genauen persönlichen Studiums der leidenschaftlich umkämpften Problematik. Im Oktober 1967 kamen die Bischöfe der Drei Venetien und der Lombardei zusammen, um das Problem zu prüfen, und hörten die Darlegung von Monsignore Luciani, der dann auch das Schlußdokument redigierte, das Papst Paul VI. überreicht wurde. Das Dokument enthielt neue Weichenstellungen, die in die Enzyklika *Humanae vitae* jedoch nicht Eingang gefunden haben. Lediglich der Abschnitt mit der Einladung an die Wissenschaftler, in jeder Richtung weiterzuforschen, gibt fast buchstäblich den von Monsignore Luciani redigierten Text wieder. Dieser akzeptierte, ohne sich zu beklagen, mit großem Glauben und pastoralem Verantwortungsbewußtsein das Urteil des Papstes. Aber sein dramatischer innerer Zwiespalt scheint – wenn auch in aufrichtigem Gehorsam – in dem Schreiben auf, das er an die Gläubigen seiner Diözese richtete, um sie um kindliche Zustimmung zur Ansicht des Papstes zu bitten: „Ich bekenne, daß ich mir in meinem Innersten gewünscht habe, daß die großen Schwierigkeiten hätten überwunden werden können und die Antwort des Papstes, der kraft besonderer Charismen und im Namen des Herrn spricht, zumindest teilweise mit den von vielen Eheleuten gehegten Hoffnungen übereingestimmt hätte, nachdem eine eigene päpstliche Kommission eigens dazu eingesetzt worden war, das Problem zu prüfen ... Jetzt hat sich der Papst geäußert im Bewußtsein der Erfüllung einer Pflicht und ganz im Geist des Glaubens. Er weiß natürlich, daß er damit bei vielen Bitterkeit verursacht. Er weiß, daß eine andere Lösung ihm wahrscheinlich mehr menschliche Zustimmung eingebracht hätte. Aber er wirft sein Vertrauen auf den Herrn, und um Seinem Worte treu zu sein, legt er die beständige Lehre des Lehramtes in dieser äußerst delikaten Materie in ihrer ganzen Reinheit dar."

Das große Problem, welches das Gewissen so enorm vieler Menschen berührt, war damit im Geiste Monsignore Lucianis sicherlich nicht erledigt, sondern wurde zum Gegenstand andauernden Nachdenkens, auch als er Patriarch von Venedig wurde. Die Qualifikation von *Humanae vitae* „als eines durchlittenen und vielleicht nicht endgültigen Dokumentes" – wie sie aus dem Interview hervorgeht, das Don Mario Senigaglia, der ehemalige Sekretär des Patriarchen, der Zeitschrift *Città Nuova* im September 1978 gab – drückt ganz gut aus, in welche Richtung er dachte: in die einer persönlich verantwortbaren Entscheidung.

Ein kleines Bändchen, das eine Rede Monsignore Lucianis – kurz nach seiner Erhebung zum Patriarchen von Venedig – bei der „Scuola di cultura" in Vicenza im Januar 1971 enthält, ist von großem Interesse: Es ist eine Tour d'horizon über die gesamte Theologie der Gegenwart und offenbart den hohen Informationsstand und das Urteil des Autors über Themen wie Säkularisation, Religion und Glaube, Entmythologisierung, den „Tod" Gottes, die Struktur der Kirche, Charismen und Hierarchie, die neue Moral, das Sündenbewußtsein und viele andere Probleme von höchster Aktualität und großem Gewicht in der theologischen Diskussion. Der neue Patriarch war umfassend und genau unterrichtet, wobei er den Arbeiten der Theologen deutscher Zunge besonderes Augenmerk zuwandte. Die Darlegung ist klar und präzise, wie immer bei ihm, er versteht es, den Kern jedes Problems in transparenter und eindringlicher Weise zusammenzufassen. Hier finden sich auch Aussagen von ungewöhnlich polemischer Schärfe, besonders gegen Hans Küng. Man sieht, daß gewisse provokante Stellungnahmen des Theologen aus Tübingen ihm gegen den Strich gingen.

Luciani fürchtet das Neue nicht und wird von ihm nicht verwirrt, auch wenn er viele Positionen nicht teilt. Seine Grundeinstellung ist ganz klar: Wenn er den Glauben und die sichere Verkündigung des kirchlichen Lehramtes in Frage gestellt glaubt, gibt es bei ihm kein langes Fackeln, da ist er fest und entschieden. Er teilt deshalb nicht die Position jener, die im Dunstkreis von Karl Barth und im Namen eines völlig weltlosen Glaubens jeden religiösen Ritus ablehnen. Diese „Puristen des Glaubens" mißverstehen die Botschaft des Evangeliums, die Inkarnation heißt. Ohne weiteres gibt er den weltlichen Mißbrauch gewisser Ausdrucksformen des christlichen Glaubens zu: „Auf jeden Karneval folgt eine Fastenzeit. Die Säkularisation ist so eine Art Fasten, ein Abmagern im Glauben als Reaktion auf den Karneval des Glaubens, wie ihn der Integralismus dargestellt hat." Und er zitiert einige köstliche Beispiele. Aber es darf kein pathologisches Abmagern sein ... Man spürt zwischen den Zeilen dieses Büchleins eine gewisse Bitterkeit, nichtsdestoweniger ist es von tiefem Verantwortungsbewußtsein diktiert.

Bei den verschiedenen Problemen ist seine Position immer eine solche der Mitte und der Klugheit, welche die wissenschaftliche Forschung und ihre Methode nicht ignoriert, aber auf der anderen Seite auch nicht akzeptiert, was dem Glauben der christlichen Gemeinschaft, besonders der einfachen Gläubigen, Schaden zufügen könnte. Die Theologen müssen in erster Linie dieser Realität Rechnung tragen: Ihre Arbeitshypothesen sollen durchaus unter den Experten diskutiert werden, sie dürfen aber nicht in der Weise verbreitet werden, daß sie dem Glauben der einfachen Leute Ärgernis geben. Zur Unterstützung dieser seiner Einstellung zitiert er die Worte von Max Thurian (eines Protestanten): „Die Wissenschaftler und ihre Teams pflegen die Ergebnisse ihrer Forschungen in Artikeln von Spezialzeitschriften, in Referaten und Statements auf Kongressen auszutauschen. Es ist für sie ein ehernes Gesetz, Heilmittel und Medizinen, die keine ausreichenden Garantien aufweisen, nicht in den Handel kommen zu lassen. Etwas Ähnliches sollten auch die Theologen machen, wenn sie ein wenig pastorales Gespür und Verständnis dafür haben, daß manche der behandelten Probleme eben heikel sind."

Am 15. Dezember 1969 wurde Bischof Luciani zum Patriarchen von Venedig erhoben, im Jahre 1973 dann zum Kardinal ernannt.

Im September 1972, als Paul VI. auf seiner Reise nach Udine zum Eucharistischen Kongreß Italiens in Venedig Station machte, ereignete sich eine Episode, der wir heute prophetischen Charakter zusprechen können und die den Patriarchen sehr bewegte und verwirrte. Wir meinen die Geschichte, die Johannes Paul I. selbst in seinem so persönlichen Stil bei der ersten Begegnung mit der Menge unmittelbar nach seiner Wahl erzählte: „Papst Paul hat mich nicht nur zum Kardinal gemacht, sondern mich auch einige Monate vorher auf dem Landungssteg des Markusplatzes vor 20.000 Menschen puterrot werden lassen, als er seine Stola hob und sie mir auf die Schultern legte. Nie zuvor bin ich je so rot geworden."

Sein Amt in Venedig war weder leicht noch ohne Schatten. Auf der einen Seite wurde er wegen seiner schlichten Güte und seiner leutseligen Art vom einfachen Volk unmittelbar verstanden. Andererseits fehlten nicht Mißtrauen und Verständnislosigkeit auf seiten der „gehobeneren Kreise Venedigs", die ein prunkvolles und mondänes Leben führen und zu denen eine gewisse Clique von Personen gehört, die aus Tradition oder wegen ihres internationalen Ansehens die Lagunenstadt repräsentiert. Die Diözese Venedig ist ein Brennpunkt der heutigen Welt: Venedig besitzt ein historisches Erbe ohnegleichen, die Stadt ist ein kulturelles Weltzentrum, wo Fermente und neue intellektuelle Denkanstöße von überall her auf der Biennale und anderen Veranstaltungen zusammenströmen und aufeinandertreffen. Gleichzeitig umgibt eine gewaltige Industriezone mit ihren dramatischen Problemen und den oft Gewalt provozierenden Forderungen nach Erneuerung das historische Zentrum, ja droht es zu überrollen.

Das bischöfliche Wirken des Patriarchen Luciani entfaltete sich in diesem so komplexen Rahmen. Als er nach Venedig kam, hatte Luciani sofort die pastorale Alternative gewählt, indem er die Pfarre und innerhalb jeder Pfarre die Begegnung mit den Armen, den Kranken, den Jugendlichen, den Kindern und der Arbeitswelt an die erste Stelle setzte. Kurz und gut, er zog es vor, seine Autorität in den Dienst der gesellschaftlichen

Randschichten zu stellen, als bei Galaempfängen als Prestigeobjekt zu glänzen.

Sein schlichtes, einfaches Auftreten und seine Art zu predigen fanden nicht die Zustimmung aller. Nach der ersten Ansprache des Patriarchen im Markusdom kam ein Kanoniker zu ihm und sagte ganz offen: „Eminenz, so redet man zu Kindern." Wie immer kamen seine Worte bei den einfachen Leuten aus dem Volk am besten an.

Doch seine Liebenswürdigkeit und lächelnde Schlichtheit waren keineswegs Zeichen von Leichtfertigkeit oder Nachgiebigkeit, wenn es um die Prinzipien des Glaubens oder die Einheit der Kirche bzw. in der Kirche ging: In diesen Fällen war er unbeugsam, auch wenn er allen mit entwaffnender Güte und Liebe gegenübertrat. Er duldete keine Kompromisse bei den Grundsätzen des Glaubens, war aber immer abgeneigt, disziplinäre Maßnahmen zu ergreifen, und eher auf Konsens bedacht. Die „große Disziplin", von der er als Papst in seiner Ansprache an den römischen Klerus (am 7. September 1978) sprach, drückte eine seiner durchgehenden und tiefen Überzeugungen aus: die Notwendigkeit der Einheit im Wesentlichen des Lebens der Kirche, ohne Konzessionen an Aufweichungstendenzen, an zweifelhafte Spontanreaktionen, an Moden oder Forderungen des Augenblicks. Oft wiederholte er: „Einheit baut auf, Trennung reißt nieder!" Und diejenigen, die sich ständig auf Papst Johannes beriefen, um gewisse disziplinäre oder liturgische Freiheiten zu reklamieren, forderte er auf, die Gedanken dieses Papstes ganz und genau zu lesen, anstatt sich sektiererisch auf irgendwelche Sätze außerhalb des Textzusammenhanges zu fixieren. Aus diesen und anderen Gründen wurde Patriarch Luciani von einigen in einem negativen Sinn als „Konservativer" eingestuft. Auf diesen Vorwurf antwortete er jedoch ganz ruhig: „Wenn das bedeutet ‚fidem servavi' (‚ich habe den Glauben bewahrt', ein Zitat des hl. Paulus), ist es gut, dann bin ich ein Konservativer."

Ein Problem, das den Patriarchen Luciani besonders quälte und bedrängte – privat sprach er mit Sorge davon –, war das der Arbeiterpriester. Er selbst stammte ja aus einer Arbeiterfamilie, diese Art von Dienst war ihm also keineswegs fremd, im Gegenteil! Doch der Dienst mußte wesentlich religiöser Natur sein, evangeliumsgemäß, und durfte nicht zu einer vorwiegend politisch-gewerkschaftlichen Aktion werden, wodurch die Arbeiterpriester unglückseligerweise in unhaltbare Positionen abgedrängt wurden und ihre seelsorgliche Tätigkeit ohne Wirkung blieb. Von daher seine Kritik und die Anklagen und Proteste derer, die das Wirken der Arbeiterpriester auf andere Weise realisiert sehen wollten. Diese Personen waren natürlich die ersten, die von der Kirche politische Abstinenz und ausschließliche Orientierung am Evangelium forderten. Häufig besuchte er die Arbeiter in den Fabriken von Marghera, und seine tätige Anteilnahme an ihren Forderungen war wohl überlegt. Nichtsdestoweniger klagte man, er nehme nicht entschieden und total genug zugunsten der Arbeiter Stellung und halte in einer gewissen Unentschiedenheit an Positionen der Äquidistanz gegenüber den Klassen der Gesellschaft fest.

Ein Gewerkschafter hatte offenbar die Haltung des Patriarchen sehr gut begriffen, wenn er bemerkte: „Der Patriarch war keineswegs ein Zyniker oder Opportunist, er hatte seine Lebensphilosophie und seine eigene Art, die Dinge zu sehen. Er wollte tatsächlich eine gerechtere Welt, aber er hielt daran fest, daß sie nur durch den guten Willen aller geschaffen werden könne. Deshalb schlug er sich nicht exklusiv auf eine Seite, hätte er doch so der anderen die Chance genommen, am Aufbau dieser anderen Welt teilzunehmen. Wies man ihn darauf hin, daß ein positiver Ausweg aus gewissen Situationen oft nur durch harten Kampf gewonnen werden könne, stimmte er durchaus zu – ja, vielleicht wäre das möglich –, aber er ziehe dennoch die Begegnung, das Gespräch am runden Tisch vor. Der Kampf hätte die Einheit der Arbeiterschaft, der Gesellschaft oder der Kirche zerstören können, und die Einheit war ein Gut, das für ihn einen ganz hohen Stellenwert besaß. Gewisse Stellungnahmen von ihm können nur im Lichte dieser seiner Lebensphilosophie verstanden werden."

Von seiner sozialen Herkunft und den persönlichen Erfahrungen unter Leuten her, die von den akuten Problemen der Arbeit und des täglichen Brotes bedrückt wurden, stand Patriarch Luciani gewiß nicht „auf der Seite der Reichen und

Großgrundbesitzer". Er tadelte und verurteilte nachdrücklich die geschichtlichen Härten und Ungerechtigkeiten des Kapitalismus, der um des industriellen Fortschritts willen den Armen ungezählte Leiden und mörderische Störungen des sozialen Gleichgewichts verursacht habe. „Um in Ordnung zu sein", schrieb er, „müßte er von Grund auf modifiziert werden", und zwar so, daß er allen wirkliche Freiheit und die Teilhabe an den Gütern der Erde gewährt.

Ganz anders ist sein Urteil über die Arbeiterbewegungen: „Den Arbeitern stand eine einzige Waffe zur Verfügung: ihre große Zahl. Die Arbeiter, einzeln und verstreut wie Sandkörner, sind durch die Gewerkschaften und die verschiedenen sozialistischen Organisationen zu einem Sandsturm geworden. Ihnen gebührt das unleugbare Verdienst, die Haupttriebkraft gewesen zu sein, um fast überall die Lage der Arbeitnehmer zu verbessern. Seit damals ist viel Zeit vergangen, große Errungenschaften wurden gemacht, sei es auf finanziellem Gebiet, sei es im Bereich der sozialen Sicherheit und der Kultur. Heutzutage gelingt es den Arbeitern durch Gewerkschaften, Einfluß zu nehmen auf die da oben in den höchsten Stellen des Staates, wo sich ja ihr eigentliches Schicksal entscheidet" (*Ihr ergebener Albino Luciani.* Brief an Charles Dickens). Als er diese Worte schrieb, hatte der Patriarch ohne Zweifel den eigenen Vater vor Augen, den Gastarbeiter, der in den ersten harten Jahrzehnten dieses Jahrhunderts in den Reihen des Sozialismus gekämpft hatte.

Ganz anders ist seine Wertung des Marxismus als philosophisch-ökonomisches System. In dem zitierten „Brief" bemerkte er, daß der Marxismus zwar vielen die Augen für die Leiden der Arbeiter und die Pflicht zur Solidarität geöffnet habe – aber er hat es getan, indem er die persönliche Freiheit zerstörte und die religiösen Werte beiseite schob. „Der Marxismus versucht heute, mit Hilfe einer subtilen Unterscheidung in die Reihen der Katholiken einzudringen. Das eine – so sagt man – sei die Gesellschaftsanalyse von Marx, etwas anderes seine Ideologie." In Anlehnung an ein Dokument des französischen Episkopates und an die Worte Pauls VI. in der Enzyklika *Octogesima adveniens* läßt der Patriarch diese Unterscheidung nicht gelten: „Es wäre illusorisch und gefährlich, die Elemente der marxistischen Analyse anzunehmen, ohne deren Beziehungen zur Ideologie zu erkennen." Diese Analyse stützt sich im übrigen auf philosophische Postulate, von denen einige zwar diskutabel, andere aber völlig unannehmbar seien. An das alles schloß er eine wertvolle persönliche Erfahrung an: Er hatte an verschiedenen Synoden des polnischen Episkopates teilgenommen, und „diese Bischöfe unterstrichen die Tatsache, daß es ihnen nur gelungen war, das Regime und den Kampf gegen die Kirche zu überleben, weil sie immer einig waren. Nie wäre es einem polnischen Bischof auch nur im Traum eingefallen, einen Weg einzuschlagen, ohne vorher die anderen Bischöfe angehört zu haben."

All das erklärt den aufsehenerregenden Ton und Inhalt, wie sich Luciani über den Briefwechsel zwischen dem Bischof von Ivrea, Monsignore Bettazzi, und dem Sekretär der Kommunistischen Partei Italiens, Enrico Berlinguer, äußerte: Die Vorschläge zum Brückenschlag („Mano tesa") zwischen Katholiken und Kommunisten dürften die grundsätzlichen Verschiedenheiten nicht außer acht lassen. Für den Patriarchen ist es auf jeden Fall klipp und klar, daß in der christlichen Weltanschauung die vertikale Dimension nie vergessen und der horizontalen untergeordnet werden darf. Der von Johannes Paul I. geprägte, inzwischen berühmt gewordene ironische Slogan „Ubi Lenin, ibi Jerusalem", mit dem er gewisse progressive Theologen verurteilte, die das künftige marxistische Reich des Menschen mit dem Gottesreich gleichsetzen wollten, hat bei ihm ein weites geistiges Hinterland. Die soziale Gerechtigkeit allein genügt nicht, um die Probleme des Menschen zu lösen. Ohne die „Ergänzung der Seele", die mit der vertikalen Verbindung zu Gott gegeben ist, gibt es weder Heil noch Freiheit, noch wahren menschlichen Fortschritt.

Auch das energische Einschreiten des Patriarchen Luciani gegen eine Studentengruppe der FUCI (Bund katholischer Studenten Italiens), die Proteste und Klagen über allzu großen Konservativismus erhob, war diktiert von seinem Sinn für Treue und Loyalität gegenüber der Kirche und von der Sorge um die Einheit. Diese Studenten verfochten nämlich nicht nur eine Linie, die von der vom italienischen Episkopat hinsichtlich des Scheidungsreferendums eingenommenen Haltung abwich und so dessen politische Position erheblich schwächte, in den Augen des Patriarchen begaben sie sich auch auf die schiefe Ebene eines Abgleitens in der Lehre und einer pastoralen Autonomie im Gegensatz zum Lehramt der Kirche, und das war für ihn inakzeptabel.

Ein anderes Faktum, das ihm viel zu schaffen machte, war die Position, die Don Franzoni zu Fragen der inneren Kirchenstruktur einnahm. Mehrere Male gab er mir gegenüber privat seiner Verwunderung darüber Ausdruck, daß eine so begabte und gebildete Persönlichkeit wie der ehemalige Abt von St. Paul nicht einsehe, daß die Kirche eben nicht eine demokratische Massenorganisation, sondern nach dem Willen und Auftrag Jesu Christi eine hierarchische Gemeinschaft sei. Niemals jedoch äußerte er Worte, die für die betreffende Person beleidigend geklungen hätten.

Ein anderes Ereignis ließ mich die Weite seines wahrhaft christlichen Herzens gleichsam mit der Hand greifen. Wir hatten den allseits bekannten Moraltheologen Ambrogio Valsecchi eingeladen, für unsere Zeitschrift *Messaggero di S. Antonio* („Sendbote des hl. Antonius") zu schreiben. Dieser hatte das Angebot angenommen und stellte seine anerkannte Kompetenz in den Dienst der Sache. Wegen einiger seiner Bücher über Sexualethik, seiner Kritik an *Humanae vitae* und aus anderen Gründen war er in den Laienstand versetzt worden. Es gab damals einige, auch angesehene Leute, die den Ausschluß Valsecchis aus der Gruppe der Mitarbeiter des *Messaggero* forderten. Zumindest solle er für seine weiteren Artikel ein Pseudonym wählen. Wie könne Patriarch Luciani – bemerkten sie – die Serie seiner „Briefe" in einer Zeitschrift fortsetzen, in der auch die Unterschrift Valsecchis noch aufschien? Ich begab mich zum Patriarchen und setzte ihm die Schwierigkeiten auseinander. Wie gewöhnlich nahm er der Angelegenheit mit seinem Lächeln jede Dramatik, gab seiner Hochschätzung der theologischen Arbeit Valsecchis Ausdruck und schloß: „Solange er ordentliche Sachen schreibt, bin ich gewiß nicht dagegen, daß mein Name neben dem seinen erscheint. Im Gegenteil, behandelt ihn mit großer Liebe, denn gerade dieses Vertrauen könnte ihm helfen, seine persönliche Situation positiv zu gestalten." Im übrigen sagte er angesichts von Pressionen, aus der Liste der Mitarbeiter unserer Zeitschrift einige etwas unbequeme Namen auszuschließen, nie ein Wort. Er respektierte eben den Pluralismus, wenn in ihren Schriften nur keine Irrtümer in der Lehre enthalten waren.

Während der Jahre in Venedig widmete sich Patriarch Luciani mit Leidenschaft der journalistischen Arbeit. Sie machte ihm Spaß, zu ihr fühlte er sich hingezogen. Wenn er nicht Priester geworden wäre, hätte er Journalist werden wollen, sagte er gerne. Das war keine frivole oder exhibitionistische Haltung, sondern entsprang seinem Temperament und seinem Verlangen nach einer „erweiterten Katechese". Für einen Journalisten brachte Luciani alles mit: das Gefühl für Stimmungen und Erwartungen, für zentrale Themen von allgemeinem Interesse, für die Tagesaktualität. Er besaß die Fähigkeit der Zusammenfassung, der Bereitschaft, Probleme an der Wurzel zu packen, und die durchsichtige Klarheit im Ausdruck. Er hatte den Sinn fürs Konkrete, für das Erlebte, für die lebendige Realität, woraus dann die Reflexion erwachsen konnte. Er bediente sich einer knappen, modernen, präzisen Sprache, die von Einfachheit und nicht von Leichtfertigkeit diktiert war. Zu all dem gesellte sich eine äußerst umfassende Bildung, die auch bei Nichtkatholiken in der Folge Staunen und Bewunderung auslöste. Seine „Quellen" waren allerdings nicht nur auf jene beschränkt, die man bei einem halbwegs gebildeten Kirchenmann zu finden gewohnt ist, sondern kamen in überreichem Maße auch aus der profanen Geisteswelt: Romanschriftsteller, Dramatiker, Dichter, Essayisten aus aller Welt, mit Vorliebe Autoren des angelsächsischen Raumes – vielleicht wegen eines kongenialen Sinnes für Maß und einen gewissen Humor – zogen seine Aufmerksamkeit auf sich. Er verschlang die Bücher mit Heißhunger, um das Schöne und Gute kennenzulernen und zu verstehen, wo immer er es fand. „Wie viele Romane habt Ihr eigentlich geschrieben? Zu Eurer Zeit konntet Ihr große Erfolge damit verbuchen, heute werdet Ihr weniger gelesen. Aber ich erinnere mich noch, wie mich als Kind Eure Bücher bezaubert haben", schreibt er in dem „Brief" an den schottischen Romancier Walter Scott. Von wie vielen anderen Autoren hätte er noch sprechen können, die ihn interessiert und ergötzt hatten!

Mit Methode und systematisch hatte er sich von seiner Lektüre ein persönliches Archiv bzw. einen Zettelkasten angelegt, den er für Zitationen zu Hilfe nahm. „Er hat eine reichhaltige Sammlung von Notizen", bezeugt sein Sekretär, „die er laufend nach journalistischen Kriterien ergänzt: Er liest, und was ihn besonders interessiert, das notiert er sich, fotokopiert es oder schneidet den Passus aus der Zeitung aus, jedenfalls sammelt er alles systematisch. Er hat eine Sammlung von Heften (von jener Art, die man einmal verwendete, mit dem schwarzen Umschlag und dem roten Rand) und von alten Notizkalendern, in denen die Inhalte nach Themen geordnet aufgezeichnet sind. Dieses Archiv diente ihm nicht nur zur Vorbereitung von Predigten, Ansprachen und Zeitungsartikeln. Wann immer er sich auf Pastoralvisitation begab, zu einer Zusammenkunft der italienischen Bischofskonferenz oder zur Bischofssynode, nahm er jene Hefte mit sich, die sich auf das spezifische, zur Verhandlung stehende Thema bezogen und ihm für eine eventuelle Wortmeldung nützlich sein konnten. So waren seine schlichten Wortmeldungen immer wissenschaftlich fundiert, weil er Bücher, Forschungsberichte und Dokumente mit äußerster Präzision zitierte. Auch weil er ein phantastisches Gedächtnis hatte: Wenn er, um nur ein Beispiel zu geben, eine Homilie halten mußte, bereitete er sie zuerst schriftlich vor, dann begab er sich nach S. Marco ohne den schriftlichen Text und wiederholte alles Wort für Wort" (Interview mit *Città Nuova).*

Die ersten Proben seines journalistischen Könnens hatte Luciani schon in den Jahren seiner Jugend abgegeben, als er an der diözesanen Wochenzeitung von Belluno mitarbeitete. In der Folge und für lange Zeit blieb seine „Passion" allerdings ein Wunschtraum: die verschiedenen Aufgaben nahmen ihn ganz in Beschlag, und was er schrieb, war natürlich geprägt von den Erfordernissen seines Hirtenamtes und hatte deshalb einen ganz anderen Charakter. Seine journalistische „Leidenschaft" kam unvorhergesehen und bei einer völlig unerwarteten Gelegenheit zu Beginn des Jahres 1972 wieder ans Licht. In der Fastenzeit jenes Jahres erschien im *Gazzettino*, einer Zeitung in Venedig, einer seiner „Briefe", die an berühmte Persönlichkeiten der Vergangenheit gerichtet waren, um Probleme von heute zur Sprache zu bringen. In der Folge erschienen für die Dauer der Fastenzeit jede Woche pünktlich die „Briefe“ des Patriarchen, und sie enttäuschten wegen ihres so gefälligen Stils und des äußerst aktuellen Inhalts die Erwartungen nicht.

In der Redaktion des *Messaggero di S. Antonio* lasen wir mit freudigem Staunen die „Briefe“ des Patriarchen im *Gazzettino* und bewunderten den journalistischen Pfiff und den witzigen Stil, der, wie wir glaubten, für eine Zeitschrift wie die unsere bestens geeignet wäre. Ich begab mich sofort nach Venedig, nicht nur um ihm zu gratulieren, sondern um ihm ein für uns verlockendes Projekt vorzutragen, wobei ich auch auf unsere nun schon lange währenden freundschaftlichen Beziehungen zu ihm baute. „Eminenz“, bat ich ihn, „warum schreiben Sie nicht für unsere Zeitschrift eine Serie von solchen ‚Briefen‘, wie Sie sie schon publiziert haben?“ Zuerst wehrte er ab, dann akzeptierte er liebenswürdig, nachdem ich ihn im Hinblick auf die weite Verbreitung des *Messaggero* überzeugt hatte, daß er so die Reichweite seines Apostolates ausdehnen könne. Einem Journalisten einer römischen Tageszeitung, der ihn später in einem Interview fragte, wieso er sich denn für den „Antoniusboten“ in Padua zu schreiben entschieden habe, antwortete er, indem er sich gleichsam dafür rechtfertigte, in Massenblättern zu schreiben: „Wenn ich in S. Marco predige, hören mich hundert, hundertfünfzig, maximal zweihundert Gläubige. Die Hälfte davon sind Touristen, die kein Italienisch verstehen, die andere Hälfte achtbare, aber schon längst überzeugte alte Frauen. Der Direktor des *Messaggero di S. Antonio* hat mir gesagt: Multiplizieren Sie Ihre Hörer mit tausend und schreiben Sie für uns! Er hat mich überzeugt“ (F. Chiocci, *Il Tempo* vom 29. September 1978).

Der *Gazzettino* von Venedig erlaubte die Übernahme der schon publizierten „Briefe“ mit kleinen notwendigen Änderungen. So nahm die monatliche Serie der „Briefe“ im *Messaggero* ihren Anfang. Der Patriarch war äußerst pünktlich in der Ablieferung, wobei er der Redaktion für Titel, eventuelle Korrekturen und Änderungen weithin freie Hand ließ. Bescheiden fragte er an, ob der Inhalt wohl entsprechend sei, ob die Leser zufrieden wären oder ob wir Vorschläge hätten. Ich versicherte ihn nach bestem Wissen vom ausgezeichneten Echo bei den Lesern, das durch die eingelaufene Korrespondenz bestätigt wurde. Es gab keinerlei Beeinflussung hinsichtlich der zu behandelnden Themen oder der Auswahl der Adressaten seiner „Briefe" – mit zwei Ausnahmen, die er aus Freundschaft zuließ.

In den Sommerferien begab sich der Patriarch gewöhnlich nach Trentino, Südtirol. Er erzählte mir, daß er auch das Heiligtum des hl. Romedius in Val di Non (Nonsberg) besucht hatte. Ich fragte ihn: „Warum schreiben Sie nicht einen ‚Brief' auch an diesen Heiligen?" Er erfüllte sofort den Wunsch, wußte er doch, daß ich in einem Dorf unweit des Heiligtums geboren war, es also gut kannte, und schrieb „An den Bären des hl. Romedius". In einer späteren Begegnung mit ihm kam das Gespräch – ich weiß nicht, warum – auf die große Widerstandsbewegung, die während des Krieges in ganz Europa verbreitet war und fundamentale Werte der Person, der Freiheit und der Kultur gegen die Gewalt der Diktaturen verteidigte. Zum Schluß sagte ich zu ihm: „Eminenz, das scheint mir ein gutes Thema für einen ‚Brief' zu sein. Um aber keine möglichen Empfindlichkeiten und Mißverständnisse aufkommen zu lassen, schiene mir Andreas Hofer als eine geeignete Persönlichkeit. Unsere Alten erinnern sich an ihn in Liedern und Gedichten als das legendäre Haupt des Tiroler Volkswiderstandes gegen die französisch-bayerischen Besetzer zur Zeit der Napoleonischen Kriege." Er lächelte, und nach ein paar Tagen schickte er mir den Brief „An Andreas Hofer" (Das Vermächtnis vom Berg Isel).

Die Artikel des Patriarchen trafen auf lebhaftes Interesse, aber es gab auch Kritik von Leuten, die es für unziemlich hielten, daß ein Patriarch von Venedig – noch dazu in dieser Weise – für eine „volkstümliche" Zeitschrift wie den *Messaggero* schrieb. Auf diese Kritiken antwortete er mit feinem Humor in dem „Brief an Mark Twain": „Meine Schüler waren kaum zu bremsen, wenn ich ihnen versprach, einen neuen Streich von Mark Twain zu erzählen. Aber in meiner Diözese wird es – fürchte ich – einen Skandal geben: ‚Ein Bischof, der Mark Twain zitiert!' Vielleicht muß ich den lieben

Leuten dort zuvor etwas erklären: So verschieden Bücher sind, so verschieden sind auch Bischöfe. Einige, Adlern gleich, schwingen sich mit Hirtenbriefen von hohem Niveau durch die Lüfte. Andere singen wie Nachtigallen mit wunderbarer Stimme das Lob des Herrn. Wieder andere gleichen den armen Zaunkönigen, die auf dem äußersten Zweig des Baumes der Kirche sitzen und piepsend zu unerschöpflichen Themen kärgliche Gedanken von sich geben. Ich, lieber Twain, gehöre zu den letzteren."

Beim vierzigsten Brief angekommen, kündigte der Patriarch an, daß er nun den Zyklus für abgeschlossen hielt. Er bat um einige Monate des Ausspannens, um sich eine andere Artikelserie ausdenken zu können. Natürlich wurde ihm diese Pause gewährt, und es wurde auch schon eine mögliche Thematik für die Zukunft vorläufig vereinbart: die Katechese, wobei man einer neuen Serie von Texten des italienischen Episkopates folgen wollte. Das Projekt blieb aber in der Phase des Überlegens stecken. Ich fragte ihn, ob wir die bereits veröffentlichten „Briefe" denn nicht in einem Band zusammenfassen könnten. Seine Antwort war ein Ja – aber auf unser Risiko, auf eigene Gefahr, wobei er der Redaktion die Aufgabe übertrug, in aller Freiheit den Band vorzubereiten.

Das Buch *Illustrissimi* (deutsche Ausgabe: „Ihr sehr ergebener Albino Luciani. Briefe an Persönlichkeiten") wurde gut aufgenommen. Die Kritik lobte den sehr persönlichen Stil, den vielfältigen Inhalt, die unmittelbare Nähe zum Leser, den christlichen Optimismus und den wahrhaft evangelischen Atem.

Als man Kardinal Luciani zum Papst wählte, wurde das Buch berühmt und fand reißenden Absatz. Man wollte, auch in diesen Zeilen, die Physiognomie des „unbekannten" Papstes entdecken, der Johannes Paul I. gewesen ist. Und er, der Patriarch, was dachte er über sein Buch? Er betrachtete es gleichsam mit amüsiertem Staunen und mit der gewohnten bescheidenen Weisheit. Aber er hielt es gewiß weder für unnütz noch für wertlos. Er war zufrieden, daß es geschrieben worden war, auch wenn er sich nicht dazu gedrängt hatte. Er bat um einige Exemplare, die er an Freunde und Bekannte, besonders an Bischöfe, verschenken wollte, die ihn bereits schätzten. Dann nahm die Nachfrage zu, und er bat – sich entschuldigend – um weitere Exemplare. Er schien geradezu Angst zu haben, allzuviel zu profitieren (von Autorenrechten und Honorarprozenten an den Verkäufen wollte er gar nichts hören). Und er fügte mit seinem offenen Lächeln hinzu: „Schaut, der *Messaggero di S. Antonio* war es, der mich bekannt gemacht hat, auch bei den italienischen Bischöfen. Habt Geduld, ich kann sowieso nicht nein sagen."

Kardinal Luciani hegte eine äußerst hohe Achtung für die Massenmedien. Er schätzte ihre Bedeutung und wesentliche Funktion in unserer Gesellschaft ganz richtig ein und war sich bewußt, daß sie auch im Leben der kirchlichen Gemeinschaft ein unabdingbares Mittel für die Verbreitung der Botschaft des Evangeliums darstellen. Er brannte darauf, die Arbeitsgänge und die neuen Maschinen für den Druck kennenzulernen, wo die moderne Technik ihre staunenswerte Erfindungsgabe und Nützlichkeit unter Beweis stellte. Noch stärker interessierte ihn der Journalistenberuf, den er ganz hoch einschätzte.

Gerade aus seiner fundierten und kompetenten Wertschätzung der technischen Qualitäten der Presse und eines modernen und lebendigen Journalismus war das Projekt und später die Verwirklichung einer Wochenschrift für seine Diözese entsprungen, die in Aufmachung, Stil und journalistischer Technik neu sein sollte. In der Vorbereitungsphase wünschte er, daß wir das diözesane Team unterstützen sollten. Bei der Realisierung versicherte er sich der Mitarbeit des von ihm sehr geschätzten Chefredakteurs und der Redaktion des *Messaggero di S. Antonio*. Was die ökonomische Seite betrifft, wollte er Klarheit, um sich nicht zu übernehmen, gab jedoch für diesen Zweck alles her, was er zusammenkratzen konnte. Wir gaben ihm Hilfestellung beim Druck, nicht zuletzt aus Dankbarkeit für seine frühere Mitarbeit. Als das Diözesanblatt *Gente Veneta* schließlich erschien, konnte es sich mit Recht als Musterbeispiel seiner Art präsentieren.

Während der letzten beiden Jahre seiner Amtszeit in Venedig verfolgte er mit äußerstem Interesse die Projekte oder Versuche – ja auch schon die Ideen – für ein christlich inspiriertes Privatfernsehen: „Nicht ein TV der Bischöfe", präzisierte er, „sondern unter der Leitung von Laien in deren voller Verantwortlichkeit sowohl für die Führung wie auch für die Inhalte.“ Auf sein Ersuchen habe ich die verschiedenen Versuche zur Realisierung dieses Projektes aus der Nähe verfolgt, und er fragte mich oft, wie denn die Sache stünde. Er wollte, daß auch die Katholiken von diesem so wirkungsvollen Instrument der Massenkommunikation Nutzen zögen.

Das Vorbild, von dem er sich in Form und Stil bei seiner vielfältigen Tätigkeit im Dienste der Verkündigung leiten ließ, war Franz von Sales, der Patron der Journalisten, aber in besonderer Weise ein großartiges Vorbild eines Hirten in einer komplexen und schwierigen Gesellschaft. Er kannte alle seine Werke, und viele Forschungsarbeiten über den großen Bischof aus Savoyen waren ihm vertraut. Er bemühte sich besonders, dessen lächelnden, blitzenden und doch genialen und profunden Geist sich anzueignen. Wie für Franz von Sales war auch für Luciani die verschwenderisch ausgeteilte christliche Liebe das lebensgestaltende Prinzip. Er bewunderte den Scharfsinn des Heiligen, der zu der präpotenten Gesellschaft seiner Zeit gekonnt und überlegen zu predigen wußte, ohne je das Evangelium zu verraten. Luciani kommentierte: „Franz von Sales wollte einfach Ratschläge aus christlichem Geist geben, er wollte dem christlichen Leben die Rosen bewahren, ohne deshalb die Dornen zu entfernen. Aber da wurde er ganz schön mißverstanden. Majestät, selbst der große Bossuet schreibt über ihn, daß er auf diese Art und Weise nichts anderes tat, als ‚Polster unter die Ellbogen der Sünder zu schieben‘. Ein Ordensmann wetterte sogar einmal von der Kanzel aus gegen seine ‚Einführung in das christliche Leben‘, in welcher der Heilige die oben erwähnten Gedanken dargelegt hat. Am Ende der Predigt ließ er sich mit großem Zeremoniell eine brennende Kerze bringen, zog aus dem Ärmel seiner Kutte das Buch hervor und hielt es in die Flamme. Dann zerstreute er die Asche in alle vier Himmelsrichtungen. Majestät, Ihr habt verstanden, daß ich nicht auf der Seite des Ordensmannes stehe“ (Brief an Kaiserin Maria Theresia). Und an sein Vorbild Franz von Sales schreibt er: Das wäre das „Ideal der Gottesliebe mitten in der Welt: Diese Frauen und Männer sollen gleichsam Flügel haben, um durch liebendes Gebet zu Gott zu fliegen; sie sollen Füße haben, um in aufmerksamer Liebe mit den anderen Menschen zu gehen. Sie sollen keine finsteren Mienen machen, sondern ihr Gesicht soll vor Freude strahlen in dem Bewußtsein, unterwegs zu sein zum Vaterhaus."

Jetzt, da Papst Johannes Paul I. nicht mehr ist, bleibt in aller Gedächtnis sein lächelndes und kluges Antlitz, das über das Fernsehen in alle Familien kam. Es war nicht das aggressiv wirkende Aussehen eines der Großen dieser Welt, nein, sein Gesichtsausdruck war vielmehr bescheiden und schlicht, mit jener scheuen Zartheit und Demut, die ihm den Zugang zu den Herzen öffnete.

Sein plötzliches Hinscheiden hat viele Fragen aufbrechen lassen: Warum so bald? War er nicht erst vor kurzem nach dem Willen Gottes gewählt worden? Lassen wir die beleidigenden und absurden Verdächtigungen beiseite, die den Tod des Papstes einer Verschwörung zuschreiben. Wir wollen uns auch nicht mit den Erklärungen beschäftigen, die die Wissenschaft vorlegen kann. Unser „Warum" bewegt sich auf einer anderen Ebene und ist jenen Fragen ähnlich, die Hiob an Gott richtete. Und wie Hiob bekennen wir angesichts des unauslotbaren Geheimnisses Gottes und seines Heilsplanes, daß wir keine Antwort wissen. Aber wir wissen, daß es die Liebe ist – stark wie die eines Vaters und zart wie die einer Mutter –, die Gottes Handeln bei jedem Ereignis bestimmt und leitet. Wir verlassen uns auf Ihn und auf das, was Er im Evangelium über Leben und Tod gesagt hat. Gott ruft aus diesem irdischen Leben zu sich, wenn das menschliche Schicksal seine Reife erreicht hat und jener Entwurf vollendet ist, den Gott von jedem Menschen in sich trägt.

Vom rein menschlichen Gesichtspunkt aus können wir festhalten, daß die so kurze Amtszeit des Papstes Luciani sehr intensiv und von einer außerordentlichen Persönlichkeit geprägt war. Unter anderem hat er uns gezeigt, daß dieses höchste Amt nicht naturnotwendig mit unnahbarer Distanz verbunden ist. Das unerwartete und revolutionierend Neue, das er in dieser Beziehung gebracht hat, hat bereits zu Analysen von Sprachwissenschaftlern, Psychologen, Soziologen und Theologen Anlaß gegeben, die in zwei Parteien gespalten sind: die einen halten ihn für einfältig wie eine Taube, die anderen für klug wie eine Schlange...

Noch eines: Muß sein kometenhafter Pontifikat – zumindest in erster Linie – auf die engen Grenzen seiner zeitlichen Dauer eingeschränkt werden, oder wirkt er über diese hinaus und fließt mit einem eigenen unverwechselbaren Charakter in das Gewebe der großen Geschichte ein? Wer die Kirche rein menschlich sieht, kann diese Frage so stellen. Für uns Christen, die wir mit anderen Kriterien und Wertmaßstäben die Kirche wie auch die Berufung eines jeden Menschen beurteilen, ist die Antwort wesentlich anders: Papst Lucianis Pontifikat war vollendet – unabhängig von der Zeitdauer. Er erscheint uns als ein Zeichen, in dem Gott uns in wunderbarer Weise den Guten Hirten und Meister des Evangeliums hat vor Augen führen wollen. Er hat ihn aufblitzen lassen wie eine Offenbarung für unsere Zeit und die Kirche von heute. Er war ein hervorragendes Zeichen, nicht der unerschöpflichen Tiefe der Person Jesu Christi, aber seines „Stils" in der Verkündigung der Geheimnisse des Gottesreiches und der heilbringenden Nähe Gottes an die Menschen. Die Plötzlichkeit seines Hinscheidens kann auch als Zeichen der Unsicherheit und Gefährdung eines jeden, auch eines von unserem Gesichtspunkt aus äußerst bedeutenden menschlichen Lebens gewertet werden. Gerade unsere Gesellschaft bemüht sich ja mit allen Mitteln, das Geheimnis des Todes, das sie in Frage stellt, zu eliminieren. Er ist der tragisch-christliche Sinn, der aus der Plattheit eines Lebens ohne Perspektiven und ohne Tiefe auftaucht.

Johannes Paul I. ist „der lächelnde Papst", der gute Papst genannt worden, wie es schon bei Papst Johannes, dem weisen, väterlichen und gütigen alten Mann, der Fall war. Nur unsere Erinnerung an dieses Lächeln festzuhalten, ohne sich zu fragen, was es hätte bedeuten können, wäre jedoch gefährlich. Es besteht die Gefahr, ins Sentimentale oder Rhetorische abzugleiten oder – noch schlimmer – die Persönlichkeit auf eine oberflächliche Keep-smiling-Figur zu reduzieren. Sein Lächeln war nicht das gleichgültige Lächeln eines Schauspielers oder Showmasters, der Frohsinn um gutes Geld verbreitet. Es entsprang auch nicht allein dem Herzen eines guten und verständnisvollen Menschen. Es hatte seine Wurzeln viel tiefer und war keineswegs ein neues Phänomen in der Geschichte des Christentums. Dieses Lächeln hatte seine wahre Motivation im Evangelium, das ja genau die „Frohe Botschaft“ des von Gott in Jesus Christus uns gewährten Heiles ist. Die Freude ist eine wesentliche Komponente der christlichen Botschaft und des Menschen, der sich von Gott geliebt weiß. Der heilige Paulus bekennt, „überreich an Freude zu sein bei aller Trübsal“ (2 Kor 7,4). Franz von Assisi war von Freude erfüllt, auch wenn er seinen Körper kasteite und ihm Schmerzen zufügte. „Mehr Freude“ war der Titel eines bekannten Buches, das Wilhelm Emmanuel Freiherr von Ketteler, ein großer Bischof Deutschlands im vergangenen Jahrhundert, seinen von den Härten des Kulturkampfes geprüften katholischen Mitstreitern widmete.

Das Lächeln Papst Johannes Pauls I. machte einen Menschen nach außen transparent, der glaubt, liebt und wahrhaft hofft. Einen, der Gott in die Mitte seiner eigenen Existenz stellt und deshalb weder Furcht kennt, noch sich von den menschlichen Wechselfällen überrumpeln läßt. Dieses Lächeln bedeutet nicht Ahnungslosigkeit oder Unwissen um die Tragik des täglichen Lebens, sondern es quillt aus einer Gesamtschau aller Komponenten der menschlichen Geschichte hervor, die zwar des Menschen Domäne, aber mehr noch jenes Feld ist, wo sich Gottes Herrschaft verwirklicht. Deshalb gibt es im Abenteuer des menschlichen Lebens auch Raum für einen christlichen Humor.

Ohne sich dessen bewußt zu sein, beschrieb Papst Luciani gerade das in seinem Brief an die heilige Therese von Lisieux: „Zur christlichen Liebe gehört die Freude. Davon singen schon die Engel in Betlehem. Die Freude gehört zum Wesen des Evangeliums, das ja die ‚Frohe Botschaft‘ ist. Sie ist auch ein Merkmal der großen Heiligen. ‚Ein Heiliger, der traurig ist‘, sagt Teresa von Avila, ‚ist ein trauriger Heiliger.‘ Und Dominikus Savio: ‚Hier bei uns wird man mit Fröhlichkeit heilig.‘ Die Freude kann eine sehr schöne Liebe sein, wenn sie weitergegeben wird.“

Francesco Saverio Pancheri

Erster Teil

CHRISTLICH LEBEN

„Als neue Menschen leben“

Homilie zum Osterfest (1976)

Ich wünsche Ihnen allen frohe Ostern und daß Sie „als neue Menschen leben“ (Röm 6,4).

Das neue, christliche Leben verlangt vor allem klare und feste Grundsätze, die uns zu einem solchen Leben anregen: Es sind die des katholischen Glaubensbekenntnisses.

Ich glaube an den einen Gott. – Erzählt mir nicht, ihr wäret nicht sicher, ob Gott existiert, weil ihr ihn nie gesehen habt. Auch euren Urgroßvater habt ihr ja nie gesehen, und doch seid ihr sicher, daß es ihn gegeben hat. Sagt mir nicht, die Welt und ihr selbst wäret das Produkt einer ewigen Materie, die ganz von allein entstanden sei, die zuerst noch formlos und chaotisch war, dann nach und nach immer mehr Gestalt gewonnen und im Lauf der Jahrhunderte sich immer höher entwickelt hätte. Nicht einmal ein winziger weißer Punkt auf einer kleinen schwarzen Tafel entsteht von allein. Warum sollte eine so ungeheuer vielfältige Welt vor Milliarden Jahren plötzlich und „spontan“ aus dem Nichts entstanden sein?

Kann denn einer, der gar nicht existiert, „spontan“ etwas hervorbringen? Die Bienen arbeiten schwer, und sie haben bis heute die Art des Bienenstocks, wie sie ihn schon zur Zeit der ägyptischen Pharaonen bauten, nicht um einen Millimeter verändert. Wie hätte denn der Affe, wie ich es in einem marxistischen Text gelesen habe, aus sich heraus einen solchen qualitativen „Sprung“ bewerkstelligen sollen, daß er vom Affen zum Menschen wurde? Und wie sollte die Materie, auch wenn man sie als ewig ansieht, alles erklären können?

Die Bibel sagt: „Töricht waren alle Menschen, die ... beim Anblick der Werke (dieser Welt) den Meister nicht erkannten" (Weish 13,1). Und bei Tolstoj lesen wir: „Eines schönen Tages hört ein Wilder auf, an seinen *hölzernen Gott* zu glauben. Was bedeutet das? Nicht, daß Gott nicht existiert, sondern daß er kein *hölzerner Gott* ist." – „Wir sind aber keine Wilden, wir sind gebildete Menschen!" hat man mir daraufhin entgegengehalten. Und ich gab zur Antwort: „Bei vielen Gebildeten ist es so: Je mehr sie an Wissen gewinnen, desto mehr wächst auch ihr Glaube." Der berühmte Insektenforscher Fabricius hat zum Beispiel geschrieben: „Ich glaube nicht an Gott, ich sehe ihn!" Und außerdem: Die Wissenschaftler entdecken zwar die Gesetze und Kräfte der Natur, aber sie bringen sie keineswegs hervor. Eustachio Rudio und William Harvey haben um 1600 an der Universität von Padua den Blutkreislauf entdeckt. Aber wer hat sich diesen Kreislauf ausgedacht und ihn in Gang gesetzt? Schreibt ruhig die Namen von Rudio und Harvey mit goldenen Lettern in das Verzeichnis der großen Männer, aber löscht mir darin den Namen Gottes nicht aus, der dieses wunderbare Kreislaufsystem sich ausgedacht und geschaffen hat und es in seiner Funktion erhält!

Ich glaube an den einen und dreifaltigen Gott. – Da hat einmal eine Frau zu mir gesagt: „Ein einziger Gott in drei wesensgleichen und getrennten Personen! Wenn ich das höre, fühle ich mich immer in meine Klosterschule zurückversetzt. Das ist doch alles unverständliches Zeug aus dem Mittelalter. Uns hier interessiert viel mehr die Asphaltierung der Dorfstraße und der Spielplatz für unsere Kinder!" Diese Frau wollte offensichtlich einen Gott nach dem Maßstab der Menschen. Gott läßt jedoch keinen solchen Maßstab an sich anlegen. Er übersteigt unendlich unsere Maße. Wir sind nur winzige Geschöpfe. Er ist der Größte!

„Von keiner Sache können wir alles wissen", hat Pascal gesagt, nicht einmal von uns selbst. Stellen wir uns vor, wir kämen soweit, alles über Gott zu wissen! Natürlich muß das göttliche Leben für uns immer ein Geheimnis bleiben. Auch nachdem Gott sich geoffenbart hat, haben wir von ihm vorläufig nur einen schwachen Schimmer. Gott erkennt sich selbst – die höchste Stufe der Erkenntnis: Wir haben somit einen Erkennenden oder den Vater – und einen Erkannten oder den Sohn. Indem sie sich gegenseitig als unendlich schön und gut, als Vater und Sohn erkennen, entflammt zwischen ihnen eine außergewöhnliche Liebe: Wir nennen sie den Heiligen Geist. Es sind also drei „Personen", getrennt und doch untrennbar miteinander verbunden, von höchster Vollkommenheit und Wesensgleichheit.

Wenn ich mich selbst erkenne und liebe, sind wir auch drei: ich, meine Erkenntnis und die Liebe zu mir. Wir sind also drei in einem. Aber die Erkenntnis und die Liebe stehen nicht auf gleicher Stufe wie ich, sie stammen von mir, sind aber erst nach mir. Bei Gott ist es anders. Michelangelo sagte einmal: „Wenn die Sonne mit ihrer vollen Kraft scheint, kann unser Auge diesen Glanz nicht ertragen. Dabei ist die Sonne nicht einmal ein Schatten Gottes." Und Dante hat geschrieben: „Zu dumm, zu hoffen, die endlosen Zonen zu messen je mit des Verstandes Maß, darin die Einheit haust in drei Personen" (Purgatorio III,36–39).

Ich glaube an Jesus Christus, Gott von Gott, Licht vom Licht. – Diese Worte bringen seit jeher den immerwährenden Glauben der Katholiken, der Orthodoxen und der Protestanten zum Ausdruck. Sie ergeben sich aus den Worten des Petrus: „Du bist Christus, der Sohn des lebendigen Gottes." Jesus bestätigte diese Aussage und lobte und belohnte ihn dafür. „Das Wort ist Fleisch geworden und hat unter uns gewohnt", schrieb Johannes. Und Paulus meinte: „Christus Jesus war Gott gleich, hielt aber nicht daran fest, wie Gott zu sein, sondern er entäußerte sich und wurde wie ein Sklave und den Menschen gleich."

In den Buchhandlungen wird gegenwärtig ein Buch angeboten (Hans Küng: „Christ sein"), das jedoch das Gegenteil behauptet. Wahrer Gott? Aber nein, meint Küng, der *wahre Mensch* Jesus von Nazaret sei für den Glauben an einen wahren Gott die *wirkliche Offenbarung*. Küng spricht in diesem Buch in mancher Hinsicht aber auch sehr gut von Christus, doch er unterschlägt jeden Hinweis auf die Wunder, die Jesus gewirkt hat, auf seine Aussagen über die eigene Sendung und Identität, auf die Vollmacht, die er den Aposteln übertragen hat, welche er mit großer Sorgfalt ausgewählt, um sich geschart und auf ihre speziellen Aufgaben vorbereitet hatte. Wie sieht denn dieser Christus bei Küng aus? Ein guter und edler Mensch, der an das unmittelbar bevorstehende Ende der Welt glaubt und das Reich Gottes verkündet. Aber hat er seinen Identitätsausweis vorgelegt, hat er gesagt, wer er ist? Nein, nicht einmal zu Kajaphas, der ihn doch im Namen des lebendigen Gottes beschworen hatte zu sagen, ob er der Christus sei. Hat er etwa die Kirche gegründet? Er hat nicht einmal die leiseste Ahnung gehabt, daß nach ihm so etwas entstehen wird. Das behauptet Küng, denn er akzeptiert vom Evangelium nur das, was seine Theorie stützt, und lehnt alles ab, was als außergewöhnlich und übernatürlich erscheint. Der Christus, der sich in seinem Buch abzeichnet, ist in Wirklichkeit ein ganz armseliger Christus. Es ist nicht der wahre Christus, der auf den Straßen Palästinas unterwegs war, der den Blindgeborenen heilte, der Lazarus wieder zum Leben erweckte und der als Auferstandener im Abendmahlsaal und in Galiläa erschienen ist. Diesen wahren Christus aber brauchen wir, um mit Thomas zu ihm sagen zu können: „Mein Herr und mein Gott!"

Ich glaube an die Kirche. – Christus, ja – so höre ich oft sagen –, aber die Kirche, nein. Doch man muß sich fragen, ob Christus sich überhaupt von seiner Kirche trennen läßt. Er hat ja zu den Aposteln gesagt: „Wer euch ablehnt, der lehnt mich ab" (Lk 10,16). Der hl. Paulus sagte von ihm: „Christus hat die Kirche geliebt und sich für sie hingegeben" (Eph 5,25). Was für eine arme Kirche! Rein und unbefleckt in ihrem Haupt, Christus; auf ihrem Weg begleitet vom Heiligen Geist; reich gesegnet mit der Bibel, den Sakramenten und anderen Gnadenmitteln. Natürlich hat sie auch schwache Glieder in ihren Reihen, die Schuld auf sich laden. Doch es ist schön, zu ihr zu gehören, wenn man sie liebt, wenn man versucht, sie noch schöner und besser zu machen, und damit bei sich selbst beginnt.

Manche aber betätigen sich bloß als Unruhestifter. Sie gleichen einem Mann, der zuerst alle Hebel in Bewegung setzt, um bei einer bestimmten Firma unterzukommen, doch kaum hat er den Posten ergattert, wird er zu einem ständigen Unruheherd, einer lästigen Wanze im Pelz seiner Kollegen und Vorgesetzten. Ja, es scheint tatsächlich, daß manche nur deshalb in die Sonne schauen, um dort Flecken zu entdecken. In der Geschichte der Kirche finden sie nur Schuld und Verirrungen: einige unwürdige Päpste, die Inquisition, den Fall Galilei, die Kreuzzüge. Von den anderen Zeiten, den großen Heiligen, den bedeutenden Werken der Verkündigung und Nächstenliebe nehmen sie keinerlei Notiz. Einige haben auf ihre Fahnen geschrieben: „Mein Papst ist Papst Johannes!" Ich sage dazu nur: Mein Papst ist der PAPST, mag er nun Pius, Johannes oder Paul heißen. Außerdem, welcher Papst Johannes? Manche verspüren offenbar das dringende Bedürfnis, genau nachzuforschen, wie oft dieser Papst den Kommunismus verurteilt hat: Vierundsiebzigmal, hat einer herausgefunden. Ein ernsthafter Katholik unterscheidet nicht zwischen diesem und jenem Papst und auch nicht zwischen den verschiedenen Dokumenten ein und desselben Papstes. Schon gar nicht nimmt er sich heraus, den Papst belehren zu wollen, wie er sich als Papst zu verhalten habe.

Ich erwarte das Leben der kommenden Welt. – Das sind die letzten Worte des Glaubensbekenntnisses. Vielleicht beachten wir sie deshalb viel zuwenig. Und doch erinnert uns die Bibel oft daran, daß wir hier nur eine vorübergehende Bleibe haben, daß wir zu einem anderen Leben unterwegs sind: „Eine Stimme sagte: *Verkünde!* Ich fragte: *Was soll ich verkünden?* Alles Sterbliche ist wie das Gras, und all seine Schönheit ist wie die Blume auf dem Feld. Das Gras verdorrt, die Blume verwelkt, wenn der Atem des Herrn darüberweht" (Jes 40,6–7). „Macht euch Geldbeutel, die nicht zerreißen. Verschafft euch einen Schatz, der nicht abnimmt, droben im Himmel, wo kein Dieb ihn findet und keine Motte ihn frißt" (Lk 12,33). „Ihr seid mit Christus auferweckt" – sagt uns der hl. Paulus –, „darum strebt nach dem, was im Himmel ist, wo Christus zur Rechten Gottes sitzt. Richtet euren Sinn auf das Himmlische und nicht auf das Irdische" (Kol 3,1–2).

Wenn es mir gestattet ist, den hl. Paulus ein wenig zu ergänzen: Bleiben wir mit den Füßen auf dem Boden! Die

Christen müssen gerade als Christen mehr als andere einen Beitrag zum Fortschritt, zur Entwicklung des Menschen leisten (vgl. GS 34, 39, 57). Der Blick muß jedoch nach oben gerichtet werden, von wo wir die größten und schönsten Dinge erwarten: eine neue Erde und einen neuen Himmel.

Christ sein

Homilie zum Fest des hl. Markus (1976)

Die Exegeten, die sich mit dem Markusevangelium befaßt haben, weisen auf eine Sache besonders hin: Als einziger der Evangelisten berichtet er, daß Jesus zumindest dreimal, in verschiedenen Situationen, sein eigenes Leiden vorhergesagt hat. Dreimal, und jedesmal wollen die Jünger nicht verstehen, jedesmal muß Jesus ihnen erklären, was es heißt, Christus nachzufolgen, und welche Konsequenzen damit verbunden sind.

Beim ersten Mal erlaubt sich Petrus sogar, Jesus Vorhaltungen zu machen, weil er an die Möglichkeit des Leidens denkt. Daraufhin sagt Jesus zu ihm: „Weg mit dir, Satan, geh mir aus den Augen! Denn du hast nicht das im Sinn, was Gott will, sondern was die Menschen wollen." Dann wendet er sich an die Volksmenge und die anderen Jünger und fährt fort: „Wer mein Jünger sein will, der verleugne sich selbst, nehme sein Kreuz auf sich und folge mir nach ... Was nützt es einem Menschen, wenn er die ganze Welt gewinnt, dabei aber sein Leben (seine Seele) einbüßt?" (Mk 8,31–38) Beim zweiten Mal verstehen die Jünger von seiner Leidensankündigung immer noch so wenig, daß sie unterwegs darüber streiten, „wer von ihnen der Größte sei". Daraufhin Jesus: „Wer der Erste sein will, soll der Letzte von allen und der Diener aller sein" (Mk 9,30–37). Beim dritten Mal sind es Jakobus und Johannes, die zeigen, daß sie nichts von alldem begreifen, denn sie bitten Jesus: „Laß in deinem Reich einen von uns rechts und den anderen links neben dir sitzen!" Und Jesus betont neuerlich: „... wer bei euch groß sein will, der soll euer Diener sein, und wer bei euch der Erste sein will, soll der Sklave aller sein. Denn auch der Menschensohn ist nicht gekommen, um sich dienen zu lassen, sondern um zu dienen" (Mk 10,32–45).

- Versuchen, sich nicht dienen zu lassen, sondern zu dienen, und zwar allen.
- Nicht nach dem Maßstab der Menschen urteilen, sondern nach dem Maßstab Gottes, vor allem aber darauf bedacht sein, seine Seele zu retten.
- Christus nachfolgen und vor ein paar Opfern nicht zurückschrecken.

Das sind drei Gedanken Christi, die uns der hl. Markus auf seine unverwechselbare Weise überliefert hat.

Was das Dienen angeht, so stelle ich euch den typischen Fall eines außergewöhnlichen Dieners vor: den hl. Paulus. Er beginnt seinen Dienst auf dem Weg nach Damaskus. Nachdem er zu Boden gestürzt war und Christus ihm wegen der Verfolgung Vorwürfe gemacht hatte, stellte er sich ihm ganz zur Verfügung: „Herr, was soll ich tun?" (Apg 22,10) – Jahre vergehen, und schließlich kann er von sich sagen: „Ich habe dem Herrn in aller Demut gedient unter Tränen und vielen Prüfungen ... und habe nichts verschwiegen von dem, was heilsam ist. Ich habe es euch verkündigt und habe euch gelehrt, öffentlich und in den Häusern ... Aber ich will mit keinem Wort mein Leben wichtig nehmen, wenn ich nur meinen Lauf vollende und den Dienst erfülle, der mir von Jesus, dem Herrn, übertragen wurde" (Apg 20,19–22). Er erklärt: „Da ich also von niemand abhängig war, habe ich mich für alle zum Sklaven gemacht ... Allen bin ich alles geworden, um auf jeden Fall einige zu retten" (1 Kor 9,19–22). Und weiter: „Fünfmal erhielt ich von Juden die neununddreißig Hiebe; dreimal wurde ich ausgepeitscht, einmal gesteinigt, dreimal erlitt ich Schiffbruch, eine Nacht und einen Tag trieb ich auf hoher See. Ich habe weite Wege zurückgelegt, gefährdet durch Flüsse, gefährdet durch Räuber, gefährdet durch das eigene Volk, gefährdet durch Heiden, gefährdet in der Stadt, gefährdet in der Wüste, gefährdet auf dem Meer, gefährdet durch falsche Brüder. Ich erduldete Mühsal und Plage, durchwachte viele Nächte, ertrug Hunger und Durst, häufiges Fasten, Kälte und Blöße; darüber hinaus lasten auf mir die tägliche Arbeit und die Sorge für alle Gemeinden" (2 Kor 11,24–28).

Wir haben hier ein überaus schönes und nachahmenswertes Zeugnis des Dienens vor uns. Auch wir sollen zunächst unsere Bereitschaft erklären und sagen: Herr, was soll ich tun? Dann aber müssen wir ernsthaft anpacken: Die Zeiten sind schwierig, es gibt soviel Arbeit, die getan werden muß; die Kirche, die Familie, das Land, der Nächste – sie alle warten auf uns. Beschränken wir uns nicht darauf, nur zu kritisieren, Fehler zu beklagen und andere auf das aufmerksam zu machen, was getan werden müßte: Packen wir selber an, legen wir unsere Bequemlichkeit ab, lassen wir uns in unserer Ruhe stören, verschließen wir uns nicht in religiöser Innerlichkeit! Die Schriftgelehrten wurden von Jesus getadelt, weil sie immer nur geredet und nichts getan haben, ja nicht einmal einen Finger rühren wollten, um auch selbst die Last des Gesetzes zu tragen (vgl. Mt 23,3–4). Jesus hat den Diener mit dem einen Talent einen „schlechten und faulen Diener" genannt, der das ewige Feuer verdient hat. Warum? Nicht, weil er etwas Schlechtes getan hätte, sondern weil er nichts Gutes getan hat (vgl. Mt 25,14–30).

Zuerst die Seele, alles andere danach! In welchem Maße wird dieses Prinzip in der gegenwärtigen Gesellschaft akzeptiert? Diese nennt sich zwar christlich, in Wirklichkeit ist sie aber eine reine Konsumgesellschaft, deren wichtigste Werte Geld, Vergnügen, Ehren, Erfolg, Karriere zu sein scheinen. Werden diese Werte in richtiger Weise und mit dem rechten Augenmaß angestrebt – in Ordnung. Doch oft handelt es sich dabei um ein wildes Wettrennen, wo man sich rücksichtslos den Weg freikämpft, wo einem jedes Mittel recht ist und wo man, um sein Ziel zu erreichen, ohne Skrupel und Scham die Bündnisse von gestern heute einfach über den Haufen wirft. Nur wenige denken an das letzte Ziel, an den Zeitpunkt der endgültigen Rechenschaft, an die Hinfälligkeit aller menschlichen Dinge.

Vor einigen Tagen rühmte eine Zeitung die Siegerin einer Schönheitskonkurrenz: Bei dieser Gelegenheit kam mir der Wettstreit in den Sinn, den Lukian in einem seiner Dialoge schildert. Im Totenreich wetteifern Nireus und Thersites, wer von ihnen der Schönste sei. Ersterer wird von Homer als der Schönste unter den Soldaten des Trojanischen Krieges besungen; letzterer ist bekannt wegen seines unförmigen Kahlkopfes, seines runzeligen Gesichts und seiner ungeschlachten Glieder. Schiedsrichter ist Menippos, der, um sein Urteil gebeten, ausruft: „Ich finde euch beide vollkommen gleich! Dürre und gebleichte Knochen hier wie dort.“ – „Geh und frag doch Homer“ – wimmert Nireus –, „wie schön ich war vor den Mauern von Troja!“ – „Damals vielleicht“ – antwortet Menippos –, „aber jetzt schaust du ganz anders aus: Der Tod hat euch alle gleichgemacht.“

Mit noch viel größerer Überzeugungskraft spricht ein Gleichnis des Evangeliums von einem reichen Mann, der selbstzufrieden auf seine Vorräte blickt und zu sich sagt: „Ruh dich aus, iß und trink, und freu dich des Lebens!“ Aber Gott sprach zu ihm: „Du Narr, noch in dieser Nacht wird man dein Leben von dir zurückfordern. Wem wird dann all das gehören, was du angehäuft hast?“ – „So geht es jedem“ – sagt Jesus abschließend –, „der nur für sich selbst Schätze sammelt, aber vor Gott nicht reich ist“ (Lk 12,16–21).

Andere Gleichnisse des Evangeliums fordern uns auf, ein wenig von der Klugheit und List der Kaufleute dieser Welt zu lernen! Geradezu klassisch ist der Fall von Nathan Rothschild, dem Begründer der wirtschaftlichen Macht des bekannten jüdischen Bankhauses. Am 18. Juni 1815 mischt er sich unter die Stabsoffiziere des Generals Wellington und versucht herauszubekommen, welches Ende die Schlacht nehmen wird. Kaum zeichnet sich die Niederlage Napoleons ab, schnappt er sich das erstbeste Pferd, das er findet, und galoppiert schnurstracks zur Küste. Am Morgen des 19. Juni steht er bereits an der Mole von Ostende, doch das Meer ist vom Sturm so aufgepeitscht, daß sich niemand hinauswagt. Rothschild bietet daraufhin 2000 Francs, worauf ein Seemann sich bereit erklärt, das Risiko auf sich zu nehmen. Einige Stunden später landet er an der englischen Küste und eilt schleunigst an die Börse nach London, wo die englischen Aktien inzwischen völlig an Wert verloren haben, weil alle glauben, daß Napoleon wie immer auch diesmal siegreich bleiben werde. Rothschild erwirbt so viele Aktien, wie er nur kann. Als die Nachricht vom Sieg Wellingtons eintrifft, beginnen die Aktien sofort wieder zu steigen, und Rothschild gewinnt mit einem Schlag 30 Millionen, damals eine enorme Summe. Dieses historische Ereignis ist so etwas wie eine Illustration des Gleichnisses Jesu: „Mit dem Himmelreich ist es wie mit einem Kaufmann, der schöne Perlen suchte. Als er eine besonders wertvolle Perle fand, verkaufte er alles, was er besaß, und kaufte sie" (Mt 13,45 f). Aber ich frage mich: Nehmen wir heute all die vielen Mühen und Opfer wirklich *als Christen* auf uns, im Hinblick auf die kostbare Perle des Reiches Gottes? Oder tun wir es im Hinblick auf bloß irdische Vorteile?

Apropos Opfer: Leider müssen wir bekennen, daß nur wenige davon etwas wissen wollen. Stellt euch einmal vor, ich würde folgende Predigt halten: „Liebe Burschen und Mädchen! Die Augen sind die Fenster unserer Seele. Aus dem Fenster schaut man, wenn es draußen schön ist, wenn die Sonne scheint und die Wiesen in bunten Farben leuchten, nicht aber, wenn es finster ist und Unwetter herrschen. Also, es kann sein, daß euch Filme, Illustrierte oder Menschen unterkommen, die in ihrem Verhalten und ihrer Kleidung aufreizend wirken. Gebt gut acht, sie können so manche Sturmschäden in euren Seelen verursachen, auch wenn ihr glaubt, davon nicht berührt zu werden. Ich bitte euch, bewahrt euch in solchen Fällen ein wenig Selbstkontrolle und Selbstdisziplin!" Was würde nach einer derartigen Predigt wohl passieren? Ich werde es euch sagen: Der Prediger würde mit einer Lawine von Vorwürfen eingedeckt werden. Integralist, Hinterwäldler, repressiver Machtmensch wären noch die harmlosesten Ausdrücke. Und sie kämen wahrscheinlich gerade von solchen, die immer wieder die Leute auffordern, sich dem Wort Gottes auszusetzen. Nun, was ist in diesem Fall das Wort Gottes? „Wenn dich dein Auge zum Bösen verführt, dann reiß es aus und wirf es weg! Es ist besser für dich, einäugig in das Leben zu gelangen, als mit zwei Augen in das Feuer der Hölle geworfen zu werden" (Mt 18,9). Ich weiß nicht, ob sie den Mut hätten, auch Christus einen Integralisten, einen Hinterwäldler und repressiven Machtmenschen zu nennen.

Das Problem betrifft aber nicht nur die Jugendlichen,

sondern alle, denn wir alle sind so beschaffen, daß uns vor jedem Opfer schaudert. Wir suchen es zu vermeiden und weichen vor ihm zurück, ja wir sind allergisch gegen jedes unbequeme Gebot. Was tun? Die Taktik, die da heißt: Mut kann man sich eben nicht selbst einflößen, ist eines Christen unwürdig. Bleibt also nur die Taktik des Evangeliums: „Bittet, und ihr werdet empfangen!" Gestattet, daß ich euch nun einige solcher Bitten vorschlage. *Erste Bitte:* „Herr, gib mir wenigstens das Verlangen, mutig zu sein!" Ein solches Verlangen ist zwar nicht sehr viel, aber das Verlangen nach dem Guten verleiht der Seele Flügel und kann schließlich doch zu guten Werken führen. *Zweite Bitte:* „Herr, gib mir die Kraft, ernstlich zu wollen!" In den Werken des hl. Alfons von Liguori finden wir eine Unmenge von Gebeten. Das Wort, das in diesen Gebeten am häufigsten vorkommt, heißt: „Ich will." „Mein Gott, ich will dich lieben ... ich will dich lieben ohne Vorbehalt ... ich will mich nie mehr von dir trennen, ich will für immer dir gehören ... ich will ganz dein sein ... ich will ... ich will ... ich will ..." Er wußte, was er schrieb, wenn er sagte: „Nichts kann einem entschlossenen Willen widerstehen ... der Satan fürchtet die entschlossenen Seelen." Wenn also der Mensch sagt: „Ich will", und wenn er es ehrlich meint, dann wird auf das Wollen auch das Tun folgen. Daher die *dritte Bitte:* „Herr, gib mir die Kraft, das Gewollte auch zu tun!" Verlangen, Wollen und Tun werden so zu drei Gliedern einer einzigen Kette: Mit Gottes Hilfe verbinden sie sich und stärken einander.

Zum Schluß möchte ich euch noch sagen, daß der hl. Markus am Anfang seines Apostolates eher furchtsam zu sein schien (Apg 13,13; 15,37–38). Später jedoch steigt er auf die Barrikaden, er wird ein eifriger Mitarbeiter der Apostel und sowohl von Paulus (Kol 4,10; Phil 24; 1 Tim 4,11) als auch von Petrus (1 Petr 5,13) lobend erwähnt. Möge er uns von Gott die Gnade erbitten, wahre Christen zu sein mit einem gesunden Verlangen, einem starken Willen und einem Tun, das sich weder von Hindernissen noch Opfern entmutigen läßt.

Christentum und Freude

Beitrag im „Messaggero di S. Antonio“ (1977)

Ich will mir an dieser Stelle erlauben, etwas über die christliche Freude zu sagen.

Die erste Form von Freude ist allen Menschen gemeinsam, den Christen wie den Nichtchristen, den Guten wie den Bösen. In meiner Jugend habe ich die Lebensgeschichte von Andrew Carnegie gelesen, einem Schotten, der mit seinen Eltern nach Amerika auswanderte und mit der Zeit zu einem der reichsten Männer der Welt wurde. Er war nicht katholisch, aber mich beeindruckte die Tatsache sehr, daß er beharrlich immer wieder auf die reinen und echten Freuden seines Lebens zurückkam. „Ich bin im Elend aufgewachsen“, sagte er, „aber ich würde die Erinnerungen meiner Kindheit nicht mit jenen der Millionärssöhne tauschen wollen. Was wissen die schon von den Freuden des Familienlebens, von der heimeligen Gestalt einer Mutter, die in sich die Funktionen eines Kindermädchens, einer Wäscherin, einer Köchin, einer Lehrerin, eines Engels und einer Heiligen vereint?“

Schon in ganz jungen Jahren mußte er in einer Spinnerei von Pittsburgh um den lächerlichen Lohn von 56 Lire im Monat arbeiten. Eines Abends zahlte ihm der Chef nicht sofort seinen Lohn aus, sondern sagte zu ihm, er solle noch ein wenig warten. Carnegie befürchtete: „Jetzt wird man mich wohl entlassen.“ Doch nachdem der Chef die anderen abgefertigt hatte, sagte er zu ihm: „Andrew, ich habe deine Arbeit aufmerksam verfolgt, und ich bin zu dem Schluß gekommen, daß sie mehr wert ist als die der anderen. Ich werde deinen Lohn daher auf 67 Lire erhöhen.“ Carnegie lief schnell nach Hause, wo die Mutter vor Freude über den Erfolg ihres Sohnes in Tränen ausbrach. „Alle meine Millionen zusammen“ –

sagte Carnegie viele Jahre später – „haben mir nicht solche Freude bereitet wie jene 11 Lire Lohnerhöhung.“

Viele Freuden gleichen der von Carnegie oder der eines Bergsteigers, der nach einem beschwerlichen Aufstieg endlich den Gipfel erreicht. Oder der Freude des Ehepaares Curie, das nach vielen Forschungen und Versuchen schließlich die Röntgenstrahlen entdeckte; oder der des Christoph Kolumbus und seiner Gefährten, die nach vielen Entbehrungen schließlich die Neue Welt erblickten ... Alle echten Freuden sind den Christen ans Herz gelegt: sie sollen sie suchen, pflegen und gegen die Versuchungen der Traurigkeit, der Mutlosigkeit und des Sich-gehen-Lassens in Schutz nehmen ... Sie sind ein Wert in sich, sie können eine große Hilfe sein im Leben und stehen im Einklang mit den Absichten Jesu, der ein *Evangelium,* d. h. eine frohe Botschaft, verkündet hat (Mt 24,14; Mk 14,9).

Der Christ blickt mit Sympathie, aber klugen Augen auf diese menschlichen Freuden. Sie sind etwas Wertvolles, aber eben doch nicht alles. Sie können ein Mittel zu einem guten Zweck sein, aber sie sind nicht das letzte Ziel. Sie haben nur eine Weile Bestand, nicht für immer. Der hl. Paulus ermahnt uns: „Wer sich die Welt zunutze macht, soll sich so verhalten, als nutze er sie nicht; denn die Gestalt dieser Welt vergeht“ (1 Kor 7,31). Der Christ muß auch unterscheiden und auswählen können: Freude und Vergnügen sind nicht dasselbe. Die Freude, die mit unseren guten Leidenschaften verbunden ist, ist etwas anderes als die, die mit den schlechten Leidenschaften einhergeht. Gut ist die Freude, die man empfindet, wenn man anderen vergibt oder ihnen hilft; schlecht dagegen die Freude des Neidhammels, der sich am Mißerfolg des anderen ergötzt, des Stolzen, der übermütig seine Macht auskostet.

Man soll sich nur ja nicht täuschen lassen und glauben, daß es in den Familien wirklich so zugeht, wie es in der Öffentlichkeit oft dargestellt wird: In der Werbung sind die Kinder immer gesund, wohlgenährt und intelligent, sie wachsen unter Gleichaltrigen auf, und es mangelt ihnen nicht an jeder Menge von Kaugummi und Süßigkeiten; die Mädchen finden sofort den richtigen Mann, denn sie duften ja so bezaubernd von französischem Parfum und haben keinerlei Mundgeruch; die jungen Männer machen in ihrem schicken

Anzug nach der allerneuesten Mode natürlich sofort Karriere; die eheliche Liebe ist gegen jede Versuchung gefeit, da sie tagsüber durch einen bestimmten Likör warmgehalten wird, der „eine gewisse Atmosphäre schafft“, und des Nachts von dieser Reizwäsche mit der betont „fraulichen Note“.

Alles Märchen, die man uns auftischt, weil man es auf die Brieftasche der Leute abgesehen hat. Man klammert die Notwendigkeit harter Arbeit, des Opfers, und die oft schmerzlichen Realitäten einfach aus, die einem sofort ins Auge springen, wenn man ein Krankenhaus oder ein Gefängnis betritt, wenn man in die Häuser der Armen, aber auch der Reichen näher hineinschaut.

Die Freude kann sich nicht verstecken, sie tut sich kund. Tartarin de Tarascon brachte sie mit südländischem Temperament, mit lebhaften Gesten und lautem Jubel zum Ausdruck. Der englische Gentleman äußert sie höchstens sehr verhalten. Jeder hat so seine Art: Es bleibt aber bestehen, daß das Apostolat eines Christen auch darin besteht, Freude zu verkünden und zu verbreiten. Der hl. Petrus hat geschrieben: „Fürchtet euch nicht... laßt euch nicht erschrecken... Seid stets bereit, jedem Rede und Antwort zu stehen, der nach der Hoffnung fragt, die euch erfüllt“ (1 Petr 3,14 f). Petrus spricht hier von der Hoffnung; sie ist aber die Zwillingsschwester der Freude. Gegenstand der Hoffnung sind nämlich die Güter, die es noch zu erlangen gilt, Gegenstand der Freude jene Güter, die man schon besitzt (vgl. Thomas von Aquin, Summa contra Gentiles I,89).

Die Heiligen haben das verstanden. Der hl. Philipp Neri zum Beispiel wurde eines Tages von seinem Freund Zenobius getadelt, weil er bei der Lektüre eines Buches laut aufgelacht hatte. „Ein Priester des Herrn darf nicht so lachen!“ sagte Zenobius. „Aber der Herr ist doch gut“ – gab Philipp zurück –, „warum soll er nicht haben wollen, daß seine Kinder lachen? Es ist die Traurigkeit, die uns das Haupt senken und uns nicht zum Himmel aufblicken läßt. Man muß daher die Traurigkeit bekämpfen und nicht die Freude.“

Einverstanden! Aber wenn das Leid uns überfällt? Wer vom Licht des Glaubens erleuchtet ist, nimmt kein Ärgernis daran, daß auf der Welt ständig Unglück und Leid passieren.

Er weiß, daß Gott gut ist, daß er das Übel nur zuläßt, daß selbst das Böse noch etwas Gutes an sich hat, daß wir hier nur eine vorübergehende Bleibe haben. Mehr weiß er nicht zu sagen. Er weiß keine Antwort auf die zahllosen und ängstlichen „Warum"-Fragen hinsichtlich des Übels in der Welt. Und gegenüber den Atheisten erlaubt er sich nicht einmal so wie Stendhal zu scherzen, der zu einigen, die wegen ihres Unglücks Gott lästerten, einmal gesagt hat: „Warum regt ihr euch denn über Gott auf? Ich will euch sagen, wie die Dinge liegen: Gott hat selbst kapiert, daß er diesmal keine glückliche Hand gehabt hat; deshalb hat er sich entschlossen, seine Geheimagenten, die Atheisten, herumzuschicken, um überall das Gerücht auszustreuen, daß Gott gar nicht existiere."

Statt solcher Geplänkel sagt der Christ: Wichtig ist nicht, über das *Warum* des Leids Bescheid zu wissen, sondern zu wissen, *wie* man sich im Leid verhalten soll. Da ist die Antwort klar: Man muß sich bemühen, dem Beispiel Christi zu folgen. Er war unschuldig, heilig, hatte allen nur Gutes getan; dennoch hat man ihn verfolgt, verurteilt und ans Kreuz geschlagen. Jesus hat sich, wenn es ihm auch nicht leichtgefallen ist, in den Willen des Vaters ergeben (Mt 26,39; Lk 34,46); er hat gelitten für das Heil der anderen (Lk 22,19–20); er hat für seine Peiniger gebetet (Lk 23,28–31); er hat sich wie ein Lamm verhalten, das sich widerstandslos zum Schlachten führen läßt, wie ein Schaf, das angesichts seiner Scherer seinen Mund nicht auftut (Jes 53,7). Und so hat er auch uns ermahnt: „So sollt ihr beten: Vater ... dein Wille geschehe!" Er geschehe – versteht sich – durch uns.

Manche interpretieren dieses Gebet auf ihre eigene Weise und verstehen darunter: „Ich will dich lieben, mein Jesus, solange *mein* Wille geschieht." Der hl. Philipp Neri kam der Sache schon viel näher, wenn er sagte: „Ich danke dir, mein Jesus, daß die Dinge nicht so laufen, wie ich es will."

Dieses Gebet des hl. Philipp führt uns sogleich auf die höhere Ebene der christlichen Freude, die Dante in einem der schönsten Verse seiner „Göttlichen Komödie" beschrieben hat: „In seinem Willen ist ja unser Frieden" (Paradiso III,85). Das Bewußtsein, den Willen Gottes zu vollbringen, löscht andere Wünsche in uns aus und macht uns zufrieden. Es handelt sich da um einen Gott, der Vater ist, von dem man sich geliebt weiß und den auch wir lieben. Man weiß zwar nicht genau, wohin er uns führen will, aber man vertraut sich ihm an wie jenes Kind, das von seinem Vater, einem Maurer, auf das Baugerüst eines Wolkenkratzers in New York mitgenommen wurde, wo er es über dem Abgrund baumeln ließ, denn er selbst war ja vollkommen schwindelfrei. „Aber hast du denn keine Angst gehabt?" wurde das Kind gefragt. – „Nein, denn ich hielt mich ja an der Hand des Vaters fest."

Auch wir befinden uns in der Hand Gottes. Das bewirkt eine grundsätzliche Freude, die alle anderen Freuden verblassen läßt und sie gleichzeitig zu steigern vermag. Mit der besonderen Hilfe Gottes kann man sogar so weit kommen, daß sich selbst der Schmerz in Freude verwandelt. Der hl. Franz von Assisi sagte, als er schon fast völlig blind und sehr krank war: „So herrlich ist das, was mich erwartet, daß alles Leid mir liebgeworden ist." Die Apostel „gingen weg vom Hohen Rat und freuten sich, daß sie gewürdigt worden waren, für seinen Namen Schmach zu erleiden" (Apg 5,41). Der hl. Paulus sagt, daß ihm zwar „Leid zugefügt" werde, doch sei er jederzeit „fröhlich" (2 Kor 6,10). Die hl. Therese von Lisieux betont: „Als Kind habe ich gelitten und war dabei traurig; jetzt leide ich auch, aber anders, ich bin dabei froh und verspüre einen inneren Frieden. Ich bin tatsächlich glücklich, wenn ich leide." Auf dem Krankenlager blickt sie auf ihre zum Skelett abgemagerten Hände und sagt: „Ich empfinde wirklich Freude, wenn ich mich so entstellt sehe."

Ich sagte vorhin: „mit der besonderen Hilfe Gottes". Und ich füge hinzu: und mit einer starken und festen Glaubensüberzeugung im Herzen. Diese wird jedoch immer mehr abhanden kommen, wenn die Priester und Katecheten nicht einhellig mehr Sicherheit ausstrahlen, wenn sie nicht, statt einen immer mehr um sich greifenden Laxismus nachsichtig zu tolerieren, wieder an die Wahrheiten von Sünde, Gericht und Hölle erinnern und den Kindern, Jugendlichen und Erwachsenen mehr Selbstüberwindung und Verzicht ans Herz legen.

Es ist erwiesen, daß der Laxismus in der Kirche zu Müdigkeit, Mißtrauen und Gleichgültigkeit führt. Die entschlossene Hinwendung zu den großen Glaubenswahrheiten wirkt hingegen belebend. Der Sakristan einer großen Kirche in Deutschland antwortete einmal auf die Frage, warum diese Kirche, die doch früher einmal stets voll war mit Gläubigen, heute beim Gottesdienst fast leer sei: „Zuerst kam ein Pastor aus Greifswald und sagte: ‚Jesus war der Sohn Gottes.' Dann kam einer aus Rostock und sagte: ‚Jesus war nur ein Mensch.' Schließlich kam einer aus Tübingen und sagte: ‚Jesus hat gar nie existiert.' Daraufhin haben sich die Leute gesagt: ‚Wenn sich schon die Pastoren untereinander nicht einig sind, was man glauben muß, dann bleiben wir lieber zu Hause.'"

Kein Sakristan in Italien hat es hoffentlich notwendig, zu solch resignierenden Erklärungen zu greifen. Gott sei Dank sind unsere Kirchen noch voll mit vielen überzeugten Gläubigen, und jeder Sakristan könnte vor die Leute hintreten und sagen: „Bei uns verkünden die Priester nicht ihre persönlichen Ansichten, sondern die volle und authentische Lehre der Kirche. Und so gelingt es ihnen, ein echtes Gleichgewicht zwischen dem Leid und der Freude herzustellen. Sie stellen klar heraus, daß das Leid unvermeidlich ist, aber sie betonen auch die absolute Notwendigkeit der Freude. Sie sind in keiner Weise ‚Leidensfanatiker', sie lehren vielmehr, daß die Erlösung nicht aufgrund des puren Leidens des Herrn geschehen ist, sondern aufgrund des Gehorsams und der Liebe, mit denen der Herr das Leiden auf sich genommen hat. Das Leiden selbst wurde schließlich durch die Herrlichkeit und Freude der Auferstehung ergänzt. Sie lehren auch, daß die harten Bußübungen der Wüstenväter ohne Liebe und Freude aus ihnen nicht wahre Meister, sondern bloß Heiligkeitsakrobaten gemacht hätten. Sie erinnern daran, daß Jesus am Ölberg nicht den Mut aufbrachte zu sagen: ‚Vater, laß diesen Kelch nur kommen'; er hatte nur den Mut, diesen Kelch mit Hilfe des Vaters voll Bitterkeit und Ergebung anzunehmen."

Manche Prediger pflegen die hl. Teresa von Avila zu zitieren und zu sagen, daß ein Heiliger, der traurig ist, ein trauriger Heiliger sei. Ein Bekannter von mir, dem man von einer heiligmäßigen Nonne erzählte, die jedoch immer mit einem finsteren Gesicht herumlaufe, meinte: „Ich fürchte, sie ist nicht so sehr heilig, sondern hat es mit der Galle." In Spanien würde man sie wohl „Schwester Dolores de Panza" nennen.

„De Maria numquam satis“

Ansprache vor dem Nationalen Liturgischen Kongreß in Bologna (1976)

„De Maria numquam satis“, sagte man einmal und tat gut daran, wenn man bedenkt, wie sehr Maria es verdient, verehrt zu werden. Wenn auch die Absicht gut gewesen sein mag, so war das Ergebnis doch oft weniger gut, und manchmal klang diese Formel nicht sehr opportun. So zum Beispiel, wenn Mariologie und Marienverehrung sich in einen Wettstreit lyrischer Ergüsse verwandelten, wenn Maria immer neue Titel und Privilegien zuerkannt wurden, wenn auf das Lehramt der Kirche Druck ausgeübt wurde, um neue Feste und neue Lehraussagen zu erzwingen, welche die Gefahr von Schwierigkeiten mit den getrennten Brüdern oder jenen Katholiken in sich bargen, die auf solche Neuerungen noch nicht genügend vorbereitet waren.

Heute sind manche versucht zu sagen: „De Maria nunc satis.“ Das mag zum Teil richtig sein, wenn man beabsichtigt, die oben angedeutete Tendenz etwas zu bremsen oder zu stoppen. Es wäre aber falsch, wenn man das Studium, die Vertiefung der Mariologie und vor allem die rechte Marienverehrung verhindern wollte. Vor einigen Jahren hat der verstorbene Kardinal Döpfner in einer Weihnachtspredigt erklärt: „Die Marienverehrung in ihren verschiedenen Ausformungen gehört zur katholischen Frömmigkeit. Es ist unmöglich, sich das Leben der Kirche ohne Rosenkranz, ohne den Marienmonat Mai, ohne die Marienfeste, ohne die Wallfahrtsorte und ohne die zahlreichen Mariendarstellungen vorzustellen.“ Döpfner zählt dann einige Fragen, die heute gestellt werden müssen, auf: „Steht die Marienverehrung nicht zu isoliert da, ohne Zusammenhang mit Christus und einem Verständnis der Erlösung, das von der Heiligen Schrift inspiriert ist? Steht sie nicht abseits einer echten liturgischen Frömmigkeit? Ist sie nicht ein Hindernis für die gegenwärtige liturgische Erneuerung?" Auf diese Fragen gab er selbst kurze und treffende Antworten. Vor seinem Tod hatte er aber auch noch die ausführlichen Darlegungen des Apostolischen Schreibens „Marialis cultus" studieren können, in dem Paul VI. das Kapitel „De Beata Maria Virgine" der Kirchenkonstitution des Konzils kommentiert und auf schöne Weise ergänzt. Man kann nur hoffen, daß dieses päpstliche Schreiben eine neue Periode der Mariologie einleitet, wo diese mehr als bisher in die gesamte Heilsgeschichte eingebunden wird und die Ergebnisse der biblischen und patristischen Forschung berücksichtigt, während die Marienverehrung sich wieder mehr auf die Liturgie konzentrieren muß. Die Vorzüge der Gottesmutter werden auch weiterhin anerkannt werden, aber man wird in Zukunft mehr die Demut der „Magd des Herrn" und ihre menschliche Größe, nämlich die Bereitschaft zum Dienst am Nächsten, herausstellen. Die einzigartige Vollkommenheit, zu der sie durch Gottes Auserwählung gelangt ist, wird wie eine Fahne aufgerichtet sein, um der ganzen Menschheit zu sagen: „Zu solcher Vollkommenheit sind alle berufen, und wir werden sie auch in dem Maße erreichen, wie wir uns dem Werk und der Person des einzigen Erlösers Jesus Christus anschließen."

1. Heilsgeschichte? Wenn man davon spricht, muß man mit der Trinität beginnen, in deren Schoß Gott Vater immer schon sein eigenes Sein und die eigene Glückseligkeit seinem Wort mitteilt und über das Wort dem Heiligen Geist. Das Wort, vollkommenes und ewiges Abbild des Vaters, erschrickt gewissermaßen vor Freude, wenn es den Vater betrachtet, es ist hingerissen von seiner Schönheit. Der Heilige Geist seinerseits entbrennt aus der gemeinsamen Ekstase von Vater und Sohn zum Feuer der Liebe. In ewigem Ratschluß beschließen die drei göttlichen Personen: „Wir wollen andere Wesen erschaffen und sie innerhalb ihrer Grenzen an unserem Leben Anteil nehmen lassen, aber es soll dies ein freiwilliger Akt von uns sein, der sie auf außerordentliche Weise zur Höhe dieses unseres Lebens in Herrlichkeit und Freude erhebt!" Das nennt man den „Heilsplan" Gottes. Und er wird zur „Heilsge-

schichte", sobald seine Realisierung auf Erden in einer langen Reihe von gnadenhaften Eingriffen Gottes in das Leben der Menschen beginnt.

Ich stelle mir vor, daß diese Eingriffe wie auf zwei Seiten eines Daches erfolgen. Auf der einen Seite steigt die Menschheit unter dem Antrieb und Beistand Gottes, angeführt vom jüdischen Volk, mühsam zu Christus empor, dem Giebel des Daches der Menschheitsgeschichte. Auf der anderen Seite steigt die Menschheit unter dem Antrieb und Beistand des Heiligen Geistes, angeführt von der Kirche, hinunter in die eschatologische Endzeit, deren Anbruch eine vollkommene Neuschöpfung der gegenwärtigen Welt bedeutet: den „neuen Himmel und die neue Erde" (2 Petr 3,13). Dann kann die Kirche erst wirklich als „das von der Einheit des Vaters und des Sohnes und des Heiligen Geistes her geeinte Volk" (LG 4) bezeichnet werden. Und dann wird der Plan – das „Mysterium", würde der hl. Paulus sagen –, der zuerst in Gott verborgen war und uns später geoffenbart wurde, von allen Schatten befreit sein und in seinem vollen Glanz erstrahlen.

2. Giebel eines Daches ist allerdings nur ein sehr armseliges Bild. Viel eindrucksvoller spricht Paulus von der „Fülle der Zeit". Dort ist das Zentrum der „Heilsgeschichte", dort hat Maria ihren Platz. „Als aber die Zeit erfüllt war, sandte Gott seinen Sohn, geboren von einer Frau" (Gal 4,4). Diese Frau, Maria, wird elfmal im Neuen Testament „Mutter Jesu" genannt (Mt 2,10; 13,20; 12,46–50; Mk 3,31–35; Lk 1,42 f; 2,33 f. 48–50; 8,19–21; Joh 2,2 f; 19,25 f; Apg 1,14).

Da Jesus Gott und Mensch ist, nennen wir Maria mit Recht auch „Mutter Gottes". Im Anschluß an die Heilige Schrift und das Konzil von Chalkedon betont sogar Karl Barth: „Wir müssen Maria den Titel ‚Mutter Gottes' zugestehen, wenn wir den beiden Aspekten des Mysteriums gerecht werden wollen: daß nämlich Jesus wirklich Mensch ist, zu unserer Geschichte gehört, und daß der Sohn Mariens identisch ist mit dem, den der Vater von Ewigkeit her gezeugt hat" (Kirchliche Dogmatik). Weiterhin sagt Barth, daß Mutter Gottes zu sein sicherlich ein großes Privileg darstellte, das aber Maria nur im Hinblick auf ihre Funktion bei der Menschwerdung gewährt wurde. Einverstanden, aber die Inkarnation ihrerseits steht ja in Beziehung zur Erlösung der Menschen. Hat sich Gott also Mariens nur für die Menschwerdung oder auch für die Erlösung der Menschen bedient? Am Anfang hat Gott aus dem Stoff der Erde ein Meisterwerk geschaffen: Adam. Ist etwas Ähnliches auch mit Maria geschehen? Wurde sie von Gott in Dienst genommen, blieb dabei aber gänzlich passiv wie damals der Klumpen Erde? Oder war sie gleichzeitig aktiv und passiv an jenem göttlichen Meisterwerk, der Erlösung des Menschen, beteiligt? Das ist die Frage. Den Anfang oder ein Anzeichen einer Antwort kann man in der Art und Weise erblicken, wie Gott sich sonst dem Menschen gegenüber verhält.

Der Psalmist sagt: „Seh' ich den Himmel, das Werk deiner Finger, Mond und Sterne, die du befestigt: Was ist der Mensch, daß du an ihn denkst, des Menschen Kind, daß du dich seiner annimmst? Du hast ihn nur wenig geringer gemacht als die Engel, hast ihn mit Herrlichkeit und Ehre gekrönt ... hast ihm alles zu Füßen gelegt" (Ps 8,4–7). So viel Vertrauen wurde also in den Menschen gesetzt, so viel Macht ihm verliehen, daß er nicht ein passives Wesen und bloß ein Statist bleibt, sondern selbst zum großen Täter wird, der an der Seite des ewigen Hauptakteurs tätig ist, der dem Menschen allen Ernstes eine Spur seines Schöpfergeistes einprägen wollte. Warum sollte Gott der Mutter Gottes, die schon zur Mitwirkung an der Menschwerdung berufen worden war, nicht auch die Aufgabe übertragen haben, an der Seite des eigentlichen Erlösers eine maßgebende Rolle zu spielen? Das Konzil betont diesbezüglich: Mit ihrem Ja „umfing Maria den Heilswillen Gottes mit ganzem Herzen und gab sich als Magd des Herrn ganz der Person und dem Werk ihres Sohnes hin und diente so unter ihm und mit ihm in der Gnade des allmächtigen Gottes dem Geheimnis der Erlösung" (LG 56). Sie wurde „nicht bloß passiv von Gott benutzt, sondern hat in freiem Glauben und Gehorsam zum Heil der Menschen mitgewirkt" (ebd.).

Das Konzil drückt sich hier sehr vorsichtig aus. „Freier Glaube, Gehorsam und Mitwirkung" ja, aber „in der Gnade des allmächtigen Gottes, unter Christus und mit ihm, als Dienerin an dem Geheimnis". Etwas später sagt das Konzil noch: „Der heilsame Einfluß der seligen Jungfrau auf die

Menschen kommt ... aus dem Wohlgefallen Gottes und fließt aus dem Überfluß der Verdienste Christi, stützt sich auf seine Mittlerschaft, hängt von ihr vollständig ab und schöpft aus ihr seine ganze Wirkkraft." Und weiter: „Die unmittelbare Vereinigung der Glaubenden mit Christus wird dadurch aber in keiner Weise gehindert, sondern vielmehr gefördert" (LG 60).

Das Konzil sieht also keine Gefahr, daß Maria gewissermaßen eine Trennwand darstellen könnte und die Gläubigen durch sie Christus entfremdet würden.

3. Wir wissen: „Einer ist Mittler zwischen Gott und den Menschen: der Mensch Christus Jesus" (1 Tim 2,5). Wenige Zeilen weiter schreibt Paulus: „Ich bin als dessen Verkünder und Apostel eingesetzt worden, als Lehrer in der Wahrheit." Die Heilsökonomie will also, daß der einzige Mittler für das Heil der Menschen sich, mit ihm und unter ihm, anderer Menschen bedient. Max Thurian betont, daß „die Leugnung jeder anderen Mittlerschaft außer jener Christi ... auch zur Leugnung der realen Mittlerschaft Christi führt". Es besteht kein Grund zur Befürchtung, daß die Annahme einer Mitwirkung Mariens zur Entwertung der Gnade Gottes führen könnte. Die Katholiken müssen vielmehr daran festhalten, daß nicht einmal der Anfang, nicht einmal das Verlangen nach einem verdienstlichen Werk in unserer Macht steht, wenn Gott uns nicht dabei hilft.

Die Semipelagianer behaupteten: Der Kranke kann nicht von allein gesund werden, ohne Arzneien und ohne den Arzt, aber er kann von sich aus wenigstens den Anfang zu seiner Genesung setzen, indem er nach ihnen verlangt. Wir hingegen sagen: Nach dem übernatürlichen Heil können wir allein mit unseren Kräften nicht einmal ein Verlangen haben, wenn Gott uns nicht hilft, indem er einen gewissen Drang nach dem Guten aktiviert, der auch nach der Erbsünde noch in uns verblieben ist. Jedenfalls können wir mit dem hl. Augustinus sagen, daß Gott seinen eigenen Gaben die Krone aufsetzt, wenn er unsere Verdienste krönt. In einer Familie bringen die Kinder dem Vater zu seinem Geburtstag Blumen aus dem Garten; auch die Mutter und alle Geladenen bekommen von ihnen Blumen. In diesem Fall ist es nicht nur klar, daß der

Garten und die Blumen dem Vater gehören, sondern ebenfalls, daß es gerade der Wunsch des Vaters ist, daß die Blumen von den Kindern geschenkt werden. Maria ist ein ganz besonders von Gott geliebtes Kind; wenn sie sich also den Menschen und Gott selbst gegenüber als großzügig und edel erweist, dann tut sie das mit Hilfe der Gaben Gottes und im Einklang mit seinem Willen.

4. Doch diese Überlegungen sind Theologumena, würde ich sagen. Besser ist es, die Heilige Schrift und die Kirchenväter zu lesen. Der hl. Lukas stellt in der Verkündigungsszene Maria so dar, daß sie bei Christus, dem zweiten Adam, die Rolle einer neuen Eva übernimmt. Der Engel ruft sie zum Glauben, wie die Schlange einst Eva zum Unglauben verführt hatte. So korrespondiert der Gehorsam Mariens dem Ungehorsam Evas. Ihre Bereitschaft, sich selbst zu verleugnen und die „Magd des Herrn" zu sein, steht dem Willen Evas gegenüber, sich selbst zu behaupten und sich an die Stelle Gottes zu setzen.

Dieses Thema – das merkt auch das Konzil an (LG 56) – ist auch den Kirchenvätern geläufig, die immer wieder die Trias Kreuz–Christus–Maria der anderen Trias Baum–Adam–Eva gegenübergestellt haben.

5. Lukas betont auch die Gegenwart Mariens inmitten der Kirche, die in ihren Anfängen im Gebet auf das Kommen des Heiligen Geistes wartet. Maria hat ihr erstes Pfingsten schon bei der Verkündigung erlebt. Und nachdem sie den Heiligen Geist empfangen hatte, begab sie sich eilends zu Elisabet, und ebenso wie später die Apostel drängte es auch sie, mit dem „Magnificat" und der tätigen Hilfe, die sie ihrer Base angedeihen ließ, die „Großtaten Gottes" zu verkünden.

Die Anwesenheit Mariens im Abendmahlsaal ist daher ein Sinnbild. Seit damals sind Maria und die Kirche im Bewußtsein der Christen nicht mehr voneinander zu trennen, und das Konzil hat gut daran getan, das Kapitel über Maria in die Konstitution über die Kirche aufzunehmen.

Der hl. Johannes beschreibt in der Geheimen Offenbarung eine Frau, mit der Sonne bekleidet, der Mond war unter ihren Füßen und ein Kranz von zwölf Sternen auf ihrem Haupt. Sie gebar unter großen Schmerzen einen Sohn, der über alle Völker herrschen sollte. Ihr Kind wird sofort zu Gott entrückt, während die Frau in die Wüste flieht (vgl. Offb 12,1–6). Es ist wahrscheinlich, daß diese Frau die Kirche des Alten Bundes darstellt, die durch Maria Christus und mit ihm die Kirche des Neuen Bundes gebiert. Derselbe Johannes stellt Maria an den Anfang und an das Ende des öffentlichen Lebens Jesu. In Kana erscheint sie als diejenige, die den Zugang zu Jesus ermöglicht und die das Volk auffordert, an ihn zu glauben: „Tut, was er euch sagt!" (Vgl. Joh 2,1–12) Und jeder der Anwesenden konnte feststellen, wie sie mit liebend-wachsamem Auge das junge Brautpaar umsorgte und es ganz diskret zu Jesus führte. Am Fuße des Kreuzes ist dann Maria ein Beispiel dafür, wie man Christus bis zum Äußersten nachfolgen soll, auch in den bittersten Stunden des Lebens. Man kann dennoch nicht leugnen, daß das Thema „Kirche – Maria" ein etwas komplexes Thema bleibt. Die Kirche hat nämlich nicht nur *in sich* vielfältige Aspekte, sondern auch vielfältige Beziehungen zu Maria. Paul VI., der Maria zur „Mutter der Kirche" ernannt hat, nennt sie auch oft unsere „Schwester", während der hl. Franz von Sales sie zärtlich als „unsere Oma" bezeichnet, weil sie sich tröstend um ihr Enkelkind annimmt, das voll Vertrauen in ihrem Schoß Zuflucht sucht. Jedenfalls sollte die Kirche zu ihr aufblicken wie zu einem Vorbild. Auch die Kirche muß sich vor allem als „Magd", als „Dienerin" verstehen, um an der Seite des einzigartigen großen „Dieners" den Menschen zu helfen und sie zu retten. Maria muß im Bewußtsein der Christen immer mehr diejenige werden, die jener Berufung vollkommen gerecht geworden ist, die Gott an alle Menschen ergehen läßt. Sie muß als die gesehen werden, die hier und jetzt das vorbereitet und ahnen läßt, was die Kirche einmal sein wird, wenn diese Welt vergeht und die zukünftige anbricht.

6. Die heutige Mariologie scheint sich indessen eher an der nächstliegenden Zukunft zu orientieren. Die sogenannte „Marienfrömmigkeit" ist heute in ihren Ausdrucksformen viel zurückhaltender als früher, was jedoch ihrer Tiefe keinerlei Abbruch tut. Die wissenschaftliche Beschäftigung mit Maria nimmt jedoch zu; so gibt es bereits eine biblische, historische, psychosoziologische, ökumenische, ikonographische, pneumatologische Mariologie, ja sogar eine „arabisch-muselmani-

sche Marienliteratur". Alles gut und schön, vorausgesetzt, daß man sich wenigstens drei Dinge vor Augen hält: Man darf den Kontakt mit der Tradition nicht verlieren, man sollte nicht in der dürren Steppe einer allzu trockenen Mariologie landen, und man muß immer auch den *sensus fidelium* beachten.

Letzterer ist eine Art Instinkt oder Spürsinn, den der Heilige Geist den einfachen Gläubigen schenkt, um ihnen zu helfen, auf rechte Weise das zu erkennen und zu wählen, was gut und richtig ist. Das kirchliche Lehramt muß natürlich diesen *sensus* verifizieren und leiten, es muß ihn aber auch respektieren und berücksichtigen. Ich habe die Ausstellung von Votivbildern der Gottesmutter, die dem hl. Lukas zugeschrieben werden, in Bologna leider nicht besuchen können, aber ich habe gehört, daß sie sehr interessant gewesen sein soll. Vor ein paar Wochen habe ich aber die Votivtafeln im Marienheiligtum von Weißenstein gesehen: Unglaublich, wie viele Menschen schon seit Jahren hier haltmachen, um mit großer Aufmerksamkeit diese Zeugnisse des Glaubens und der Dankbarkeit des Volkes zu betrachten. Das bedeutet doch, daß auch diese unscheinbaren Bildtafeln eine Stimme haben und zu uns sprechen: eine Predigt des Volkes für das Volk. Letztes Jahr habe ich in Santa Maria in Brasilien – einer Diözese im Staate Rio Grande do Sul – an einer Wallfahrt von mehr als 200.000 Menschen teilgenommen. Nach der Konzelebration habe ich die anwesenden Bischöfe beglückwünscht. „Da hätten Sie erst die Wallfahrt vor einem Monat sehen müssen", gaben sie mir zur Antwort. „Es war wie eine ‚nationale Flutwelle'. Versuchen Sie sich einmal vorzustellen: eine kleine Stadt, und es kommen plötzlich 400.000 Pilger in 14.000 Omnibussen angereist; die Ordnungskräfte wissen nicht mehr ein noch aus; kein Essen, nicht einmal ein Glas Wasser oder eine Limonade ist zu bekommen." Und der Bischof von Santa Maria, Ivo Lorscheiter, fügte hinzu: „Ich war eher skeptisch eingestellt gegenüber solchen Manifestationen. Doch dann habe ich gesehen, wie das Volk mit dem Herzen dabei ist. Eine gute Vorbereitung, während der Prozession immer wieder der Rosenkranz, liturgische Gesänge, Lesungen aus der Bibel mit kurzen Erklärungen, schließlich die Eucharistiefeier am Schluß – das alles ist eine großartige

Gelegenheit zur Katechese und eine Form des Kultes, die zwar mit viel Aufwand, aber auch mit großer Frömmigkeit gefeiert wird." Wie ein Echo auf diese Worte Lorscheiters erschien mir der Hinweis Pauls VI. in „Evangelii nuntiandi" auf die Werte der Volksfrömmigkeit, die wertvolle Reichtümer in sich birgt, wenn sie in rechter Weise, vor allem durch Sinn und Geist des Evangeliums, ausgerichtet ist.

7. Aber nicht nur auf das Volk, auch auf die Tradition muß man in der Mariologie blicken, damit alles das, was an Schönem und Gültigem über Maria gesagt und getan worden ist, nicht verlorengeht.

Der Papst betont, daß die Kirche „zu allen Zeiten in gewissenhaftem Bemühen um die Wahrheit und mit einem stets wachen Auge auf die Erhabenheit des Ausdrucks" Maria verehrt hat (MC 15). Eine durchaus richtige und zu verantwortende Feststellung, die aber irgendwelche Übertreibungen oder abergläubische Verirrungen in dieser oder jener Teilkirche, bei dieser oder jener Einzelperson oder kleinen Gruppe keineswegs ausschließt, auch wenn dies von den Betreffenden oft in Abrede gestellt wird.

Typische Mariologie aus vergangenen Zeiten sind zum Beispiel die „Herrlichkeiten Mariens" des hl. Alfons von Liguori. Heute werden sie kaum mehr gelesen. Doch in der Vergangenheit haben sie unzählige Auflagen in Italien, Frankreich, Spanien, England, Deutschland, Holland und anderen Ländern erlebt. Man muß zugeben, daß die zahlreichen „Beispiele" in diesem Werk oft frei erfunden, legendär oder sogar historisch falsch sind, jedenfalls nicht geeignet für so ausgekochte Leser wie wir heute. Der Heilige jedoch benutzt diese Beispiele nicht so sehr als Beweise, sondern als Hilfsmittel, um den ungebildeten Leuten die Wahrheit möglichst plastisch vor Augen zu führen. Mit anderen Worten, er verhält sich wie ein Hochgebildeter, der fast primitiv daherstammelt, um sich dem einfachen Volk verständlich zu machen, wie ein zukünftiger Kirchenlehrer, der sich diese Auszeichnung verdient, weil er die Lehre der Kirche wie ein Volksschullehrer darzulegen versteht. Darin kann er uns ein Vorbild sein: ein Theologe, der nicht nur *über* Maria spricht, sondern mit ständig eingestreuten Gebeten auch *mit* ihr spricht. Schreiben und reden wir viel über die Gottesmutter, aber so, daß alle es verstehen und ihre Herzen gerührt werden! Was uns aber nur gelingen wird, wenn zuvor unser eigenes Herz gerührt worden ist, so wie es beim hl. Alfons der Fall war, der für seine Leute, die weder lesen noch schreiben konnten, sogar Lieder dichtete, die mehr als hundert Jahre lang in ganz Italien gesungen wurden, vor allem bei Volksmissionen und im Marienmonat Mai.

8. Unversehens habe ich mich jetzt auf das Gebiet des Herzens begeben: Jene Sentimentalität, die das Konzil ein „unfruchtbares und vorübergehendes Gefühl" (LG 67) nennt, ist sicher nicht gut, aber es wäre wünschenswert, wenn neben dem Verstand und dem Willen auch das Herz bei der Marienverehrung beteiligt wäre. „Der Name Mariens soll dir nicht von den Lippen kommen, wenn er dir nicht vom Herzen kommt", schrieb der hl. Bernhard. Und der Venezianer Leonardo Giustinian sagt in einem ihm zugeschriebenen Gedicht:

„O Maria, mit welchem Entzücken
blicktest du auf zu deinem Sohn, meinem Gott!
Welche Freude empfandest du, welches Glück,
wenn du ihn in deinen Armen hieltst!
Wieviel Liebe hättest du ihm noch geschenkt,
wäre er bei dir geblieben, dein teurer Sohn!"

Wer so schrieb, fühlte sich Maria ganz nah verbunden, öffnete ihr voll Vertrauen das eigene Herz. Das ist nur menschlich, heute würde man sagen: anthropologisch und psychologisch verständlich.

Eine weitere Beobachtung: Der Papst selbst ermutigt zu neuem und vertieftem Studium der Mariologie und ruft dazu auf, es in Angriff zu nehmen in dem Vertrauen, auch zu neuen Ergebnissen zu kommen. Und man wird sicherlich noch zu solchen gelangen. Einige Aspekte an Maria sind in der Tat noch genauer zu studieren und mit dem richtigen Gewicht zu versehen. Man sollte sich jedoch davor hüten, alles gleich als neue „Entdeckung" oder „Wiederentdeckung" auszugeben, was in Wirklichkeit uralt ist.

Einige Beispiele zur Illustration: „Keine falschen Gefühle,

sondern Taten!“ sagt man heute gern. Doch das hat man immer schon gesagt. Der hl. Ludwig M. Grignon de Montfort zum Beispiel verurteilte aufs schärfste jene Christen, die einen schlechten Lebenswandel führten und glaubten, durch irgendwelche Frömmigkeitsübungen „unter dem Schutzmantel der Jungfrau Maria“ das Heil erlangen zu können. „Nichts stellt eine größere Schuld dar“, schrieb er, „als diese teuflische Anmaßung.“ – „Bleiben wir beim Wesentlichen“, heißt es, doch schon Newman hat in seinem Brief an Pusey im Hinblick auf die Gottesmutter zwischen Glaube und Frömmigkeit unterschieden: „Wir stützen die Frömmigkeit auf den Glauben; daher besteht für uns keine Gefahr, daß wir Maria an die Stelle Jesu setzen, daß wir aus dieser Frau, die zur Würde der Mutter Gottes erhoben wurde, eine Gottheit machen.“

Man hält es für eine große Neuigkeit, speziell die *arme* Gottesmutter herauszustellen, die also den Armen besonders nahesteht. Aber auch das ist eine altbekannte Sache. Schon der hl. Lukas berichtet, daß Maria nur „ein Paar Turteltauben“, das Opfer der Armen, zum Tempel bringen durfte (Lk 2,24). Auch das Konzil hat Maria als eine beschrieben, die „auf Erden ein Leben wie jeder andere verbrachte, voll von Sorge um die Familie und von Arbeit“ (AA 4). Daß daher die Armen sich bei ihr immer bevorzugt gefühlt haben, geht aus vielen Gebeten hervor, deren wesentlicher Inhalt lautet: „Tritt bei Gott für mich ein! Denn ich habe ein Recht auf deine Fürsprache, weil ich arm bin.“ Derartige Gebete finden sich in allen Jahrhunderten.

Mit den folgenden Worten, die man dem hl. Augustinus zuschreibt, möchte ich meine Ausführungen schließen: „Ich habe nicht so gesprochen, wie die Bedeutung und Größe des Themas es verlangt hätten, sondern wie meine dürftige Vorbereitung es zugelassen hat. Wenn aber wahr ist, was ich geschrieben habe, dann habe ich es dir zu verdanken, o Jesus, denn über die heilige Jungfrau, deine Mutter, konnte ich nicht anders, als fromme und würdige Gedanken fassen. Wenn ich also geschrieben habe, wie ich sollte, dann bitte ich um deine Approbation. Wenn ich aber geschrieben habe, wie ich nicht sollte, dann vergib mir, und auch die Leser mögen mir vergeben“ ... und auch die Hörer!

Die Liturgie

Homilie zum Patrozinium der Kirche S. Maria della Salute in Venedig (1976)

Die Vertreter unserer Diözese sind neulich ganz begeistert von einer Tagung über „Evangelisation und menschlicher Fortschritt" aus Rom zurückgekommen. Vor allem hat sie die Art und Weise beeindruckt, wie dort die Liturgie gefeiert wurde. „Diese liturgischen Feiern" – sagten sie – „waren eine echte Epiphanie der Kirche. Wir haben uns dabei gefühlt

- als Volk Gottes, das mit den Bischöfen und den konzelebrierenden Priestern durch die Bande glühender Liebe geeint ist;
- als ein Volk, das bemüht ist, die brüderliche Gemeinschaft auf ganz neue Weise zu leben, auch wenn man sich der Tatsache bewußt ist, daß es über zweitrangige Fragen durchaus verschiedene Meinungen geben kann;
- als ein Volk, das begreift, welchen Wert das gemeinschaftliche Gebet für die Ehre Gottes und das Wohl der Menschen hat;
- als ein Volk, das gerade dann, wenn es sich vornimmt, sich mit allen Kräften dem menschlichen Fortschritt zu widmen, sich vom Wort Gottes getragen weiß und überzeugt ist, daß ohne Gottes Hilfe kein Fortschritt möglich ist und daß an erster Stelle der Fortschritt in der Güte und Liebe stehen muß."

Das sagen unsere „Heimkehrer" aus Rom. Doch weder sie noch ich wissen, welche konkreten Folgerungen daraus zu ziehen sind. Ein erster Schritt könnte darin bestehen, unsere Liturgiefeiern den in Rom miterlebten anzugleichen. In der Liturgie erhält das Volk Gottes nach dem Konzil vom Auferstandenen her seine tiefste Einheit, sie ist gleichsam der einigende Mörtel. Eine tiefere Einheit und ein besseres Verständnis untereinander sind demnach auch die notwendige Plattform für fruchtbare Initiativen in der Praxis.

Was das Konzil über die Liturgie sagt

1. Die Liturgie ist eine Fortsetzung des Heilswerkes Gottes. Was Christus einstens getan hat, als er die Heilsbotschaft verkündete, Leiden und Tod auf sich nahm und schließlich von den Toten auferstand, das tut er auch heute noch auf eine neue Weise, durch die Liturgie (vgl. SC 5–6). Einerseits „baut sie täglich die, welche in der Kirche sind, zum heiligen Tempel im Herrn auf ... Zugleich stärkt sie wunderbar deren Kräfte, daß sie Christus verkünden.“ Andererseits „stellt sie denen, die draußen sind, die Kirche vor Augen als Zeichen, das aufgerichtet ist unter den Völkern“ (SC 2).

2. Was Pius X. keimhaft begonnen hatte, wurde vom Konzil näher ausgeführt, wenn es sagt: Die erste und wichtigste Quelle echten christlichen Lebens ist die Liturgiefeier mit aktiver und bewußter Teilnahme des ganzen Volkes. Vor allem bei der Feier der Messe sollen alle ihre spezifische Rolle übernehmen (vgl. SC 28). Nicht passiv der Messe beiwohnen, sondern aktiv mitfeiern; sich nicht als passive und apathische Zuschauer fühlen, sondern als aktive und froh gestimmte Mitwirkende. Ein Klima festlicher Freude ist wesentlich für die hl. Messe, denn wir feiern ja das Pascha des Herrn, und die zentralen Worte dafür lauten: Gnade, Licht, Heil, Wahrheit.

3. Das Konzil hat auch die Bibellesung von Grund auf erneuert, durch deren Wahrheit und Reichtum der Heilige Geist in vielen Gläubigen die Sehnsucht weckt, das Wort Gottes noch besser erkennen, verstehen, lieben und leben zu wollen.

Diese Lesungen sowie andere liturgische Texte hört, spricht und singt das Volk heute in der eigenen Muttersprache. Wir sagen es ganz offen: Das ist ein großer Fortschritt, auch wenn die Übersetzung des Lateinischen manchmal ein wenig zu wünschen übrig läßt. Es ist sehr wichtig, daß das Volk in seiner Muttersprache die geistliche Nahrung des Gotteswortes aufnehmen kann. So kann es auch am besten seinen eigenen Gefühlen Ausdruck verleihen.

Ich stelle mit Freude fest, daß in unserer Diözese die Liturgiereform im großen und ganzen gerne angenommen worden ist und reiche Früchte trägt. Um noch fruchtbarer zu werden, muß allerdings so manches Unpassende vermieden werden, das sich manchmal in der Kirche von heute breitmacht.

Drei Übel

Das erste Übel ist das Gekünstelte und die übergroße Eile. Einige haben noch nicht kapiert, daß die Reform der Liturgie etwas sehr Tiefgreifendes ist, dazu bestimmt, das Volk Gottes im Glauben, in der Hoffnung und in der Liebe wachsen zu lassen und den Menschen das neue Antlitz einer jugendfrischen Kirche zu zeigen. Sie begnügen sich damit, die alten Rubriken durch neue zu ersetzen, haben die Gläubigen auch nicht durch eine geduldige Katechese auf die Neuerungen vorbereitet und ihnen die Bedeutung und Schönheit der neuen Riten nicht genügend erklärt.

Sie haben von den Gläubigen eben nur irgendeine Teilnahme verlangt, während doch neben der äußeren zugleich eine persönliche und kollektive Teilnahme aus innerer Überzeugung gefordert ist. Sie haben vergessen, daß das Gebet eine schwierige Sache ist und daß es für eine Begegnung mit Gott notwendig ist, in Schweigen und Askese von den Dingen ein wenig Abstand zu gewinnen. Sie haben sich eingebildet, die Reform könnte jede eigene Anstrengung und Arbeit überflüssig machen. Und so konnte es geschehen, daß zuweilen keine echte Liturgie zustande gekommen ist, sondern diese nur ein Anlaß war, um seiner eigenen Vorliebe zu frönen oder sich besonders in Szene zu setzen. Ja oft suchte man in der Liturgie nur ästhetische und emotionale Befriedigung.

Das zweite Übel ist die mehr oder weniger offenkundige Ablehnung der Liturgiereform aus verschiedenen Gründen. Einige, wie Lefèbvre, erkennen das Konzil insgesamt nicht an; also lehnen sie auch die neue Liturgie ab, die Seele aller Konzilsbestimmungen, denn sie erfaßt ihrer Natur nach den ganzen Menschen. Andere, die Tradition mit sterilem Konservativismus verwechseln, verstehen nicht, daß der Herr, gerade weil er immer in seiner Kirche gegenwärtig ist, will, daß die nicht zum Wesen gehörenden Formen des Kultes sich ständig an die neuen Zeiten und Bedürfnisse anpassen. Sie berufen sich zwar immer auf die Vergangenheit, doch sie kennen sie nur sehr ungenügend.

In frühester Zeit war in Rom Griechisch die Liturgiesprache. Im 3. Jahrhundert, als sich die Lage gewandelt hatte, wurde das Griechische durch das Latein ersetzt. Das älteste Modell einer Meßfeier hat der hl. Justinus beschrieben, doch schon die Messe Gregors des Großen ist völlig verschieden von der Justins. Gregor VII. hat dann seinerseits wieder einige Änderungen an der Messe Gregors des Großen vorgenommen. Man beruft sich auch auf das sogenannte Missale Pius' V.; doch Pius XII. hatte es schon längst vor dem Konzil, zumindest was die Karwochenliturgie betrifft, geändert. Und Papst Johannes hat den uralten römischen Kanon modifiziert und das Gedächtnis des hl. Josef in das Hochgebet eingefügt.

Seit alters her gehörten das Schwarz, die schwarzen Tücher, der Gesang des „Libera me, Domine" zur obligaten Form jeder Beerdigung, und leider gab es auch verschiedene Klassen mit verschiedenen Tarifen. Heute will das Konzil, daß bei der Totenliturgie die hellere Note der Hoffnung und die Gewißheit der Auferstehung vorherrschen: Das Schwarz wird durch das Violett ersetzt, das „Dies irae" durch das Halleluja.

Das ist mehr als bloß eine Änderung, hier werden neue Schwerpunkte gesetzt. Statt die Furcht vor der Gerechtigkeit Gottes zu betonen, die seit dem Mittelalter im Vordergrund stand, faßt man wieder jenes Vertrauen, das schon beim hl. Paulus und in den frühesten christlichen Inschriften aufleuchtet. „Lebendig in Gott" heißt es in den Grabinschriften der Katakomben. Die Christen von Thessalonike wollten, anders als wir, allesamt beim Kommen Christi dabei sein, und der hl. Paulus mußte sie beschwichtigen, indem er ihnen erklärte, daß der Zeitpunkt des Weltendes noch ungewiß sei. Die verschiedenen Klassen bei Begräbnissen und Hochzeiten stellen eine untragbare Vorgangsweise dar, welche die Armen verletzt und die Reichen, die oft kaum praktizierende Christen sind, auf Kosten wirklich guter Christen, die aber nicht wohlhabend sind, privilegiert.

Das dritte Übel ist die Willkür in der Liturgie, die oft unter dem Vorwand betrieben wird, dadurch dem Volk oder einer Gruppe eine bessere und innigere Mitfeier zu ermöglichen. In italienischen und ausländischen Zeitschriften lese ich, daß manche Priester nur mit Hose und Hemd bekleidet zelebrieren, den einen oder anderen Teil im Ritus der Messe oder der Sakramente einfach weglassen, nicht approbierte Vorlagen benutzen und nicht nur in jenen Fällen, in denen es von den liturgischen Vorschriften vorgesehen ist, frei improvisieren. Man läßt die Laien den Kanon laut mitsprechen, erfindet neue Riten oder verwendet bestehende Riten an ganz anderer Stelle. Das alles sind unerlaubte und verwerfliche Vorgangsweisen. Unerlaubt, weil dem Konzil widersprechend, das erklärt hat: „Das Recht, die heilige Liturgie zu ordnen, steht einzig der Autorität der Kirche zu ... Deshalb darf niemand sonst, auch wenn er Priester wäre, nach eigenem Gutdünken in der Liturgie etwas hinzufügen, wegnehmen oder ändern“ (SC 22). Verwerflich, denn sie sind eine Beleidigung des christlichen Volkes, das ein Recht hat, an einer Liturgie teilzunehmen, die nicht den Einfällen irgendeines Privatmannes entspringt, sondern der authentische öffentliche Kult der Kirche ist.

Es ist Zeit für Einheit und Liebe

Hier nun richte ich eine Bitte an meine Mitbrüder, die Priester. Versucht, die Schätze der erneuerten Liturgie gut zu nutzen.

1. Haltet eisern fest an einigen theologischen Prinzipien, welche die Liturgie betreffen: Die hl. Messe ist der erhabenste Akt unserer Religion, das wahre Opfer Christi, nicht nur die Versammlung zum gemeinsamen Mahl und eine Gelegenheit, in festlicher Stimmung zusammenzukommen. Als Priester seid ihr die Gesandten Christi und nicht bloß Bevollmächtigte der Gemeinde oder einer Gruppe. Kirche ist sowohl die Gesamtkirche als auch die Diözese, in gewisser Hinsicht auch die Pfarrgemeinde: Die einzelnen Gruppen, die „Basisgemeinden“ haben ebenfalls das Recht, sich irgendwie Kirche zu nennen, und sie können eine sehr nützliche Rolle spielen, wenn sie sich in die Pfarrgemeinde und Diözese eingliedern. Wenn dies aber nicht der Fall ist, können sie zu einer Art „Gegenkirche“ werden, und ihre Liturgie hat dann keine legitime Grundlage.

2. Ihr hört und seht es ja: Die Welt von heute ist oft voll überschäumender Ausgelassenheit, aber sie kennt nicht die echte, stille Freude. In ihrer Angst spürt sie, daß sie Gott nötig hat, und eher unbewußt lautet ihr Appell an uns Priester: „Herr, lehre uns beten!" Lehren wir sie das echte Gebet! Geben wir denen nicht Steine, die uns um Brot bitten, und nicht einen Skorpion dem, der uns um einen Fisch ersucht.

3. Seid treue Verwalter und Diener des Wortes Gottes: Achtet daher aufmerksam auf dieses Wort beim Studium, beim Gebet, bei der Betrachtung, bei der Predigtvorbereitung. Haltet euch an die Einteilung des Lektionars und laßt an Sonn- und Festtagen alle drei Lesungen vortragen, zumindest im Regelfall. Sorgt euch um die spirituelle und praktische Schulung der Lektoren; trachtet danach, daß die Predigt anregend und konkret ist, aber macht aus der Kanzel keine weltliche Tribüne. Richtet das Licht der Bibel auf die konkreten Lebenssituationen, aber deutet hin und wieder auch diesen oder jenen Teil der Messe, damit sie so selbst zur sprechenden Katechese wird.

4. Der „Sinn für das Heilige" scheint in unserer säkularisierten Gesellschaft immer mehr abhanden zu kommen. Unsere Schuld sollte es nicht sein: Vielmehr sollen die Gesten und Gebärden, die Paramente, die Gegenstände, die bei unserer Liturgie Verwendung finden, ein Ausdruck des Glaubens und der Gottesliebe sein und bei den Gläubigen den „Sinn für das Heilige" wecken. „Kreativität" ist zwar in bestimmten Fällen angebracht, etwa bei der Auswahl der Lesungen oder Riten sowie bei einigen frei zu gestaltenden Partien. Überschreitet sie jedoch ihre Grenzen, so bedeutet sie einen unklugen Mißbrauch, weil sie dem Prinzip „Lex supplicandi legem statuit credendi" zuwiderläuft. Wenn man schon originell sein will, dann soll man es so sein wie die Heiligen, die mit einem Herzen voll echter Gottesliebe vom Altar zurückkamen und bei denen man nie das Gefühl hatte, als seien ihre Gesten mechanisch oder standardisiert. Hüten wir uns jedenfalls davor, uns selbst in den Mittelpunkt zu stellen und dort zu sehr „kreativ" zu sein, wo die Hauptrolle dem verborgenen Wirken der Gnade Gottes überlassen bleiben muß.

Meine zweite Bitte richtet sich an die Gläubigen. Auch sie müssen sich in bestimmter Weise für eine korrekte liturgische Feier verantwortlich fühlen.

Sie sollen aktiv und eifrig so an der Liturgie teilnehmen, daß man darin die brüderliche Gemeinschaft erkennen kann; sie sollen sich, wenn sie darauf vorbereitet sind, als Lektoren zur Verfügung stellen; sie sollen sich am Gesang beteiligen, der das gemeinsame Gebet bereichert und die Herzen zur Einheit zusammenführt. In der Liturgie üben die Laien ihr allgemeines Priestertum aus, das sie in der Taufe empfangen haben; sie sollen es jedoch würdig auszuüben versuchen. Wie mir scheint, handeln jene „Solisten“ nicht nach diesem Grundsatz, die glauben, Gold in der Kehle zu haben, und die mit dem Mikrophon in der Hand und zu den Gläubigen gewandt mit ihren Bewegungen und Blicken Zustimmung von seiten des Publikums erheischen und sich wie Schlagersänger aufführen. Ähnlich gelagert ist auch der Fall jenes Priesters in einem französischen Fernsehfilm, der bei der Kommunionausteilung sich jedesmal mit einer eleganten, schwungvollen Handbewegung die wallenden Haare aus der Stirn streifte.

Von den Laien höre ich manchmal Beschwerden über so manche Liturgiefeiern, von denen sie glauben, sie würden gegen die geltenden Normen verstoßen. Natürlich können alle dem Bischof schreiben, aber im allgemeinen ist es in solchen Fällen doch besser, wenn die Gläubigen zuerst mit dem betreffenden Priester darüber sprechen: Manche Dinge lassen sich leichter aus der Welt schaffen, wenn man direkt miteinander redet. Zum Beispiel hat das Konzil erklärt: „Der Klang der Orgel vermag den Glanz der kirchlichen Zeremonien wunderbar zu steigern und die Herzen mächtig zu Gott emporzuheben.“ Ich habe diese Worte aus ganzem Herzen unterschrieben. Ich kann jedoch auch nicht vergessen, daß die Kirche die Gläubigen einlädt, an der hl. Messe so teilzunehmen, wie es ihnen am besten entspricht. Wenn es sich also um eine Messe für Jugendliche handelt und diesen jungen Leuten die Gitarre und die moderne Musik mehr zusagen, dann bin ich dafür, daß die Orgel manchmal zu schweigen hat. Ich verlange nur, daß Musik und Text der Würde des Gotteshauses angepaßt und mit der Liturgie vereinbar sind.

Zum Schluß komme ich nochmals auf den Anfang zurück. Die Kirche von Venedig will sich intensiver für den menschlichen Fortschritt einsetzen? „Ab Jove principium", wie die alten Römer sagten. Man soll mit Gott beginnen, mit dem liturgischen Gebet: Wenn es gut verrichtet wird, stiftet es Einheit zwischen uns, vereint es uns tiefer mit Gott, rüstet es uns zur entschiedenen Tat.

Die Gottesmutter Maria möge für uns eintreten und der Kirche Venedigs, die seit Jahrhunderten mit großem Vertrauen sie als „Madonna della Salute" anfleht, geistlichen und irdischen Fortschritt erwirken.

Die Familie

Homilie zum Fest der Unbefleckten Empfängnis (1976)

Die erste und dritte Lesung der hl. Messe des heutigen Tages (Gen 3,9–15; Lk 1,26–28) spielen auf das Geheimnis dieses Festes an, das man mit wenigen Worten so umschreiben kann: Maria wurde gezeugt wie wir alle; auch sie hatte die Erlösung durch Christus nötig. Die Art und Weise dieser Erlösung war bei ihr aber anders: Sie wurde nicht nur von der Erbsünde befreit, sondern vom ersten Moment ihrer Existenz an von ihr gänzlich bewahrt. „Du bist voll der Gnade" – so hat der Engel sie gegrüßt. Die Künstler vieler Jahrhunderte haben sie dargestellt, wie sie triumphierend ihren Fuß auf das Haupt der Schlange setzt, im Anschluß an das Bibelwort: Die Frau „wird dir den Kopf zertreten".

Die zweite Lesung (Eph 1,3–6.11–12) bezieht sich auf uns. Nach dem hl. Paulus sind auch wir, so wie Maria, gesegnet, in Christus auserwählt worden und so zu einem großartigen Ziel unterwegs, nämlich zur Heiligkeit und Gotteskindschaft.

Aber diese übernatürlichen Werte fallen in sich zusammen, wenn die natürlichen Werte fehlen. Unter ihnen sind heute vor allem die menschlichen Werte der Familie in Gefahr. Ich erinnere nur an einige davon:

1. Da ist zunächst die Ehe selbst. Das Konzil hat sie den „Bund ehelicher Liebe" (GS 48) genannt und mit größter Hochachtung von ihr gesprochen. Es scheint jedoch, daß viele sie heute geringschätzen. Manche wollen zwar die Liebe, aber ohne eine feste Bindung. Andere wollen auch diese Bindung eingehen, aber nur in Form der zivilen Eheschließung und nicht als heiligen Bund der Ehe. Wieder andere kommen zwar zur Hochzeit in die Kirche, aber ohne klare Vorstellungen und Überzeugungen oder ohne die entsprechende Vorbereitung.

Der Dichter Goldoni hat in seinem Stück „La casa nova“ eine solche schlecht vorbereitete Ehe beschrieben. Sie, Cecilia, ist von ihrem Temperament her launisch und herrschsüchtig. In ihrer Großtuerei und Gier nach einem luxuriösen Leben verpraßt sie mit ihren verrückten Einkäufen nach und nach das gesamte Vermögen ihres Mannes. Er, Anzoletto, ist leidenschaftlich in seine Frau verliebt, aber er ist ein nachgiebiger Schwächling und läßt es schließlich soweit kommen, daß er aufgrund ihres aufwendigen Lebens von den Gläubigern unbarmherzig verfolgt wird. Goldoni, dem die Poesie des häuslichen Lebens am Herzen liegt und der die menschlichen Probleme immer mit einem wohlwollenden Auge betrachtet, führt den Fall zu einem glücklichen Ende: Cecilia erfaßt die prekäre Situation und legt gewissermaßen den Rückwärtsgang ein, indem sie ihren Onkel Cristofolo dazu bewegt, die aufgelaufenen Schulden zu bezahlen und alles wieder in Ordnung zu bringen. Verzeiht mir das profane Beispiel, aber es stammt ja aus dieser Gegend, aus Venedig. Verlobte und Eheleute lehrt es vor allem zwei Dinge: Man muß sich schon vor der Ehe einen guten Charakter aneignen, so daß man fähig ist, sich auf den anderen einzustellen und mit ihm zu harmonieren. Das ist viel mehr wert als Geld, Würden und Reichtum. Und wenn man einmal verheiratet ist und es kommt zu irgendwelchen Kurzschlußhandlungen, weil einem das Temperament durchgeht oder weil eben zwei verschiedene Charaktere aufeinanderprallen, dann muß man fähig sein, den anderen zu verstehen, sich anzupassen und den angerichteten Schaden wiedergutzumachen, indem man, wie es sich für einen Christen ziemt, die kleinen und unvermeidlichen häuslichen Gewitter wieder beruhigt. Dazu ist aber die Hilfe des Sakramentes der Ehe nötig, nämlich die Gnade Gottes.

2. Der höchste Wert der Familie ist der „Dienst am Leben“. Das Konzil sagt dazu: „In ihrer Aufgabe, menschliches Leben weiterzugeben und zu erziehen ... wissen sich die Eheleute als mitwirkend mit der Liebe Gottes, des Schöpfers, und gleichsam als Interpreten dieser Liebe“ (GS 50). Sie „wissen“, das heißt: Sie sollen sich dieser Tatsache bewußt sein und eine so hohe und verantwortungsvolle Aufgabe nicht auf die leichte Schulter nehmen. Sie sollen also nicht der heute weitverbrei-

teten Versuchung nachgeben, aus rein egoistischen Motiven die Kinderzahl zu beschränken. Das Konzil hat jene Eheleute gelobt, „die in gemeinsamer kluger Beratung auch eine größere Zahl von Kindern, wenn diese entsprechend erzogen werden können, hochherzig auf sich nehmen“ (GS 50).

Meine Aufgabe als Hirte ist es, daran zu erinnern, daß jedes unschuldige menschliche Leben heilig und unantastbar ist, ganz besonders, wenn es sich noch im Mutterschoß befindet, völlig wehrlos und ganz und gar von uns abhängig ist. Gott, der allein Herr über das Leben ist, ist auch ein strenger Hüter dieses unscheinbaren Lebens. Es ist absurd, wenn eine Mutter sagt: „Ich allein bestimme über dieses Leben!“ Noch absurder ist es, wenn irgendeine Institution jemanden dazu ermächtigt oder ermutigt, über dieses Leben zu verfügen und es auf dem Altar von Privatinteressen zu opfern.

3. Ein großer Wert, aber auch ein schwieriges Problem ist die Erziehung in der Familie. Die Eltern fragen oft: Die Kinder erziehen? Ja, aber wie? Autoritäre Erziehung? Eine solche, die den Kindern alles durchgehen läßt? Oder eine, die auf die jeweilige Fassungskraft des Kindes Rücksicht nimmt?

Wie ich höre, gibt es in manchen Familien immer noch die autoritäre Methode der Erziehung mit dem Stock. Die Eltern rechtfertigen das so: „Unsere Kinder sind zwar sehr lieb, aber sie haben eben ihre Flausen und werden leicht zu kleinen Tyrannen, wenn wir nicht achtgeben. Manchmal z. B. weinen oder schreien sie nur, um etwas Bestimmtes zu erreichen, um liebkost zu werden. Wenn sicher feststeht, daß dies der eigentliche Grund des Weinens ist, lassen wir sie einfach weiter schreien, bis sie müde werden. Oder ein anderer Fall: Ein Kind gibt sich viel schwächer und hilfloser, als es in Wirklichkeit ist, damit ihm Beistand und Hilfe gewährt werden. Wenn es tatsächlich so ist, dann leiten wir es dazu an, es doch einmal selbst und ganz allein zu versuchen, ohne unsere Hilfe. Wenn nötig, greifen wir auch zu Strafen. Sonst besteht die Gefahr, daß das Kind ein Faulpelz wird, ein unselbständiger Schwächling, der schon bei den kleinsten Schwierigkeiten das Handtuch wirft und sich lieber von einem anderen, der an seiner Stelle denkt oder entscheidet, lenken und leiten läßt.“ Diese Methode hat aber auch ihre Haken:

Erstens zeugt sie von einem allzu großen Mißtrauen gegenüber den Kindern, und vor allem besteht die Gefahr, daß es zu seelischen Schädigungen der Kinder kommt, wenn sie dieses Mißtrauen bemerken. Die antiken Maler stellten eine der sieben Freien Künste, die Grammatik, als eine Frau dar, die eine Gruppe von Kindern dadurch in ihren Bann zieht, daß sie ihnen eine Feige zeigt, ihnen gleichzeitig aber auch mit der Rute droht. Das schien eine richtige und ausgewogene Methode zu sein: Doch diese ständig erhobene Rute führte dazu, daß die Kinder schließlich ganz auf die Feige vergaßen.

Benjamin Spock, der amerikanische Psychologe und Pädagoge, schlug statt dessen eine andere Methode vor, die darauf beruht, daß man weitestgehend alles zuläßt. Im Jahre 1946 erschien sein Buch über Säuglings- und Kinderpflege, damals ein Bestseller sowohl in Amerika wie in Europa. „Das Kind" – sagt Spock – „lernt zu leben einfach durch das Leben selbst: Laßt ihm freie Hand, es soll seine eigenen Erfahrungen machen! Es wird dann ganz von selbst den Dingen auf den Grund kommen. Befreit es von der Angst, zwingt ihm nicht eine Unmenge von Verhaltensregeln auf! Wenn es heute von selbst entdeckt, was recht ist, dann wird es morgen ganz spontan für Recht und Gerechtigkeit eintreten."

Die Auswirkungen dieser „Pädagogik" erweisen sich indes als verheerend. Spock selbst erklärte nach mehr als zwanzig Jahren: „Ich bin mißverstanden worden. Es ist für die Kinder auf alle Fälle notwendig, daß sie sich angenommen und geliebt fühlen, aber mehr noch, daß sie sich von der Autorität der Eltern geführt und gelenkt wissen. Disziplin ist für sie besser, als wenn ihnen alles erlaubt wird. Ihnen alles in den Schoß zu legen oder leichtzumachen ist kontraproduktiv. Die Zurechtweisung und die Strafe können für die Entwicklung des Kindes sehr hilfreich sein."

Einer Erziehung, die auf das jeweilige Fassungsvermögen des Kindes abgestimmt ist, die also einen Mittelweg zwischen autoritärer und permissiver Erziehung darstellt, scheint man den Vorzug geben zu müssen. Die Kinder sind wie die Blätter eines Baumes: alle einander ähnlich, aber keines dem anderen völlig gleich. Allmählich erst, eines nach dem anderen, lernt man sie kennen und verstehen. „Ja, du bist wie ein blühender

Pfirsichbaum" – sagt man zu ihnen –, „aber einige kleine Würmer nagen doch an deinen Wurzeln. Ich möchte dir helfen, sie zu vernichten. Gerade weil ich soviel Vertrauen zu dir habe, erwarte ich von dir eine neue, einwandfreie und richtige Handlungsweise."

Nicht nur zu ihren Kindern, auch zu sich selbst müssen die Eltern Vertrauen haben, zu ihren eigenen Erfahrungen als Eltern, zu ihrem guten Gespür und ihrer Einsicht, die Gott den Vätern und Müttern guten Willens nicht vorenthält. Ich habe Eltern getroffen, die ganz hingerissen waren von den zahlreichen Artikeln, Untersuchungen und Ratschlägen von Psychologen und Zeitschriften und die sich ganz auf diese vermeintliche Wissenschaft stürzten, doch schlußendlich wurden aus ihnen nur „chronisch Verunsicherte", von der ständigen Angst geplagt, in der Erziehung ihrer Kinder womöglich irgend etwas falsch zu machen.

Sie setzten all ihre Hoffnung auf die Schule, aber nun sind sie auch von ihr enttäuscht und versucht, einfach alles laufen zu lassen und sich die Hände in Unschuld zu waschen. Das aber wäre falsch: Die Eltern müssen in der ihnen entsprechenden Weise vielmehr auch in der Schule präsent sein. Sie sollen sich informieren und sie auch immer wieder aufsuchen. Die traditionelle Schule hatte ihre Grenzen und Fehler: Gesunde Neuerungen in der Schule, auch wenn sie ungewohnt und gewagt sind, können der Erziehung ihrer Kinder neuen Atem einhauchen. Alles kommt darauf an, um welche Neuerungen es sich handelt und wie sie verwirklicht werden. Die Lehrer sind die natürlichen Verbündeten und Mitarbeiter der Familie, aber es gibt heutzutage drei Kategorien von ihnen: die politisierenden, die resignativen und die engagierten Lehrer. Die ersteren benützen die Schule bloß zur Verbreitung von Ideologien: Statt Hilfe bringen sie jedoch oft Unglück. Die zweiten müßten wieder aufgerichtet und ermutigt werden. Den dritten müßte man mehr Mitarbeit und Unterstützung angedeihen lassen. Es gibt heute neue didaktische Methoden und andere Neuerungen, die manchmal wirklich von großem Wert sind. Die Mühsal des Lernens wird jedoch immer bleiben. Der Schüler wird immer von der Schule und vom Elternhaus zur Arbeit, zum Fleiß angehalten werden müssen.

Auch hier gilt jedoch: ohne autoritäres Gehabe, ohne übertriebene Nachsicht, aber mit liebendem Verständnis. Die Unbefleckte Jungfrau bitte für unsere Familien, der Heilige Geist, der Geist des Rates, möge sie inspirieren und ihnen helfen!

Der Tod und das ewige Leben

Zum Fest Allerseelen (1976)

Wir gedenken heute aller verstorbenen Christgläubigen. Es ist nicht schlecht, auch einmal an unseren Tod zu denken, an jene Tatsache, die uns vielleicht mehr als alles andere Angst einflößt. Wann? Warum? Und was wird danach mit uns sein? Das sind Fragen, die wir alle uns manchmal stellen. Sicherlich, die Mode ändert sich: Angesichts der zahllosen Toten in den Romanen und Fernsehkrimis lautet die große Frage nicht: „Was mag wohl mit seiner Seele passiert sein?", sondern nur mehr: „Wer hat ihn eigentlich umgebracht?"

1. „Was wird mit uns sein, danach?" Wissenschaft und Philosophie versuchen darauf eine Antwort zu geben. Aber die Wissenschaft kann bloß konstatieren, daß zu gegebener Zeit für alle Menschen der Lebensfaden abreißt.

Die Philosophie bringt mich schon einen Schritt weiter. Mit Horaz entdecke ich in mir ein Verlangen, einen Durst nach Unsterblichkeit: „non omnis moriar". Ich werde zwar sterben, aber ich möchte nicht ganz sterben; der bessere Teil von mir, so hoffe ich, wird überleben. Ich blicke um mich und sehe, daß die Ente den Instinkt zu schwimmen besitzt und daß es dazu auch das nötige Wasser gibt. Ich sehe, daß der Mensch Augen besitzt und daß es außerhalb von ihm selbst schöne Dinge zu sehen gibt. In mir gibt es den Hunger und Durst nach dem Überleben. Daraus schließe ich: Außerhalb von mir gibt es ein Leben ohne Ende. Es muß dieses Leben geben, denn sonst wären wir die einzigen Lebewesen, die falsch programmiert sind, nämlich mit einem Verlangen ausgestattet, das unerfüllbar ist.

2. Über diese philosophische Erkenntnis hinaus sagt uns Christus das sichere und tröstende Wort: Der Tod ist nicht

das Ende, sondern nur *ein* ganz bestimmtes Ende: nämlich das Ende einer ersten, vorläufigen Lebensperiode und der Anfang einer nicht mehr endenden neuen Epoche. Jesus hat gesagt: Mein Reich ist nicht von dieser Welt. Also gibt es noch eine andere Welt. An diese andere Welt glaubten nicht nur seine Jünger, sondern auch seine Gegner. Der Gesetzeslehrer z. B. fragt ihn, was er tun muß, „um das ewige Leben zu gewinnen". Der reiche Jüngling stellt dieselbe Frage, und Jesus antwortet ihm: „Verkaufe alles, was du hast, und verteile das Geld an die Armen, und du wirst einen Schatz im Himmel haben." Der junge Mann wird daraufhin sehr traurig, er will das einfach nicht wahrhaben. Da mischt sich Petrus ein und sagt: Und wir? Wir Apostel haben doch alles verlassen! – Ihr werdet dafür – antwortet Jesus – „in der kommenden Welt das ewige Leben" empfangen (vgl. Lk 18,18 ff). Gerade weil es ewig währt, ist dieses Leben so kostbar, daß ihm gegenüber alles Glück der gegenwärtigen Welt verblaßt. Das sagt mit Nachdruck das Gleichnis vom törichten Reichen, dessen Ernte außergewöhnlich gut ausgefallen war. Er überlegte gerade, wie er all den Segen Gottes unterbringen könnte, den Felder und Stallungen ihm beschert hatten, als das Wort des Herrn an sein Ohr drang: „Du Narr! Noch in dieser Nacht wird dein Leben von dir zurückgefordert. Wem wird dann all das gehören, was du aufgehäuft hast?" (Vgl. Lk 12,13 ff)

3. Die sichere Überzeugung von einem anderen Leben kann aber die Bitterkeit des Todes nicht aufheben. Um uns das verständlich zu machen und uns Mut zu geben, wollte Jesus diese Bitterkeit an sich selbst erfahren. Deshalb weint er am Grab seines Freundes Lazarus. Deshalb beginnt er, als seine Stunde gekommen war, im Garten vor Todesangst zu zittern (vgl. Mk 14,33). Um ihm wieder Mut zu machen, schickt der Vater ihm einen tröstenden Engel, aber am Kreuz ruft Jesus noch einmal zum Vater: „Mein Gott, warum hast du mich verlassen?"

4. Wenn Jesus auch für uns und wie wir dem Tod ausgesetzt ist, so ist er dennoch ein wunderbarer Sieger über den Tod. Er hat ihn bei anderen Menschen bezwungen, als er die Tochter des Jairus, den Sohn der Witwe von Nain und Lazarus auferweckte. Nach seinem eigenen Kreuzestod hat er

ihn durch seine Auferstehung besiegt. Er war so der erste einer endlosen Reihe anderer Auferweckter. „Wahrlich, ich sage euch" – so lautete seine Verheißung: „Die Stunde kommt, in der alle, die in den Gräbern sind, die Stimme des Gottessohnes hören werden. Und alle, die das Gute getan haben, werden herauskommen zur Auferstehung des Lebens, aber alle, die das Böse getan haben, zur Auferstehung des Gerichts" (Joh 5,25 ff).

5. So bleibt für den Christen zwar der physische Tod weiter bestehen, nicht aber der Schrecken dieses Todes. Wer die Sicherheit hat, daß es noch ein anderes Leben gibt und daß der Leib eines Tages auferstehen wird, braucht keine Angst mehr zu haben. Er kann mit Paulus ausrufen: „Tod, wo ist dein Stachel?" (1 Kor 15,55)

6. Eine zusammenfassende Antwort auf die Frage, was mit uns einmal sein wird, findet sich im „Credo" Pauls VI.: „Wir glauben an das ewige Leben. Wir glauben, daß die Seelen aller, die in der Gnade Christi sterben – sei es, daß sie noch im Reinigungsfeuer geläutert werden müssen, sei es, daß sie sofort, da sie vom Leib getrennt werden, von Jesus in das Paradies aufgenommen werden wie der rechte Schächer –, das Volk Gottes bilden nach dem Tod, der am Tag der Auferstehung, da die Seelen mit ihren Leibern wieder vereinigt werden, endgültig besiegt wird ... Mit eben diesem Glauben und eben dieser Hoffnung erwarten wir die Auferstehung der Toten und das Leben der zukünftigen Welt."

7. Eine weitere Frage: Warum überhaupt der Tod? Die Bibel antwortet: „Weil durch einen einzigen Menschen (Adam) die Sünde in die Welt kam und durch die Sünde der Tod, und weil auf diese Weise der Tod zu allen Menschen gelangte" (Röm 5,12). Der Tod ist also eng mit der Sünde verknüpft, der Sünde, die von einem einzigen Menschen begangen wurde, die sich aber auswirkt in allen Menschen.

8. Manche wollen von einer solchen Erbsünde nichts wissen. Höchstens – sagen sie – kann es so etwas wie eine „allgemeine Sündhaftigkeit" geben. Das heißt, rings um uns gibt es ein verderbliches Milieu, das auf keine Weise dem Guten förderlich ist. Unsere persönlichen Sünden sind gewissermaßen ein Nebenprodukt dieses Milieus. Dieses Neben-

produkt in Form einer Tendenz zum Bösen existiert leider in allen Menschen, auch in denen, die in einem guten Milieu leben. Es ist doch absurd – so wendet man ein –, daß wir die Konsequenzen für etwas tragen sollen, was ein anderer verbrochen hat. Nun, es ist zwar geheimnisvoll und nur schwer zu verstehen, aber nicht absurd, wenn dieser andere jemand ist, der gewissermaßen an der Spitze steht als unser Repräsentant, und wenn wir selbst somit in gewisser Weise in ihm enthalten sind; wenn uns aufgrund der Tat dieses anderen nur Gaben vorenthalten werden, auf die wir eigentlich gar keinen Anspruch haben; wenn die menschliche Natur dadurch zwar verwundet ist, aber grundsätzlich gut und für das Übernatürliche offen bleibt; und wenn Gott, kaum daß der Mensch das Unheil gestiftet hat, ihm auch schon das Heilmittel, nämlich die Erlösung, bereitet hat.

Hier sind wir an einem ganz zentralen Punkt angelangt, von dem verschiedene Lebenskonzeptionen ihren Ausgang nehmen.

Rousseau hat gesagt: Das Kind ist gut, wenn es geboren wird. Es ist die Gesellschaft, die es ruiniert. Manche Pädagogen wiederholen das: Das Kind ist bei der Geburt gut. Haltet es von Komplexen frei, gebt ihm eine gute Erziehung und Bildung mit auf den Weg, und es wird glücklich sein! Schön, wenn es so wäre, aber man sieht doch laufend Leute, die nur wenig Erziehung und Bildung genossen haben, die aber dennoch rechtschaffen und zufrieden sind. Ohne Bildung sind die Bösewichte einfach dumm. Mit Bildung jedoch sind sie auch noch abgefeimt und gerissen.

Luther hat gesagt: Die menschliche Natur ist gänzlich verdorben, sie kann nichts anderes, als Sünden hervorbringen. Das Gute besteht allein darin, daß Gott diese Sünden mit dem Mantel seiner Barmherzigkeit zudeckt. Die Marxisten behaupten: Der Mensch als Individuum ist böse und ein Egoist, er wird nur gut und glücklich, wenn er in ein Kollektiv eingebunden ist, das die ökonomische Prosperität für alle gewährleistet. Man stellt jedoch fest, daß in einer Zeit großen Wohlstandes die Jugendkriminalität zunimmt, während das religiöse Leben gerade dann aufblüht, wenn das Gelübde und der Geist der Armut ernstlich in der Praxis gelebt werden.

Die Wahrheit liegt zwischen den beiden Hypothesen: Wir alle erfahren in uns Momente des Guten und des Bösen. Wir sind wie eine Uhr, die alle Rädchen besitzt, aber eine Feder braucht, die sie in Bewegung setzt. Diese Feder ist die Gnade Gottes: Wenn wir ihnen keinen Widerstand entgegensetzen, funktionieren unsere geistigen Rädchen und bringen das Gute hervor. Natürlich, das alles ist sehr geheimnisvoll: Wir glauben daran, doch wie es genau funktioniert, wissen wir nicht, es gibt da keine Beweise. Sollen wir uns darüber wundern? „Von nichts" – hat Pascal gesagt – „können wir alles wissen." Und Chesterton hat gemeint: „Bildet euch ja nicht ein, ihr Physiologen, den Menschen sezieren zu können, um darin seine Sünden zu entdecken, oder ihn gewissermaßen zum Kochen bringen zu können, um dann ein Destillat zu erhalten, das in eindeutiger Weise seine Perversität aufzeigen würde. Wie kann die Naturwissenschaft die Spuren eines moralischen Sündenfalls entdecken? Glaubt sie vielleicht, ein Fossil Evas zu finden mit einem fossilen Apfel im Mund? Kann der Wissenschaftler denn erwarten, daß die Jahrtausende ausgerechnet für ihn das vollständige Skelett Adams samt leicht verwelktem Feigenblatt übriggelassen haben?"

Eine dritte Frage: Wann? Auf diese Frage antworten alle, daß man den Zeitpunkt nicht wisse. Die Konsequenz ist: Wir müssen immer darauf vorbereitet sein. Die Mahnungen Christi haben immer noch Gültigkeit: „Wacht, denn ihr wißt nicht, wann der Hausherr kommt, ob abends oder um Mitternacht, ob beim Hahnenschrei oder erst am Morgen. Er soll euch, wenn er plötzlich kommt, nicht schlafend antreffen" (Mk 13,35–36). Es gilt auch für den Bischof und die Diözese von Venedig, was der Herr in der Apokalypse zum Bischof von Sardis sagt: „Sei wachsam ... kehr um! Wenn du aber nicht wachsam bist, werde ich kommen wie ein Dieb, und du sollst nicht erfahren, zu welcher Stunde ich komme" (Offb 3,2–3).

Ein Dieb ist Christus nur in dem Sinne, daß er ohne Vorankündigung kommt, um uns zu sich zu holen. Sein Kommen verursacht keine Angst, wenn man darauf vorbereitet ist. Im Gegenteil! Das sagt er selbst: „Wohl den Knechten, die der Herr wach findet, wenn er kommt. Wahrlich, ich sage euch, er wird sein Gewand hochbinden, sie am Tisch Platz nehmen lassen und sie alle bedienen" (vgl. Lk 12,37 ff). Diese Vision eines himmlischen Gastmahls, bei dem Christus persönlich seine Freunde bedient, belebt unsere Hoffnung und gibt uns Kraft, den Weg in dieser Welt weiterzugehen. Ein moralischer Weg, aber er gleicht der Landstraße, auf der die Leute sich auf verschiedenste Weise fortbewegen: die einen auf dem Motorrad, die anderen im Alfa-Romeo, die einen im Fiat 128, die anderen in einem Mini. Aber wenn die Polizei uns stoppt, fragt sie nicht: „Welche Automarke fährst du?", sondern vielmehr: „Hast du die Straßenverkehrsordnung beobachtet?"

Christus ist alles andere als ein Polizist. Wenn wir bereuen, bleibt er unser Freund und wird uns selbst dann noch in Schutz nehmen, wenn wir in der Vergangenheit gegen ihn waren. Er wird nicht fragen, ob wir arm oder reich, Italiener oder Deutsche, Ungebildete oder Gelehrte gewesen sind. Er wird nur fragen: Hast du christlich gelebt und dich an die Zehn Gebote gehalten? Eine Prüfung, die nicht sehr schwer zu bestehen ist. Wer sich darauf vorbereitet hat, indem er versuchte, Tag für Tag den eigenen Leidenschaften zu sterben, wird ohne weiteres bestehen.

Auf dem Grabmal von Duns Scotus steht eine Inschrift: *Semel sepultus, bis mortuus*. Begraben wurde er nur einmal, gestorben aber ist er zweimal: Durch sein gutes Leben ist er zunächst der Sünde gestorben. Dann, das zweite Mal, ist er auch physisch gestorben. Dieser zweite Tod kann uns aber nicht mehr schrecken, wenn ihm der erste Tod vorangegangen ist.

Die Kirche – Förderin der Liebe

Beitrag in der Zeitschrift „Gente Veneta“ (1977)

Meine Brüder! Dieses Jahr hat mein Appell an euer christliches Mitgefühl zu Beginn der Fastenzeit die Liebe zu den Armen und Notleidenden zum Inhalt. Für einen Christen genügt es nämlich nicht, an einige wenige geoffenbarte Wahrheiten zu glauben, er muß vor allem so leben, wie Gott es will. Diese Lebensweise ist gerade durch die Liebe gekennzeichnet.

Die Liebe ihrerseits ist so wichtig, daß sie nicht den einzelnen, die isoliert handeln, anheimgegeben und nicht der freien Improvisation überlassen werden kann. Sie muß vielmehr so angeregt, geordnet und ausgebaut werden, daß sie möglichst den Ärmsten zugute kommt und Menschen wie materielle Hilfsmittel so sinnvoll wie möglich eingesetzt werden.

Immer schon und bei allen Völkern ist den Armen Hilfe gewährt worden. Instinktives Mitleid, Sympathie von Verwandten oder Freunden, nationale Solidarität, mehr oder weniger motivierter Altruismus haben schon vor Christus Wohltätigkeit bewirkt. Zwar war diese Wohltätigkeit oft dürftig und von Egoismus und Grausamkeit durchsetzt, aber irgendeine Hilfe für die Armen hat es immer und überall auf der Welt gegeben.

Jesus hat uns die Nächstenliebe besonders ans Herz gelegt. Und damit ist die Hilfe an die Bedürftigen ganz neu motiviert worden. Ich will nur kurz daran erinnern:

1. Alle Menschen – hat Jesus gesagt – sind Kinder desselben Vaters, sie sollen sich daher durch Gott und in ihm als Brüder lieben (vgl. Mt 22,37–40; Lk 10,27; Joh 13,34; 15,17 ff).

2. Von dieser Liebe darf niemand ausgeschlossen sein. Juden und Heiden waren der Meinung, daß die Sklaven, die Fremden und die Feinde nicht ihre „Nächsten“ seien. Jesus verkündet das Gegenteil und legt uns die Verpflichtung auf, den natürlichen Widerstand dagegen zu überwinden (vgl. Mt 5,44; Lk 6,27–35; 10,30–37).

3. Praktisch beginnt die Liebe mit der inneren Bereitschaft, den anderen Wohlwollen entgegenzubringen und in uns selbst dem Guten Raum zu verschaffen. Die Werke der Barmherzigkeit bringen zum Ausdruck, was in uns selbst begonnen hat. Sie sind das äußere Resultat einer inneren Disposition und der Beweis dafür, daß wir es ernst meinen.

4. Diese Liebe ist nicht einfach zu verwirklichen. Um sie für uns weniger schwierig zu machen, hat Jesus etwas Unerhörtes, Unerwartetes und sehr Wirksames getan: Er hat sich in der Person eines jeden Armen versteckt und erklärt: Was ihr ihnen tut, das tut ihr mir. Und dann hat er noch hinzugefügt: Beim Jüngsten Gericht wird nur das ausschlaggebend sein, ob ihr geholfen habt oder nicht, ob ihr geliebt habt oder nicht (vgl. Mt 25,31–46).

Ich bitte euch, einen Moment darüber nachzudenken. Diese Lehre Christi überträgt den Menschen eine außergewöhnliche Aufgabe und verleiht der Wohltätigkeit ganz neue Dimensionen. Ja, wenn wir den anderen dienen, dann können wir mit der Belohnung Gottes rechnen. Wenn wir aber vor allem aus Liebe zu Gott handeln, befreien wir uns vom Egoismus, der nur auf seinen eigenen Vorteil bedacht ist. Christus, der sich hinter dem Armen verbirgt, verlangt von uns etwas, aber er gibt uns noch viel mehr: Er gibt uns die Kraft, alle Widerstände und Trägheit in uns zu überwinden, er läßt das Gute, das in uns ist, zutage treten und bringt es sogar so weit, daß manche von den Flügeln der Gnade bis zum Heroismus getragen werden.

Nur so erklärt sich der heroische Einsatz eines Vinzenz von Paul, eines Maximilian Kolbe und vieler anderer zugunsten der Armen. Außerdem entsteht so eine absolute Universalität: Die christliche Liebe muß nämlich *allen* ohne Unterschied entgegengebracht werden, sie muß sich *jedweder Not* annehmen, muß sich *aller möglichen Formen* bedienen: Das reicht vom Glas Wasser, das man einem Kranken darbietet, von der zärtlichen Geste gegenüber einem Kind bis zu den großen Werken von internationaler Bedeutung.

Die christliche „Caritas“ ist so alt wie die Kirche selbst. Die Apostel manifestieren wie ihr Meister die Wahrheit dessen, was sie verkünden, und ihre Herzensgüte, indem sie Kranke heilen und Almosen geben.

Wo immer Kirche entsteht, dort entfaltet sich auch die Wohltätigkeit der Kirche. In einem ersten Schritt schafft man zunächst ein vorher nie gekanntes Klima: Die Christen lieben sich gegenseitig ohne Unterschied der sozialen Herkunft, der Rasse, der Nationalität. Sie versammeln sich zu brüderlichen Mahlzeiten, *Agape* genannt, ein griechisches Wort, das soviel wie Liebe bedeutet. In einem zweiten Schritt geht man dann zur Praxis über, soweit dies möglich ist. Nachdem der Versuch, das Vermögen der einzelnen in Gemeinschaftsbesitz zu verwandeln, in Jerusalem schon sehr bald gescheitert war, wurden eigene Diakone für die Verteilung der Hilfsgüter an die Armen eingesetzt. An ihre Seite treten schon bald Witwen und Jungfrauen, die sich dem Gottesdienst und der Armenfürsorge widmen. Ihre Aufgabe findet im Verlauf der Jahrhunderte in verschiedensten Formen ihre Fortsetzung, bis hin zu den geistlichen Schwestern von heute.

In den ersten Jahrhunderten herrscht aber die Meinung vor, daß „der Bischof der Fürsorger ist für die Notleidenden in der Gemeinde, so sehr, daß es keine private Initiative auf diesem Gebiet gibt. Die *Didaskalie* (Kirchenordnung) im 3. Jahrhundert findet, durch privates Almosengeben tue man dem Bischof unrecht, als ob er sich nicht um die Armen kümmere“ (L. Hertling, Geschichte der katholischen Kirche, Berlin 1953, 36).

Jede Kirche hatte so sehr bald ihre eigene Armenliste, auf der vor allem Witwen, Waisen und hilfsbedürftige Alte standen. Einer Stelle bei Hippolyt können wir entnehmen, daß „die römische Kirche um 190 ein genaues Verzeichnis der Bekenner besaß, die damals in Sardinien zu Zwangsarbeit verurteilt waren, und ihnen regelmäßige Unterstützungen zukommen ließ“ (Hertling, ebd.). „Im Jahre 251 hatte die römische Kirche 1500 ‚Matrikulararme‘, und Papst Cornelius schreibt, daß die Mittel für alle reichten. Die *Didaskalie* empfiehlt, Waisenkinder in christlichen Familien unterzubringen und sie ein Handwerk lernen zu lassen" (Hertling, ebd.). Doch auch den Nichtchristen wurde geholfen. „Ist es nicht unwürdig für uns (Heiden)" – schrieb Kaiser Julian Apostata –, „daß die gottlosen Galiläer (nämlich die Christen) außer ihren eigenen auch noch unseren Armen Unterstützung gewähren, während wir unseren Brüdern die Unterstützung versagen?" – „Es war also so, daß die großen Kirchen wie Rom und Karthago den kleinen Kirchen zu Hilfe kamen. Woher stammten ihre Einkünfte? Zunächst aus den regelmäßigen Kirchensammlungen, dem ‚Klingelbeutel'. Tertullian sagt, daß jeder einmal im Monat gibt oder wann er will, wenn er überhaupt will und wenn er kann; denn es wird niemand gezwungen." Die Kleriker, die aus reichen Familien stammten, pflegten der Kirche ihren Privatbesitz zu überlassen. So war es bei den Weinbergen und Ölgärten des Bischofs Cyprian von Karthago. Es fehlt auch nicht an außertourlichen Schenkungen wohlhabender Christen oder auch Heiden, ja mitunter sogar wohlmeinender kaiserlicher Beamter (vgl. Hertling, 37).

Ab dem 5. Jahrhundert werden unter Aufsicht der Lokalkirche eigene Gebäude errichtet: Findelhäuser (für ausgesetzte Neugeborene), Waisenhäuser (für Waisenkinder), Spitäler (für Kranke), Altenheime (für Alte), Asyle (für Bettler), Fremdenherbergen (für Reisende und Pilger). Es gab auch eigene Häuser für jene Jungfrauen und Witwen, die sich der Arbeit in der Kirche und für die Armen verschrieben hatten. Daraus gingen später die klausurierten Klöster hervor, die von Königen, Fürsten und Wohltätern unterstützt wurden. Alles aber stand unter der Verantwortung des Bischofs. Dazu kamen noch Sklaven und Gefangene, die zu Tausenden von den Bischöfen losgekauft wurden, die deshalb oft sogar die heiligen Gerätschaften verkaufen mußten.

Zur Zeit der Barbareneinfälle waren diese Fälle sogar ziemlich häufig. Später wurden die Bischöfe oft zu Rettern belagerter Städte: Sie sorgten für die Aufhebung der Belagerung, indem sie große Summen aus dem Kirchenvermögen bezahlten. Und wenn sie einmal kein Geld hatten, gewährte man ihnen aufgrund ihres Ansehens gerne Kredit.

Nach dem Aufkommen des Feudalismus entstehen sogenannte „fromme Stiftungen". Sie werden zugunsten der Armen sowohl von Priestern und Ordensleuten als auch von frommen Laien verwaltet. Alles, was von den Zuwendungen der kirchlichen „Wohltäter" nicht für den Unterhalt der Kleriker notwendig war, mußte von Gesetzes wegen an die Armen verteilt werden. Nach wie vor gibt es die kostenlose Gastfreundschaft in den Klöstern, und es entstehen Herbergen und Spitäler. Man würde kein Ende finden, wollte man alles das aufzählen, was die Kirche im Laufe ihrer Geschichte für die Armen getan hat.

Heute hat sich die Situation jedoch aus verschiedenen Gründen tiefgreifend verändert.

1. Die soziale Gerechtigkeit hat sich vom Gedanken der „Caritas" gelöst und ist zu einer eigenständigen Kategorie geworden. Die Lehre der Kirche macht es heute dem Staat zur Pflicht, sich darum zu kümmern, sie zu fördern und herzustellen. Der Staat mit seinen Gesetzen versucht sogar, durch vorbeugende Maßnahmen Elend und Not zu vermeiden, die früher einmal erst im nachhinein bekämpft werden konnten. Auf viele Hilfeleistungen, die einst als „milde Gaben" verstanden wurden, hat man heute einen Rechtsanspruch.

2. Neben der karitativen Tätigkeit der Kirche sind auch verschiedene philanthropisch inspirierte Formen der Wohltätigkeit entstanden, z. B. das Rote Kreuz, der Rotary Club, der Lions Club usw.

3. Die *Armen* finden heutzutage große Beachtung. Leider müssen sie manchmal auch für politische Zwecke herhalten (als Vorwand, um eine Regierung oder eine Partei zu bekämpfen). Die Äußerungen von Bossuet über die „große Würde der Armen", die Gegenwart Jesu in der Person des Armen werden heute nicht besonders ernst genommen.

4. Die karitative Tätigkeit der katholischen Kirche wird oft angegriffen. Für manche ist sie ein Faktor, der die Stunde der Revolution nur verzögert, da sie angeblich verhindert, daß die Armen die Ursache ihres Elends wirklich erfassen und mit einer Revolution antworten. Andere sehen in der kirchlichen Caritas einen verlängerten Arm des Kapitalismus und Bürgertums, die ihre Privilegien erhalten wollen.

Was ist dazu zu sagen? Sowohl die Hilfe der öffentlichen Hand als auch die philanthropischer Vereinigungen ist zu begrüßen. Doch daneben wird es für die kirchliche Caritas immer noch genug Lücken zu füllen geben. Der Staat wird immer ein wenig bürokratisch vorgehen, kalt und distanziert wirken. Und er wird auch nicht den Anspruch erheben können, allem menschlichen Leid wirksam zu begegnen.

Die Kirche will einzig und allein die Tätigkeit des Staates und der kommunalen Institutionen ergänzen, sie will nicht als Konkurrent auftreten, sondern als Integrationsfaktor wirksam sein, sie will menschliche Wärme und christliche Liebe ins Spiel bringen und die Art der Hilfeleistung den verschiedenartigen psychologischen Situationen anpassen. Wenn der Staat die soziale und verteilende Gerechtigkeit verwirklicht, so versucht die Kirche, das Tun des Staates zu ergänzen, indem sie Gerechtigkeit und Liebe miteinander verbindet. Eine absichtliche Konfrontation auf einem so sensiblen Gebiet, der Verdacht, daß von seiten der Kirche weiß Gott welche Machtambitionen im Spiel seien, nützt niemandem. Alle Mittel und Kräfte zu gemeinsamer Anstrengung zu vereinen nützt hingegen allen, ganz besonders aber den Armen.

Ich hoffe, daß die Pfarrer die Leitgedanken christlicher Caritas ihren Pfarrangehörigen deutlich vor Augen führen und die von ihnen geleiteten Gemeinden mit Hilfe aufgeschlossener Laien zu einer Aktion animieren können, die in Gedanken, Gefühlen und Taten gelebte brüderliche Liebe darstellt.

Zweiter Teil

LEITBILDER CHRISTLICHEN LEBENS

Der hl. Franziskus

Beitrag zum 750. Todestag des hl. Franz von Assisi in der Zeitschrift „Gente Veneta" (1976)

Die Zeit, in der der hl. Franz von Assisi lebte, wurde von Daniel Rops als „das Zeitalter der Kathedralen und der Kreuzzüge" bezeichnet. Eine glanzvolle Epoche auf den ersten Blick; doch hinter der Fassade – was für schmerzliche Ereignisse und Situationen! Die Päpste folgen einander in kürzesten Abständen: fünf innerhalb von nur 16 Jahren (von 1182 bis 1198). Lucius III. muß aus Rom fliehen, und Urban III. sowie Gregor VIII. können nicht mehr dorthin zurückkehren. Die Kaiser Friedrich Barbarossa, Heinrich VI. und Friedrich II. führen einen ständigen Kampf gegen das Papsttum. Die Horden des Dschingis Khan dringen von Asien her vor und lassen ganz Europa erzittern. Saladin entreißt den Christen Jerusalem. Die Städte bekämpfen sich gegenseitig. Franziskus selbst beteiligt sich als junger Mann am Krieg zwischen Assisi und Perugia. Papst Innozenz III. stellt mit allzu eiserner Hand innerhalb der christlichen Welt wieder eine gewisse Ordnung her: Als er jedoch das Interdikt gegen das Königreich Frankreich schleudert, um den dortigen König dazu zu zwingen, seine legitime Frau, die er verstoßen hatte, wieder bei sich aufzunehmen, stellt sich die Mehrheit der französischen Bischöfe auf die Seite des Königs und gegen den Papst. Auch die Bischöfe ihrerseits, die sich leider in politischen Machtpositionen befinden, sind vom bürgerlichen Lebensstil angekränkelt, auch wenn sie mit großem Eifer dafür sorgen, daß großartige Kathedralen entstehen.

Vielfältige Irrtümer gefährden die Reinheit des Glaubens. Übersetzungen der Werke des Aristoteles, gewürzt mit der pantheistischen Soße eines Averroes, finden weite Verbreitung; Joachim von Fiore, der die „Zeit" des Heiligen Geistes als unmittelbar bevorstehend ankündigt, ruft die anarchischcharismatische Bewegung der „Fratizellen“ auf den Plan; Petrus Waldes gründet die Gemeinschaft der „Armen von Lyon“, die in vorbildlicher Armut leben, aber die häretische Behauptung aufstellen, daß die Heiligkeit einzig und allein darin bestehe, arm zu sein, und daß alle auf die gleiche Weise Priester und Träger des Heiligen Geistes seien; die Albigenser verbreiten äußerst gefährliche religiöse und soziale Theorien und konstituieren sich zu einer besonderen Kirche mit eigenen Bischöfen, wodurch sie die katholische Seite zu einer übertriebenen Reaktion und Repression herausfordern.

In dieses Bild fügt sich Franziskus mit seinem Leben und seiner Botschaft. Ein flammender Protest gegen eine solchermaßen irregeleitete Gesellschaft und Kirche? Ja, aber Franziskus ist ein Mann, der in erster Linie einmal bei sich selbst beginnt und nicht bei den anderen. Als er einmal mit Fra Leone unterwegs ist, den man wegen seiner arglosen Einfalt nur das „Schäflein Gottes“ nannte, und sie gerade keinen Psalter bei sich haben, erfindet Franziskus mit seinem „schöpferischen“ Geist kurzerhand ein eigenes Psalterium. „Rezitieren wir abwechselnd die einzelnen Verse“, sagt er zu seinem Begleiter. „Ich fange an: ‚O Bruder Franziskus, du hast solche Dummheiten angestellt, daß nur die Hölle dir bevorstehen kann!‘ Und du antwortest darauf: ‚Ja, das ist wirklich wahr: Du verdienst es, in den tiefsten Abgrund der Hölle zu stürzen.‘“ Und so beginnen sie also mit diesem seltsamen Psalter. Fra Leone gehört zu den gehorsamsten aller Mönche, er ist gelehrig wie ein Kind und durchaus bereit, die eingelernte Antiphon aufzusagen, aber es will ihm einfach nicht gelingen. Die Unwahrheit bleibt ihm im Halse stecken. Statt dessen tönt es von seinen Lippen: „O Bruder Franziskus, Gott wird durch dich soviel Gutes tun, daß du ins Paradies eingehen wirst.“

Bekümmert meint Franziskus darauf: „Paß doch etwas besser auf! Fangen wir noch einmal von vorn an!“ Und sie fangen immer wieder von neuem an, aber jedesmal ist es dasselbe Fiasko: Je mehr Franziskus sich verdemütigt, desto mehr rühmt ihn sein Begleiter: „Ich kann nicht anders, es ist Gott selbst, der aus mir spricht“, meint schließlich der einfältige Fra Leone.

Auf der Linie dieser Friedfertigkeit, Demut und Schlichtheit des Geistes liegt auch alles andere.

Mag man ringsum auch Kriege führen, für Franziskus lautet die Devise immer nur: „Frieden und Eintracht". Den Seinen gibt er die Vorschrift: „Wer immer zu den Minderbrüdern kommt, ob Freund oder Feind, Dieb oder Räuber, er soll in Güte aufgenommen werden" (Erste Regel, c. 7).

Mag man ringsum auch von Machtrausch besessen sein, er verläßt alles um des Reiches Gottes willen und verfügt, daß die Seinen sich „Minderbrüder" nennen und sich als solche auch fühlen sollen.

Die Häretiker bringen neuartiges Schrifttum unters Volk, er hingegen empfiehlt nur immer wieder das ganze, unverfälschte Evangelium *ohne jeglichen Zusatz*.

Da gibt es die weltliche Macht der Päpste; er tastet sie nicht an. Es gibt viele lasterhafte Prälaten; er klagt nicht über ihre Fehler. Vielmehr sieht er in den Bischöfen und Priestern trotz allem, auch wenn sie Sünder sind, den Sohn Gottes (vgl. sein Testament). Er nennt die römische Kirche „unsere Mutter" und bestimmt, daß seine Brüder, vor allem aber die Oberen, „dem Herrn Papst und der römischen Kirche Ehrfurcht und Gehorsam versprechen" sollen (Regel).

Das Volk verlangt nach einem echten christlichen Leben. Aber ein heiligmäßiges Leben kann man nur führen in der Nachfolge Jesu, sagt Franziskus, wenn man sich bemüht, sich selbst zu einem Ebenbild unseres Herrn und Meisters zu machen. Das ist die Botschaft des hl. Franz von Assisi für seine damalige Zeit.

Sie hat aber auch für die unsere noch ihre Gültigkeit. Auch heute hat ja die Menschheit das Gefühl, am Rande eines Abgrunds zu stehen. Die Kirche steht vor der Tatsache eines immer mehr um sich greifenden Atheismus und zahlreicher Irrtümer, sie sieht sich mit unklugen und waghalsigen Experimenten konfrontiert sowie mit der ständigen Berufung auf das Charisma, das jeder in Anspruch nehmen zu können glaubt, das man jedoch dem Papst und den Bischöfen nicht zubilligen will, deren Autorität jetzt sogar schon von einem Bischof in Abrede gestellt wird.

Viele fragen sich: Woher soll denn in dieser Situation

die Rettung kommen? Der hl. Franziskus gibt die Antwort: „Von den Heiligen: von den Christen, die meinem Beispiel folgen und sich bemühen, dem Leben Christi nachzueifern, indem sie die Gottes- und Nächstenliebe praktizieren und demütig im Geiste der Armut leben.“

Kaum zu glauben, aber selbst Lenin hat einmal gesagt: „Um Rußland zu retten, würde man zehn Franz von Assisi brauchen.“ Wenn es wieder mehr Heilige gibt, kann die ganze Welt gerettet werden.

Der hl. Bonaventura

Vortrag vor dem Internationalen Kongreß anläßlich des 700. Todestages des hl. Bonaventura in Rom (1974)

Im Jahre 1356 kam es in Poitiers zu einer Schlacht, an der auch der König von Frankreich, Johann II., mit seinem Sohn, dem Kronprinzen, teilnahm. Letzterer tat sich durch seine Tapferkeit und Unerschrockenheit ganz besonders hervor. Vor allem war er darauf bedacht, seinen Vater, den König, zu schützen, der sich selbst in das Kampfgetümmel gestürzt hatte. Immer wieder rief er ihm zu: „Vater, aufgepaßt, rechts! Vater, Vorsicht, links!“

Der hl. Bonaventura ähnelt ein wenig diesem Prinzen: Durch sein Leben und seine Schriften leistet er einerseits einen wichtigen Beitrag zum menschlichen Fortschritt, andererseits warnt er uns vor Extremismen, die uns auch heute bedrohen. Er tut dies als Heiliger und als Mensch, als Mönch und als Theologe, als Bischof und als einfacher Bürger.

Ein begnadeter Heiliger mit Augenmaß

Die Menschen mißtrauen heute allem, was irgendwie Druck auf sie ausübt. Ein Heiliger jedoch, der in sich das gelebte Evangelium verkörpert ohne auch nur eine Spur von Proselytenmacherei, das ist etwas, was anziehend wirkt und den Leuten gefällt. Und wenn heute großsprecherische Figuren mit ihren ständigen Kompromissen uns eher Angst einflößen, so werden die Heiligen als Menschen der Tat, der Schlichtheit und Echtheit im allgemeinen akzeptiert und geachtet.

Der hl. Bonaventura verkörpert einen Typus der Heiligkeit, der den modernen Menschen, die vor allem menschliche Werte hochschätzen, sehr zusagt. Bei ihm harmonieren nämlich die physischen, intellektuellen und moralischen Eigenschaften so gut miteinander, daß seine Zeitgenossen sich gewissermaßen auf die Zehenspitzen stellten, um ihn bewundern zu können. Man machte sich gegenseitig auf ihn aufmerksam und sagte: Seht doch, was für ein wunderbarer Mensch! Heinrich von Isernia, der Hofschreiber Ottokars II., des Königs von Böhmen, schrieb einmal an ihn: So wunderbar sind die Eigenschaften, die sich bei Euch finden, „ut mirem admodum et stupescam de tanto miraculo novitatis" – „daß ich ein solch neuartiges Wunder zutiefst bewundere und bestaune". Der Chronist des 2. Konzils von Lyon notierte, wenn auch etwas überschwenglich, über Bonaventura: „Er ist ein Mann von hervorragender Intelligenz und Beredsamkeit, von außerordentlicher Heiligkeit, freundlich, liebenswürdig, barmherzig, gottesfürchtig, tugendsam, von Gott und den Menschen geliebt." Bei seinem Begräbnis – so heißt es – hätten viele geweint, denn „der Herr hatte ihm die Gnade verliehen, daß jeder, der ihn sah, ihn unverzüglich liebte".

Wir wissen: Bonaventura hat manchmal sehr starre Positionen eingenommen und auch harte Worte gebraucht. Ihm war ja die Aufgabe übertragen, in äußerst schwierigen Situationen führend und wegweisend tätig zu sein. Andererseits war er darauf bedacht, daß Milde und Nachsicht nicht mit Schwäche und einer Haltung verwechselt werden, die einfach alles durchgehen läßt: Milde walten zu lassen – so hat er geschrieben – bedeutet nicht, niemals in Zorn zu geraten, sondern zornig zu sein, wo und wann es nötig ist. Wer an leitender Stelle steht, muß gleichzeitig das Antlitz eines Menschen und eines Löwen besitzen, er muß Güte und Standfestigkeit miteinander vereinen.

Die Menschen von heute wollen die Probleme, die es ja tatsächlich gibt, die aber von manchen Extremisten noch zugespitzt und verschärft werden, mit Augenmaß und einer gewissen Großzügigkeit gelöst sehen. Viele wünschen sich z. B. das Wiederaufblühen einer evangelischen Armut, welche die Glaubwürdigkeit der Kirche erhöhen würde. Aber wir können denen nicht zustimmen, die aus jedem Armen einen Heiligen und aus jedem Reichen einen Ausbeuter machen. Auch diejenigen gefallen uns nicht, die sich spöttisch über jeden Wunsch nach echter Reform äußern und jede praktische Realisierung zu verhindern trachten. Der hl. Bonaventura hat sich in einer Situation, die der unseren ganz ähnlich war, vorbildlich verhalten. Da standen auf der einen Seite die Armutsfanatiker. Unter ihnen ein Kanoniker aus Antwerpen, der in den Jahren 1250–1252 folgendes lehrte: Kein Reicher kann gerettet und kein Armer verdammt werden; einen Reichen zu Tisch zu laden ist eine schwere Sünde; eine arme Frau, die sich den Männern feilbietet, begeht keine Sünde, weil sie arm ist; eine öffentliche Hure, die in Armut lebt, ist besser als ein streng keusch lebender Mann, der eifrig seine Ersparnisse auf die Seite legt; wer arm ist, kann jede Sünde begehen, sie wird in den Augen Gottes getilgt.

Auf der anderen Seite hatten die französischen Verfasser des „Roman de la Rose" für die Bettelorden und ihre Armut nur höhnisches Gelächter übrig. In der Vatikanischen Bibliothek befinden sich zwei Pergament-Handschriften von diesem „Roman de la Rose". Die eine davon enthält auch Zeichnungen, die einen Mönch im Franziskanerhabit darstellen, der als „Scheinheiliger" bezeichnet wird. Von diesem Gesichtswinkel des Skeptizismus und der ätzenden Ironie aus haben so manche im 13. Jahrhundert das religiöse Leben im allgemeinen und die Armut im besonderen betrachtet.

Der hl. Bonaventura bot diesen höhnischen Kritikern jedoch keinerlei Angriffsfläche. „Wir bestimmen" – hat er zu Narbonne festgelegt –, „daß jeder, der bei seinen Reisen ein Reittier benutzt, mit Fasten bei Wasser und Brot bestraft wird, das er vor den Augen aller auf dem Boden sitzend verzehren muß, sooft er ein solches benutzt hat." Und als Kommentar hat er noch hinzugefügt: Die Brüder sollen nicht nur aus Liebe zur Armut zu Fuß gehen, sondern auch, um das Gebet und die Abtötung des Leibes dadurch zu fördern. Das waren nicht nur leere Worte: In den 17 Jahren als Generalmeister des Ordens unternahm er die ständigen Reisen durch halb Europa immer zu Fuß. Die Abgesandten, die gekommen waren, um ihm die Insignien der Kardinalswürde zu überreichen, trafen ihn in der Küche des kleinen Konventes von Monteripido an, wo er gerade damit beschäftigt war, das Geschirr zu waschen. Eine Haltung, wie sie einem Franziskaner gut ansteht. Doch der rigoristisch-strenge Flügel der Franziskaner, der mit Ubertino da Casale und anderen später soweit geht, den Brüdern sogar das Eigentumsrecht an der Suppe, die sie essen, abzusprechen, hätte sicherlich nicht seinen Beifall gefunden: Er brachte es nicht übers Herz, die Brüder wieder in die primitiven Strohhütten der ersten Anfänge zurückzuschicken. Dennoch bekämpfte er die laxistischen Strömungen innerhalb des Ordens und war bereit – wie Petrus Johannis Olivi von ihm behauptet –, „selbst zu Staub verwandelt zu werden, damit der Orden wieder zur reinen Form des seligen Franziskus zurückfindet".

Ich habe vorhin auf die Hochschätzung der menschlichen Werte hingewiesen, die für den modernen Menschen charakteristisch ist. Kennzeichnend ist auch noch ein gewisser Optimismus, der die irdischen Wirklichkeiten deshalb schätzt und anerkennt, weil sie soviel Gutes und Schönes enthalten, und nicht nur, weil sie ein Mittel darstellen, um den Menschen wieder zu Gott zu führen. Der hl. Bonaventura teilt diesen Optimismus teilweise, aber er bringt ihn ins rechte Lot, indem er drei Dinge bedenkt: die Hierarchie der Werte, die Grenzen der irdischen Güter und die Folgen der Erbsünde in uns Menschen. Die geschaffenen Dinge sind für Bonaventura sicherlich Stufen, die zu Gott führen. Für ihn gibt es ein ständiges, wesentliches Fortschreiten der Welt. Von der „Urzeit" der Schöpfung gelangt der Mensch über die „sinnbildhafte" Zeit des Alten Testamentes in die Zeit Christi, die kein Ende mehr nimmt. Während er so voranschreitet, braucht der Mensch nicht grundsätzlich die Dinge dieser Welt zu meiden; vielmehr soll er zusammen mit all diesen Dingen zu Gott auf dem Wege sein, ohne sich an die Dinge zu klammern, die ihn auf seinem Weg begleiten. „O meine Seele" – schreibt er –, „erkenne doch, daß dein Fassungsvermögen so groß ist, daß kein Geschöpf, sondern nur Gott dein Verlangen zu stillen vermag."

An erster Stelle unserer Wünsche muß also, nach Bonaventura, Gott stehen. Dann kommt die Seele mit ihren Fähigkeiten, und erst danach folgen die geschaffenen Dinge. Von ihnen – so seine Mahnung – soll man in kluger Weise Gebrauch machen. „Jede Schönheit der geschaffenen Dinge und jede Freude daran mag das Menschenherz in sich tragen, doch all das wird es nicht sättigen." Nicht nur deshalb, weil jedes Geschöpf schon rein ontologisch „defizient", mangelhaft ist, sondern weil der Mensch durch die Erbsünde gleichsam „blind und taub" geworden ist. Wie man sieht, ist die Theologie des hl. Bonaventura eine Mischung aus einer „Theologie der irdischen Wirklichkeiten" mit einer „Theologie des Kreuzes". Eine solche Theologie kann unserer Welt, die vom Konsumdenken und dem Geist des Hedonismus geprägt ist und die vor dem Kreuz zurückschreckt, eigentlich nur guttun.

Ein Mittler einst und jetzt

1. Bonaventura ist ein Mönch in den Fußstapfen des hl. Franz, der es aber auch versteht, sich den Gegebenheiten anzupassen.

Schon aus dieser knappen Charakteristik ist die Fähigkeit des hl. Bonaventura ersichtlich, die rechte Mitte zwischen zwei Extremen zu finden. Sie ist besonders bei der Verteidigung der Bettelorden und bei der Wahrung der Einheit des Franziskanerordens zum Ausdruck gekommen.

Zur Verteidigung der Mendikanten hat Bonaventura als einfacher Mönch und als Ordensgeneral insgesamt fünf Werke geschrieben, die reich sind an theologischem Gehalt, aber auch Taktgefühl und ein gewisses Maß an Raffinesse erkennen lassen. Er liebt es nicht, die Gegner frontal anzugreifen, er will sie vielmehr für sich gewinnen. „Ihr habt ja recht" – scheint er ihnen zu sagen –, „wenn ihr euch über die Mißstände aufregt, die es leider gibt. Ihr habt aber unrecht, wenn ihr vor so vielen schönen und guten Dingen, welche die Bettelmönche vollbringen, die Augen verschließt." – „Wir haben dies nicht geschrieben, um die übertriebene Zahl von Mendikanten zu rechtfertigen, oder mit der Absicht, jede Art von Bettelei gutzuheißen, sondern einzig und allein zugunsten derer, bei denen das Studium der Weisheit oder die körperliche Arbeit verbunden ist mit der Beobachtung der evangelischen Armut und der Übung vollkommener Tugend."

Hier nun einige seiner Antworten auf die Einwände der Gegner der Bettelorden:

– Die Brüder haben große und geräumige Häuser! – „Manchmal, vor allem in der Stadt, wo die Grundstücke sehr teuer sind, ist es notwendig, mehrstöckige Häuser zu errichten. Die Leute in der Welt können, wenn sie etwas Bewegung machen wollen, ihr Haus verlassen; die Brüder aber dürfen sich nur innerhalb des Hauses bewegen."
– Statt in großen Konventen zu leben, solltet ihr besser zu zweit in einfachen Häusern wohnen! – „Nur in den großen Konventen" – antwortet Bonaventura – „kann eine höhere Disziplin eingehalten werden, nur dort kann man sich gegenseitig kontrollieren und im geistlichen Leben wachsen. Da hat jeder seine Aufgabe, und vor so vielen Mitbrüdern schämt man sich ganz besonders, nachlässig oder vorlaut zu sein."
– Warum verrichten die Brüder keine körperliche Arbeit? – „Weil einer, der sich der Seelsorge widmet, für den heiligen Dienst verfügbar sein muß. Der hl. Franziskus selbst hat nicht einmal soviel gearbeitet, um sich einige Denare zu verdienen: Was er wollte, war vor allem, daß man den Müßiggang meidet."
– Die Brüder versagen kläglich, was das religiöse Leben betrifft, sie brillieren hingegen bei den Äußerlichkeiten! – „Am Anfang sind alle Ordensgemeinschaften gut und vollkommen. Erst später teilen sie sich aufgrund der Gebrechlichkeit der menschlichen Natur in gute und schlechte. Jedenfalls besteht die wahre Heiligkeit nicht in körperlichen Bußübungen, sondern in den Tugenden des Geistes; und weil diese äußerlich kaum in Erscheinung treten und die Heiligen nicht darauf aus sind, gesehen zu werden, scheint es so, als gäbe es heutzutage nur mehr wenige Heilige in der Kirche."

Man sieht auf den ersten Blick, wie diese Antworten zugleich wohldosiert und treffend sind. Sie gelten auch im Hinblick auf so manche modernen Kritiker heute. Als Mann seiner Zeit zeigt sich Bonaventura als ein Mann für alle Zeiten.

So kann man von ihm auch als Reformator des Franziskanerordens sprechen. Als er mit 40 Jahren zum Generalmagister ernannt wurde, befand sich der Orden gerade in voller Expansion, aber es bestand auch die große Gefahr einer

Spaltung aufgrund der vielen heterogenen Elemente und Unruhestifter innerhalb des Ordens. Auf der einen Seite verfochten die „Spiritualen“ oder „Eiferer“ die Treue zur heroischen Armut der ersten Brüder und blickten mißbilligend auf die großen Konvente, das Universitätsstudium der Brüder und die Bücher. „Paris, Paris, du ruinierst uns Assisi!“ klagte z. B. Fra Egidio. Noch dazu vertraten einige von ihnen ganz fanatisch die pauperistisch-apokalyptischen Theorien eines Joachim von Fiore. Auf der anderen Seite stand der größere Teil auf dem Boden der von den Päpsten bereits gemilderten „Regel“ und verlangte, daß der Orden sich ganz in den Dienst der großen Geistesströmungen und Aufgaben der Zeit stellen sollte: Studium als Voraussetzung der Predigt, Dienst im Beichtstuhl, Apostolat, Einflußnahme auf Kirche und Welt.

Bonaventura traf sofort seine Entscheidung und setzte sich für eine *accommodata renovatio,* eine zeitgemäße Erneuerung des Ordenslebens, ein, wie sie vom II. Vatikanum als Weisung ausgegeben wurde. *Renovatio* bedeutet Rückschau, Rückkehr zu den Quellen, zum Ordensstifter, bedeutet, sich von seinem authentischen Geist inspirieren zu lassen. Und Bonaventura tat dies, als er die „Legenda major“, eine Lebensbeschreibung des hl. Franziskus, verfaßte, nachdem er sich zuvor in die Gegend von Spoleto zurückgezogen hatte, um Zeugnisse zu sammeln und unmittelbar mit Fra Egidio und Fra Leone zu sprechen. Damit jedoch der Ordensstifter nicht einen Vorwand für neue Spaltungen abgibt, nahm er die Verantwortung auf sich, so manche Legenden unter den Tisch fallen und die bereits vorliegenden Lebensbeschreibungen des hl. Franziskus vernichten zu lassen. Die *accommodatio* des II. Vatikanums bedeutet hingegen den Blick nach vorn, bedeutet, die Bedürfnisse der Zeit zu erkennen und die notwendigen Anpassungen vorzunehmen, ohne – wohlgemerkt – den Geist des Ordensstifters zu verraten. Auch das tat Bonaventura. Das Studium, betonte er, ist jene Quelle, aus der die Flüsse entspringen, die dann die ganze Welt befruchten. Seiner Meinung nach sollten die Franziskaner ihren Durst an dieser Quelle löschen und sowohl mit dem hl. Franziskus als Vorbild, aber auch in enger Verbindung mit den geistigen Strömungen der Zeit in die Zukunft voranschreiten.

Was die Theorien des Joachim von Fiore betrifft, welche die „Spiritualen“ dazu veranlaßten, nach dem zweiten Reich Christi noch ein drittes Reich zu erwarten, so schwächte Bonaventura ihren Einfluß mit großer Klugkeit auf doppelte Weise ab: Erstens hob er ganz besonders Christus als die zentrale Mitte der Geschichte hervor und entzog damit einem „dritten Reich“, wie es von Joachim verkündet wurde, jeglichen Boden. Und indem er den hl. Franziskus in der „Legenda major“ als einen Erneuerer der Kirche im Dienste Christi herausstellte, hinderte er zweitens die „Spiritualen“ daran, der Versuchung zu erliegen, in ihm gewissermaßen einen zweiten Christus zu erblicken, der die Aufgabe hätte, wie Christus eine neue geschichtliche Ära zu eröffnen.

Er mußte deshalb allerdings im Orden viele Anfeindungen in Kauf nehmen, doch er ging beharrlich und klug weiter seinen Weg, er führte die Ordensgemeinschaft mit jener „gratia regendi“, die ihm sogar vom Papst bescheinigt wurde, und rettete so – wenigstens für den Augenblick – die Einheit des Ordens. An ihm können sich heute alle Ordensoberen, die vor ähnlichen Problemen stehen und manchmal vielleicht sogar noch größere Schwierigkeiten haben, als die seinen es waren, ein Beispiel nehmen.

2. Bonaventura ist ein zugleich mystischer und spekulativer Theologe, der sich sowohl an der Bibel als auch an der Philosophie orientiert, der sich allgemeinverständlich ausdrücken kann und doch auch als Wissenschaftler ernst zu nehmen ist.

Wenn das II. Vatikanische Konzil eine lebendigere Theologie als die, welche gerade in Mode ist, empfehlen will, eine Theologie, die nicht nur ein Sprechen über Gott, sondern auch mit Gott darstellt, dann greift es auf die folgenden Worte des hl. Bonaventura zurück: „(Niemand) möge glauben, ihm genüge die Lesung ohne Salbung, die Spekulation ohne Hingabe, die Forschung ohne Verehrung, die Umsicht ohne Begeisterung, der Fleiß ohne Frömmigkeit, die Wissenschaft ohne Liebe, der Verstand ohne Demut, das Studium ohne die göttliche Gnade, die Beobachtungsgabe ohne die göttlich inspirierte Weisheit“ (OT 16, Anm. 32).

Tatsache ist, daß für den hl. Bonaventura die Theologie die Aufgabe hat, nicht nur Gelehrte hervorzubringen, sondern Heilige. „Diese Lehre ist so, daß sie uns zum Guten bekehrt und wir gerettet werden; und dies geschieht nicht durch bloße Spekulation, sondern durch die Neigung des Willens." Vor den Angehörigen der Pariser Universität beklagt er, daß „gewisse Theologen durch ihr Verhalten das Leben Christi entwerten". Und er erklärt weiter: „Wer aus diesem (theologischen) Studium Nutzen ziehen will, muß die Heiligkeit besitzen und danach trachten, ein gottesfürchtiges, reines, vorbildhaftes religiöses Leben zu führen."

Da der hl. Bonaventura im Rufe eines sehr geistlich und mystisch orientierten Theologen steht, könnten manche der Meinung sein, er sei geradezu allergisch gegen alles Rationale. Doch das Gegenteil ist der Fall, so daß man ihn sogar das „philosophische und theologische Gewissen des hl. Franziskus" genannt hat. Wenn dieser ein Gebirge sah, pflegte er zu sagen: „Du, Herr, bist mein einziger Fels!" Und wenn er die Blumen auf dem Feld erblickte: „Du, Herr, bist noch viel reiner, schöner und zarter als all diese Blumen!" Der hl. Bonaventura besitzt ebenfalls die Gabe des Staunens, aber er umhüllt sein Staunen mit einem philosophischen Kleid, nämlich dem Neuplatonismus, der in der Welt das Spiegelbild der göttlichen Vollkommenheiten erblickt und alle geschaffenen Dinge als Reproduktion der einen, ewigen Idee Gottes ansieht.

Er ist jedoch äußerst behutsam und meidet jede Übertreibung. Das II. Vatikanum bezeichnet die Bibel als „die Seele der ganzen Theologie" (OT 16). Dasselbe hatte bereits Bonaventura gesagt. In bezug auf die Tendenz, die Theologie mit philosophischen Sophistereien vollzustopfen und Aristoteles höher zu schätzen als Christus, schrieb er: „Die Rangordnung beim Studium der Theologie ist folgende: Zuerst soll man die Heilige Schrift studieren, dem Buchstaben und dem Geiste nach ... gleichermaßen dann die Schriften der großen Meister und der Philosophen, diese aber nur so nebenher und ohne sich bei ihnen aufzuhalten." Er beklagte auch, daß manche Theologen „die Heilige Schrift oft scheuen wie ein gefährliches Wespennest".

Ein weiterer Wunsch des II. Vatikanums geht dahin, daß

„alle übrigen theologischen Disziplinen aus einem lebendigen Kontakt mit dem Geheimnis Christi neu gefaßt werden" (OT 16). Für den hl. Bonaventura ist das selbstverständlich. An der Universität von Paris hielt er einmal einen Vortrag mit dem Titel „Christus unus omnium magister". In der Schule Christi – sagte er – gelangt man auf drei Stufen zur Erkenntnis Gottes: Erstens „durch den frommen Akt des Glaubens"; zweitens „durch die Zustimmung des Verstandes"; drittens „durch die Klarheit der reinen Beschauung". Als Schüler des hl. Augustinus verneint er mit aller Entschiedenheit, daß man ohne die Vermittlung Christi überhaupt etwas erkennen könne. „Nach Augustinus und anderen Heiligen ist Christus unser innerer Lehrer. Keine Wahrheit kann auf irgendeine Weise erkannt werden, außer durch die Wahrheit Christi." Christus ist für Bonaventura so sehr das Zentrum der Theologie, daß die gesamte Theologie letztlich auf ihn zurückgeführt werden kann.

Zu seiner Zeit – wie übrigens auch heute – waren viele der Ansicht, daß es vor allem darauf ankomme, an die Existenz Gottes zu glauben (nach Hebr 11,6) und daran, daß Gott diejenigen belohnt, die ihn suchen. Der hl. Bonaventura ist damit nicht einverstanden. Seiner Meinung nach gehört auch Christus als Erlöser zum Hauptgegenstand des Glaubens. Wenn er also Christus in den Mittelpunkt seiner Theologie stellt, so ist das nicht eine kalte, rationale Spekulation, sondern dieses Denken ist von warmherziger Liebe und innigen Zwiegesprächen mit Gott geprägt.

Bewundernswert ist aber beim hl. Bonaventura neben der Konzeption der Theologie vor allem seine Sicht des Theologen: Sie steht einerseits ganz in der alten Tradition und ist andererseits doch wieder ganz modern, auch wenn er die „neuen Formen von Theologie" natürlich nicht kennt. Er entwirft das Bild eines Theologen, der von tiefster Demut beseelt ist. Einer, der „der höchsten Wahrheit nicht die geschuldete Ehrfurcht entgegenbringt und das Urteil des eigenen Verstandes der Eingebung des ewigen Lichtes vorzieht", flößt ihm geradezu Angst ein. Er für seinen Teil praktiziert jedenfalls einen gesunden Pluralismus: Unter den verschiedenen geistigen Strömungen der damaligen Zeit schließt er sich entschieden jener an, die Alexander von Hales erschlossen hat. Er begründet so jene Richtung in der Theologie, die man den „franziskanischen Augustinismus" genannt hat. Mehrmals rückt er deutlich von Petrus Lombardus ab, indem er ausdrücklich betont, daß er nicht die Absicht habe, ihm in allem zu folgen. Dieser Pluralismus betrifft aber nur die Lehrmeinungen, die sogenannten *Theologumena,* nicht die eigentliche Theologie. Er hat keine Angst, etwa als „Integralist" verschrien zu werden, denn er weiß sich im Besitz fester Sicherheiten: Es kommt ihm nie in den Sinn, daß „Theologie treiben" bloß bedeuten könnte, einer „Wahrheit", die sich von Jahrhundert zu Jahrhundert ändert, nachzulaufen, ohne sie je zu erreichen. Er ist nicht darauf aus, sich mit originellen und neuen Theorien Ruhm zu erwerben, sondern gibt sich damit zufrieden, als schlichter Kompilator zu erscheinen, der es versteht, die Dinge gut zusammenzufassen. In seinen Vorträgen vor Nonnen und dem einfachen Volk gelingt es ihm, die Theologie für dieses Publikum verständlich darzustellen, während er gleichzeitig vor den Professoren und Studenten der Pariser Universität theologisches Denken auf höchstem Niveau verrät.

Es ist bekannt, daß er eben nicht nur einer war, der die Theologie dem einfachen Mann auf der Straße verständlich machen konnte, sondern daneben auch ein leidenschaftlicher und so begnadeter wissenschaftlicher Theologe, daß er dem Lehramt und seinen Kollegen wahre Schätze an theologischer Erkenntnis zu bieten vermochte. Seiner Meinung nach gelangt man zu solcher Erkenntnis aber nur mit Hilfe einer göttlichen Gabe, man braucht dazu ein besonderes Charisma.

3. Bonaventura ist ein kirchlicher Würdenträger, der Aktivität und Kontemplation miteinander verbindet.

In seinem „Breviloquium" spricht Bonaventura oft von den vielen Sorgen, die ihn bedrücken. Aber als er dieses „Breviloquium" schrieb, war er noch ein einfacher Lehrer der Theologie. Sein Aufstieg begann erst später: Als Generalmagister eines Ordens von 30.000 Brüdern in etwa 1000 Konventen in Europa, Asien und Afrika mußte er ständig herumreisen, um sein schwieriges Leitungsamt auszuüben. Er mußte häufig vor Bischöfen, Ordensleuten, Professoren und Studenten, aber auch zum einfachen Volk sprechen, und daneben verfaßte er noch zahlreiche Bücher. Viele wichtige Aufgaben sind ihm von den Päpsten anvertraut worden, schließlich wurde er sogar selbst Bischof, Kardinal und ein enger Mitarbeiter des Papstes beim Konzil von Lyon. Immer und überall entwickelte er eine rege Aktivität.

Doch es ist nicht primär das, was uns in Erstaunen versetzt: Viele Menschen in Politik und Wirtschaft sind heutzutage genauso aktiv oder vielleicht sogar noch mehr. Was wir an ihm bewundern, ist vielmehr *seine besondere Art* der Aktivität, seine Fähigkeit, äußerste Aktivität und tiefste Kontemplation miteinander zu verbinden. So schrieb er: „Die Ruhe des kontemplativen Lebens ist das beschauliche Ziel eines aktiven Lebens." Dieser Satz liegt ganz auf der Linie von Augustinus. Bonaventura, der auch ein zweiter Augustinus genannt wird, folgt hier den Spuren seines großen Lehrmeisters, der geschrieben hatte: „Dennoch darf niemand so müßig sein, daß er in seiner Muße das Wohl des Nächsten vergißt, aber auch nicht so geschäftig, daß er die geistliche Betrachtung versäumt. Bei der Muße soll nicht etwa träges Nichtstun locken ... Beim tätigen Leben ist aber nicht weltliche Ehre oder Macht anzustreben" (De civitate Dei, l. XIX, c. 19).

Bonaventura seinerseits schreibt: Diejenigen täuschen sich, „die einerseits die Höhen der Kontemplation erklimmen und sich andererseits gemächlich ausruhen wollen und sich weigern, die Mühsal der Aktion auf sich zu nehmen". Diese Worte zeichnen das Bild des idealen Hirten auch für unsere Zeit, wenn es im II. Vatikanum heißt: (Die Priester) „werden gerade in der Betätigung der Hirtenliebe das Band der priesterlichen Vollkommenheit finden" (PO 14); sie sollen „aus der Fülle der Kontemplation ihre Tätigkeit nähren und fördern" (LG 41).

Doch ein Hirte der Kirche ist dies nicht automatisch, er muß vielmehr seine Tätigkeit in Einheit mit dem Papst ausüben. Bonaventura selbst befand sich sowohl als Ordensgeneral wie als Bischof immer in vollkommenem, nie unterbrochenem Einklang mit den Päpsten seiner Zeit. Seiner Meinung nach ist der Papst an der Spitze der Kirche notwendig, um die rechte Ordnung zu gewährleisten, und es ist dies ja auch der Wille Christi. Sicherlich würde Bonaventura auch heute noch das wiederholen, was er zu Gerhard von Abbéville gesagt hat: „Es ist von Übel und kann nicht geduldet werden, daß jemand dem widerspricht, was der Papst in Glaubens- oder Sittenfragen als Dogma definiert hat, daß er einer Sache zustimmt, die jener zurückweist, daß er etwas verteidigt, was jener verurteilt."

4. Bonaventura ist ein Bürger, der das Neue mit dem Alten verbindet, der Freiheit und Autorität miteinander versöhnt.

Mich bewegt eine weitere Frage: Wie würde der hl. Bonaventura unsere heutige säkularisierte Welt beurteilen, er, der in einem so ganz und gar „christlichen" Klima gelebt hat? König Ludwig IX., seine Mutter, Königin Blanca, sowie die Fürstin Iselda, die Schwester des Königs, haben Bonaventura gebeten, er möge für sie ein geistliches Werk verfassen, aus dem sie Kraft schöpfen könnten für die Erfüllung ihrer Aufgaben. Alle drei waren mit dem Ergebnis sehr zufrieden. Doch wie viele Präsidenten und Minister von heute würden wohl jenen Rat annehmen, den Ludwig IX. damals erhielt: „Denk an das Leiden Christi und scheue dich nicht, über jene Dinge nachzudenken, die zu ertragen Christus sich nicht geweigert hat"? Welcher Politiker würde sich wohl heute so anschnauzen lassen wie die Königin Blanca: „Vor allem mußt du ‚altissime, piissime et sanctissime' von Gott denken, mit festem Vertrauen an ihn glauben, mit wachem Geist über ihn nachdenken und mit dem durchdringenden Blick des Verstandes über ihn staunen"?

Der Primat Gottes erscheint heute vielen als eine nicht sehr praktikable Angelegenheit; das Vertrauen der Politiker stützt sich auf Bündnisse und Verhandlungen, auf die Verwaltung und auf Gesetze. Der hl. Bonaventura würde sagen: Ja, das auch, aber zuerst das Gebet, das Gottes Hilfe erfleht.

Dieser Appell an Gott ist heute umso mehr erforderlich, als ja die Probleme seit damals an Kompliziertheit und Zahl ungeheuer zugenommen haben. Der hl. Bonaventura hat es nur mit einigen zu tun gehabt und sie im Geiste der Ausgewogenheit zu lösen versucht.

Da sind z. B. die jungen Leute, denen er an der Universität von Paris begegnet ist, die damals ungefähr 10.000 Studenten zählte. Er sah ihre manchmal blutigen Auseinandersetzungen, die oft nur durch das Eingreifen der Soldaten des Königs beendet werden konnten, was wiederum Streiks und Aussperrungen zur Folge hatte. Auch er selbst hatte sich an den damaligen Protesten der Studenten beteiligt. Die heutige Protestbewegung hat mit sich gebracht, daß die Studenten zuweilen insgesamt und en bloc schlichtweg für reif angesehen werden. Bonaventura hat hingegen versucht, die Studenten mit erzieherischen Mitteln zur Reife hinzuführen. „Euer größter Fehler" – hat er zu ihnen gesagt – „ist das ständige Herumzigeunern von einer Vorlesung zur anderen, einmal hier, einmal dort." Er verlangt von den jungen Leuten Beständigkeit, ernsthaftes Interesse und Freude am Studium. Der hl. Bernhardin von Siena wird im Jahre 1425 zu den Studenten in Florenz sagen: „Vom blöden Vieh kannst du lernen, daß es zuerst frißt und sich vollstopft, dann aber das Verspeiste nach und nach wiederkäut." Der hl. Bonaventura ist Bernhardin voraus, wenn er schreibt: „Zuerst das Buch zur Hand nehmen, dann kauen, schließlich hinunterschlucken." „Wiederkäuen" nennt es der eine, „kauen" der andere. Kurz gesagt: sich mit Geduld und Hingabe dem Studium widmen.

Bei seinen „Collationes" an der Universität sprach Bonaventura gewöhnlich vom Katheder herab zu den Studenten. Diese beschränkten sich darauf, ihm zuzuhören und sich Notizen zu machen. Wenn er ihnen jedoch Petrus Lombardus erklärte, diskutierte er mit ihnen auch die *Einwände,* die er bereits vorbereitet hatte. Bei den „Quaestiones disputatae" und „Quodlibetales" war schließlich der Dialog zwischen dem Meister und seinen Schülern sehr offen und lebendig. Eine ganz richtige Methode also, bei der Vorlesungen „ex cathedra" und Gruppenarbeit einander abwechselten. Bei der Gruppenarbeit wird der Schüler dazu motiviert, aktiv mitzutun und nicht bloß passiv etwas aufzunehmen, er kann den anderen seine Gedanken ganz spontan kundtun. Aber nicht nur das: Bei der Gruppenarbeit werden Erfahrungen ausgetauscht, werden Aufrichtigkeit, das Hinhören auf die Argumente der anderen und edler Wettstreit gefördert. Andererseits wäre es schlecht, den sogenannten „Frontalunterricht“ ganz aus der Schule zu verbannen, denn abhängig zu sein ist für den Geist, der sich die Wahrheit ja nicht selbst schaffen kann, sondern sich ihr zuwenden muß, von wo immer sie kommen mag, etwas durchaus Natürliches. Es gelingt ja nicht immer und jedem, ganz neue Entdeckungen zu machen; oft muß man sich damit bescheiden, sich die Erkenntnisse anderer kritisch anzueignen. Pascal hat einmal gesagt: Wer auf den Schultern eines anderen steht, sieht viel weiter als dieser, auch wenn er viel kleiner ist als er. Armer Pascal! Heute hört man viel lieber auf einen Ivan Illich, und auch im Bericht einer UNESCO-Kommission wird betont, daß „der eigentliche Erzieher das Individuum selbst ist“.

Ein weiteres schwerwiegendes Problem damals wie heute besteht darin, Freiheit und Gehorsam, die Würde der menschlichen Person und die Ausübung von Autorität miteinander zu verbinden. Es gibt eine innere Freiheit: Ich will etwas oder will es nicht, ich will dieses oder jenes. Diese innere Freiheit tritt äußerlich überhaupt nicht in Erscheinung. Es gibt aber auch eine äußere Freiheit: Damit bringe ich nach außen hin zur Ausführung, wofür ich mich zuvor innerlich entschieden habe: Ich tue etwas oder tue es nicht, ich tue dieses oder jenes. Bei der Entfaltung dieser äußeren Freiheit sehe ich mich nicht nur mit göttlichen Geboten, sondern oft auch mit rein menschlichen Direktiven, Vorschriften oder Gesetzen konfrontiert, die mir sagen: „Wir haben Autorität über dich; wir können alle deine Tätigkeiten steuern und lenken.“

Der hl. Bonaventura erklärt ganz entschieden, daß Autorität notwendig ist. Und zwar aus folgenden Gründen: Gott wollte sowohl die Freiheit als auch die Autorität; daher hat er uns als soziale Wesen geschaffen, so daß wir nicht imstande sind, außerhalb einer Gemeinschaft zu leben und uns selbst zu verwirklichen. Doch wie soll man ohne irgendeine Ordnung miteinander leben? Und wie soll es zu einer solchen Ordnung kommen, wenn nicht die Willen der vielen sich dem Willen eines einzigen unterordnen?

Auch er kennt natürlich den Einwand, daß eine Weisung von oben der Würde des Untergebenen abträglich ist. Und er antwortet darauf: Haltet euch immer vor Augen, daß es die

Erbsünde gibt, daß unser Wille dem Bösen zugeneigt ist und der Korrektur oder Hilfe durch eine Weisung von außen bedarf. Wenn also solche Weisungen ergehen, so ist das kein Unrecht, sondern eine Notwendigkeit, die sich aus der Situation der Schwäche und Sündhaftigkeit ergibt.

Das sind Antworten, die im heutigen Klima der Permissivität „wie eine saure Zitrone" schmecken, aber wer die Erfahrung gemacht hat, daß alle Menschen Engel sind, oder wer in der Lage ist, auch nur in der kleinsten Gruppe eine spontane Ordnung herzustellen, ohne Weisungen erteilen zu müssen, der soll vortreten und bessere Vorschläge machen.

Andererseits ist nach Meinung Bonaventuras einem Menschen Autorität nicht deshalb verliehen, damit er über andere herrschen kann, damit er seine eigenen Interessen verfolgen, auf seinen Vorteil und seine Privilegien bedacht sein kann. Er setzt vielmehr der Ausübung von Autorität feste Grenzen. Nur der Tyrann, sagt er, nicht aber ein wirklicher Herrscher sucht seinen eigenen Vorteil. In seiner Schrift „Über die sechs Flügel der Seraphim" weist er die kirchlichen Oberen darauf hin, welche Tugenden sie praktizieren sollen. „Es gibt Leute" – sagt er –, „... die für eine Führungsaufgabe tatsächlich ungeeignet sind, weil sie sich mit dem Mittelmaß zufrieden geben. Ein Oberer muß der Gerechtigkeit nacheifern und alle Vorsichtsmaßnahmen ergreifen, um das Böse zu vermeiden. Er darf z. B. niemals das Böse zulassen, selbst dann nicht, wenn er unter Druck steht; er darf es gleichfalls nicht begünstigen, auch nicht durch seine eventuelle Abwesenheit. Er muß denjenigen zurechtweisen, der es tut, und er darf das Böse nicht ungestraft durchgehen lassen" usw. Er schrieb dies wohl aus eigener Erfahrung: Vor seinem geistigen Auge standen vielleicht Gerhard von San Donnino, Johannes von Parma und andere, bei deren Auseinandersetzungen er schweren Herzens hatte entschieden durchgreifen müssen.

Das Buch Ijob beschreibt ein Schlachtroß: Es springt wie eine Heuschrecke, und sein Schnauben verbreitet Angst und Schrecken; es scharrt mit den Hufen und drängt mit aller Macht in den Kampf. Wenn das Horn erschallt, wiehert es laut vor Freude. Es wittert den Kampf schon von weitem, die Rufe der Führer und das Schlachtgeschrei (vgl. Ijob 39,19–25). In seiner unbändigen Kraft ist es ein Symbol der Freiheit. Die Autorität hingegen ist wie der Reiter, der dieses Pferd besteigt und es einmal durch gutes Zureden, dann wieder durch den Einsatz von Sporen, Zügel und Peitsche entweder bändigt oder zu einem stürmischen Ritt anfeuert. Viele konstruieren heute einen Gegensatz zwischen Roß und Reiter, und man ergreift oft fanatisch und einseitig entweder für die Freiheit oder die Autorität Partei. Bonaventura hält auch hier die richtige Mitte: Er setzt nicht Freiheit und Autorität einander entgegen, sondern will, daß sie sich gegenseitig ergänzen, obwohl er keine Unklarheiten aufkommen läßt, daß seine Sympathien der Autorität gehören. Diese seine Position wird heutzutage vielleicht nicht überall Anklang finden. Ich glaube jedoch, daß eine nachdrücklichere Ausübung der Autorität auf allen Ebenen unserer darniederliegenden Welt wahrscheinlich sehr nützlich sein würde.

Zum Schluß meiner schlichten Ausführungen kommt es mir vor, als ob das Ganze vielleicht ein wenig gekünstelt erscheinen könnte. Ich habe versucht, den hl. Bonaventura, was das Ordensleben betrifft, als einen Mann der Mitte zwischen Revolution und Tradition darzustellen; was die Theologie angeht, als einen, der zwischen Mystik und Rationalität, zwischen Bibel und Philosophie steht und der eine volksnahe Darstellungsweise mit wissenschaftlichem Anspruch verbindet. Im kirchlichen Leben tritt er für ein Miteinander von Aktion und Kontemplation ein, plädiert er für Aufgeschlossenheit gegenüber allem Neuen und für die Treue zum Überlieferten. In der Erziehung ist er sowohl für die alten, bewährten als auch für ganz neue Methoden, und für das Leben der Gesellschaft betont er die Notwendigkeit von Freiheit und Autorität. Ich bitte um Nachsicht für die Unzulänglichkeit meiner Darlegungen und hoffe, daß sie mir gewährt wird. Ihr braucht nur daran zu denken, daß ich aus Venedig komme, wo ich nur wenige Schritte vom Torre dell' Orologio entfernt wohne. An der Spitze dieses Turmes zeigen die beiden berühmten Mohren in vollkommener Gleichmäßigkeit die Stunden an, einmal der eine, dann wieder der andere, der eine von rechts, der andere von links. Diese beiden Mohren brachten mich spontan auf den Gedanken, daß auch der hl. Bonaventura seine Mittlerrolle im Uhrwerk der Geschichte auf diese Weise ausgeübt hat: Alles, was gut und richtig ist, aufnehmen, ob es nun von dieser oder von jener Seite kommt. Nur so kann man zum Fortschritt der einzelnen, der Gesellschaft und der Kirche beitragen.

Der hl. Johannes Bosco

Homilie in der Kirche S. Francesco da Paola in Venedig (1978)

Don Bosco ist ein Heiliger, der unglaublich viele Dinge getan und der seine Zeit hundertprozentig genutzt hat. Er hat Missionen in fernen Ländern gegründet, außerdem zwei Kongregationen, die heute Zehntausende von Priestern und Ordensschwestern zählen; er war ein vielseitiger Schriftsteller, ein sehr aktiver Verleger, Berater von Fürsten und Ministern, ein treuer Diener der Päpste; ja er hat sogar Wunder vollbracht und ist als Prophet aufgetreten! Was ihm aber auf der ganzen Welt besondere Bewunderung eingetragen hat, war seine Rolle als großer Jugenderzieher. Vierzig Jahre lang lebte er inmitten von Jugendlichen als ihr väterlicher Freund. Seine Erziehungsmethoden waren ein wahres Geschenk Gottes an die Kirche. Sie werden vor allem heute wieder hoch eingeschätzt, wo das Jugendproblem solche Sorgen bereitet. Ich erlaube mir, ein paar kurze Hinweise zu geben.

Von wem ließ sich Don Bosco als Erzieher vor allem inspirieren?

1. In erster Linie von Jesus Christus selbst, dem Meister und Herrn (vgl. Joh 13,14), der gesagt hat: „Lernt von mir, denn ich bin gütig und selbstlos“ (Mt 11,29); von Christus, der die Worte des Propheten Jesaja auf sich bezogen hat: „Er wird nicht zanken und nicht schreien, und man wird seine Stimme nicht auf den Straßen hören. Das geknickte Rohr wird er nicht zerbrechen und den glimmenden Docht nicht auslöschen“ (Mt 12,19–20).

2. Die zweite Leitfigur war für Don Bosco der hl. Franz von Sales, dessen Schriften er begierig las, dem er das erste Tagesheim (Oratorium) für Jugendliche weihte, von dem er den Namen für die von ihm gegründete Kongregation ent-

lehnte, nach dessen Lebensmodell er sein eigenes Leben gestaltete. Franz von Sales hatte geschrieben: „Legt Euch einen reichen Vorrat an Sanftmut und Güte an ... und verrichtet alle Eure kleinen und großen Werke so liebenswürdig wie möglich. Glaubt mir, Philothea, die Vorhaltungen eines Vaters, in Güte und Liebe vorgebracht, bewirken beim Jugendlichen viel mehr als Wutausbrüche und Zorn. So ist eben unser Herz" (Philothea III,8).

In einem Brief vom 16. Mai 1617 an einen Priester schreibt Don Bosco: „... Ich habe wirklich von Herzen gelacht, als ich las, daß man Euch berichtet hat, ich wäre furchtbar zornig gewesen... Ich bin zwar ein schwacher Mensch und den Leidenschaften ausgeliefert, aber seit ich Priester bin, habe ich Gott sei Dank noch nie ein vom Zorn diktiertes Wort an meine Herde gerichtet..."

3. Das dritte Vorbild war für Don Bosco seine eigene Mutter. „Mamma Margherita" übte durch das Beispiel ihres Lebens einen entscheidenden Einfluß auf ihren Sohn aus. Sie konnte zwar weder lesen noch schreiben, aber sie hatte die gesamte christliche Lehre im Kopf und setzte sie täglich in die Praxis um. Sie war ruhig, gütig, voll Selbstbeherrschung und schlug nie ihre Kinder, ließ ihnen aber auch nicht alles durchgehen. Bei Kleinigkeiten drückte sie beide Augen zu, hielt sie aber stets offen und schritt ein, wenn sie gefährliche Tendenzen zu bemerken glaubte. Wohl drohte sie manchmal mit Strafen, aber schon bei den ersten Anzeichen von Einsicht und Reue lenkte sie gütig wieder ein.

Einmal hatte sie für alle Fälle eine Rute vorbereitet. Da leistete sich in ihrer Abwesenheit der kleine Johannes tatsächlich einen Fehltritt. Als die Mutter nach Hause kam, ging er ihr ganz kleinlaut und schuldbewußt mit der Rute entgegen und gab sie ihr in der spontanen Bereitschaft, die Strafe auf sich zu nehmen. Die Mutter konnte ein Lächeln nicht unterdrücken und liebte ihn seither mehr als zuvor. Sie war es auch, die den Traum ihres kaum neunjährigen Sohnes im richtigen Sinne, nämlich dem seiner zukünftigen Rolle als Erzieher, zu deuten verstand. „Mir träumte" – berichtete der kleine Johannes –, „als sei ich auf der Wiese hinter dem Haus inmitten von anderen Kindern, die sich ganz wild aufführten, fluchten, allen möglichen Unfug trieben und heulten wie die Wölfe. Zuerst versuchte ich sie durch gutes Zureden davon abzubringen, doch dann schlug ich mit den Fäusten drein. Da stoppte mich plötzlich eine wundersame Stimme: ‚Nein, nicht mit Schlägen, nur mit Güte und Liebe kannst du dir Freunde gewinnen.‘ Und plötzlich hatten sich die Wölfe in Lämmer verwandelt. Dieselbe Stimme sagte zum Schluß noch: ‚Nimm deinen Stab und führe sie auf die Weide!‘ Was soll dieser Traum bedeuten?“ fragte der kleine Johannes abschließend. „Vielleicht wirst du einmal Ziegen- oder Schafhirte“, meinte sein Bruder Giuseppe. „Oder Räuberhauptmann“, sagte spöttisch der andere Bruder Antonio. Die Großmutter äußerte mahnend, daß man auf solche Träume nichts geben solle. Die Mutter jedoch blickte ihren Sohn liebevoll an und dachte bei sich: „Wer weiß, ob der kleine Johannes nicht eines Tages Priester wird.“

Später dann, als Priester, der ständig scharenweise von Kindern und Jugendlichen umlagert war, wird sich Don Bosco an seinen damaligen Traum erinnern, aber auch an seine Mutter. Er wird sich daran erinnern, wie geduldig sie mit ihren Kindern war, wie gütig und doch wieder streng, wie sie immer lächelte, auch wenn sie ihre mütterliche Autorität zur Geltung brachte.

Und nun noch einige charakteristische Elemente der Erziehungsmethode des hl. Don Bosco.

1. *Die Freude.* Er begann sich um die Jugend zu kümmern, als er selbst noch im jugendlichen Alter war. Freude und Spaß waren seit damals ein untrennbarer Bestandteil seines Umgangs mit jungen Menschen. Mit 16 Jahren gründet er in Chieri unter den Studenten die „Gemeinschaft der Fröhlichen“. „Sei fröhlich!“ lautet seine Devise, die er von nun an ständig wiederholen wird. Alles wollte er mit Freude überschwemmen: den Schulhof, das Klassenzimmer, ja sogar die Kapelle. Man kann sich keine salesianische Erziehung vorstellen ohne Ausflüge und Feste, Theaterspiel und Gesang, Spiel und sportlichen Wettkampf. Auch der Unterricht selbst soll Freude bereiten. Dem Psychologen, der geschrieben hat: „Man kann nicht zugleich lernen und sich amüsieren“, hätte Don

Bosco geantwortet: „Ganz im Gegenteil, man kann nur dann etwas lernen, wenn es auch Spaß macht. Die Schüler können das Wissen nur verdauen, wenn sie es zuvor mit Appetit geschluckt haben." Deshalb wollte er auch eine Schule, in der die Neugier der Kinder angeregt wird und besonders die Lust und Freude am Lernen durch verschiedene neuartige Kunstgriffe, vor allem aber durch das liebevolle Engagement des Lehrers geweckt werden. Der Lehrer darf nach Don Bosco nicht nur von der Höhe des Katheders herab den Schülern begegnen, er muß vielmehr mit ihnen leben, muß an ihren Ausflügen, Spielen und Scherzen teilnehmen.

Die Geschichte von den beiden Parallelen, die niemals zueinanderfinden, hier der Schüler, dort der Lehrer, hat bei Don Bosco nie gezogen. Er hat schon in seiner eigenen Jugend unter der würdevollen Strenge und Distanz gelitten, die von den Priestern und Lehrern sowohl in seiner Pfarrgemeinde wie auch im Seminar an den Tag gelegt wurden. Damals hat er sich geschworen: „Wenn ich einmal Priester bin, werde ich es nicht so halten. Ich werde mich den Schülern in Liebe zuwenden, werde mit ihnen leben und mich von ihnen lieben lassen, um sie so zur Gottesliebe hinzuführen." Er führte sie aber auch zu ganz praktischen Dingen hin. Damals begann in Italien gerade die Industrialisierung, aber das Handwerk war immer noch lebendig. Don Bosco war der erste, der Berufsschulen gründete, in denen die Schüler auf die künftige Arbeit vorbereitet werden sollten. Als er in Chieri aufs Gymnasium ging – er war damals 16 oder 17 Jahre alt –, mußte er sich zur Finanzierung seines Studiums am Abend als Schneider, Nachhilfelehrer, Knecht, Tischler, Hammerschmiedgehilfe und Schuster betätigen. Er konnte also abschätzen, was es für die Zukunft seiner Zöglinge bedeutete, einen Beruf erlernt zu haben. Auch auf diese Weise offenbarte Don Bosco seine Liebe zu ihnen.

2. Der zentrale Leitgedanke seiner *Liebe zur Jugend* bestand jedoch darin, sich als väterlicher Freund und Bruder ganz auf ihre Seite zu stellen, mochte dies auch persönliche Opfer von ihm verlangen. Man sollte nie sofort mit Strafen vorgehen, wenn die Kinder sich etwas zuschulden kommen lassen, sondern ihnen helfen, so daß sie in Zukunft keine Verfehlungen mehr begehen.

Im Jahre 1853 soll er eines Tages in Rom zu Kardinal Tosti gesagt haben: „Es ist unmöglich, die Jugend zu erziehen, wenn man ihr nicht Vertrauen und Liebe entgegenbringt." – „Aber wie kommt man zu solcher Liebe?" fragte ihn der Kardinal. – „Man muß alles Mögliche versuchen, damit die Jugend uns näherkommen kann, und man muß alle Hindernisse aus dem Weg räumen, die sie von uns fernhalten." – „Aber wie erreichen wir, daß sie uns näherkommt?" – „Indem wir uns ihr nähern, uns ihrem Geschmack anpassen, uns so verhalten wie sie. Wollen Sie, daß wir von der Theorie zur Praxis übergehen? Sagen Sie mir doch, auf welchen Plätzen sich in Rom die Jugendlichen gewöhnlich aufhalten." – „Auf der Piazza Termini oder der Piazza del Popolo." – „Gut, gehen wir zur Piazza del Popolo!" Zehn Minuten später sind sie dort: Der Kardinal bleibt im Wagen sitzen, um alles zu beobachten. Don Bosco steigt aus. Eine Gruppe von Jugendlichen ist gerade beim Spielen und Herumtollen. Er nähert sich ihnen, doch alle laufen davon. „Ein netter Erfolg!" denkt sich der Kardinal. Aber Don Bosco gibt sich noch nicht geschlagen: Mit einladenden Gesten und gütigen Worten ruft er die Jugendlichen zu sich. Nach einigem Zögern kommen schließlich fast alle herbei. Don Bosco verteilt kleine Geschenke, fragt sie nach ihren Familien, nach der Schule, erkundigt sich über ihr Spiel. Als sie ihn so inmitten ihrer Kameraden stehen sehen, entschließen sich auch die ärgsten Rowdys, ebenfalls näherzukommen. Dann sagt der Heilige: „Und jetzt, meine Lieben, spielt ruhig weiter! Aber laßt mich mitspielen!" Und er schürzt locker seine Soutane und spielt mit ganzer Hingabe mit.

So etwas hatte es in Rom bisher noch nie gegeben: Das Schauspiel zieht von allen Seiten des großen Platzes weitere jugendliche Tagediebe an. Der Heilige schart sie alle in großer Güte um sich, sagt ihnen ein gutes Wort, schenkt ihnen eine Medaille, fragt sie ganz unaufdringlich, ob sie wohl ihre täglichen Gebete verrichten und zur Beichte gehen. Als er zum Wagen zurückkehrt, begleiten ihn die vielen Jugendlichen, die der demütige Priester innerhalb einer Viertelstunde aufgrund seiner Liebenswürdigkeit für sich gewonnen hat, und bei der Abfahrt gibt es sogar großen Applaus. „Haben Sie gesehen?" fragte Don Bosco den Kardinal. Und ob er gesehen hatte!

Sicherlich, auch für Don Bosco ist es klar, daß der Jugendliche, der sich etwas zuschulden kommen läßt, bestraft werden muß. Aber dies soll in Liebe geschehen, nur im äußersten Fall und auf angemessene Weise. „Bevor ihr zur Strafe greift" – sagt er –, „prüft sorgfältig, ob das Kind auch wirklich schuldig ist: Wenn eine schlichte Ermahnung genügt, greift nicht gleich in aller Form zu einem offiziellen Verweis; wenn ein Verweis genügt, seht von der Strafe ab!" Und welche Strafen sollen verhängt werden? Solche, zu denen gewöhnlich auch die Mütter greifen: ein vorwurfsvoller Blick, ein frostigeres Wort als sonst, eine Hand, die man zurückzieht, ein unterdrücktes Lächeln. Strafen dieser Art genügen in vier von fünf Fällen, wenn der Erzieher zuvor wirklich die Liebe und das Vertrauen des Kindes erworben hat.

3. Don Bosco hat als Erzieher sehr auf die *Religion* gesetzt. Er hält eine solide christliche Unterweisung für eine unverzichtbare Grundlage. Er wollte, daß die Jugendlichen nicht nur Kenntnisse, sondern Überzeugungen besitzen und nicht von Überzeugungen besessen sind. Das Wissen und die gefühlsmäßige Überzeugung, Freunde Christi zu sein, sowie die vertrauensvolle Hinwendung zur Gottesmutter stellen eine Kraftquelle dar, welche imstande ist, die Jugendlichen in der Gnade Gottes zu halten. Und wenn der junge Mensch aus Schwäche trotzdem der Sünde oder Lauheit anheimfällt? Dann gibt es immer noch zur Vorbeugung oder Heilung das Mittel der Beichte und der häufigen Kommunion, die unserer Schwachheit mit der Kraft Gottes nachhelfen. Don Bosco macht die Verehrung der Gottesmutter, die Beichte und die häufige Kommunion zu den drei Eckpfeilern seiner Erziehung.

Auch er erkannte jedoch die „Zeichen der Zeit". „Die Gesellschaft ist nicht mehr dieselbe wie früher", sagte er. So wie wir das heute auch sagen. Aber er ließ es sich nicht einmal im Traum einfallen, daraus zu folgern: Man muß nach neuen religiösen Mitteln Ausschau halten. Er sagte vielmehr: Man muß die alten und bewährten Mittel, die uns Gott zur Verfügung gestellt hat, auf neue und viel intensivere Weise nutzen: die aufrichtige Beichte und die häufige Kommunion, welche die Jugendlichen freiwillig und aus tiefster Überzeugung empfangen sollen.

Ich halte diese Methode des Heiligen auch heute noch für nicht überholt und nach wie vor gültig.

Zu Hause müßten die Eltern bei den kleineren Kindern die gütige und lächelnde Festigkeit von „Mamma Margherita“ anwenden; bei den größeren müßten sie danach trachten, das Gespräch in Gang zu halten, das angesichts neuer Situationen zwar nachsichtig, hinsichtlich der Prinzipien aber – mit der nötigen Geduld – fest und unnachgiebig sein soll. Das Zeugnis des eigenen Lebens ist jedoch das Wichtigste, was Eltern ihren Kindern schuldig sind.

In der Schule sind die häufigen Streitereien, die offene politische Propaganda, die Uneinigkeit des Lehrkörpers ein Hindernis für ein heiteres und fröhliches Klima, wie es Don Bosco anstrebte. Wenn wir die Jugendlichen als Mittel mißbrauchen, stellen wir uns auf eine noch tiefere Stufe als die Heiden, bei denen es immerhin hieß: *maxima debetur puero reverentia* – dem Kind gebührt höchste Ehrfurcht. Es wäre nicht schlecht, wenn die heutigen Lehrer sich mit Don Bosco ebenfalls in die Schule des hl. Franz von Sales begeben würden, der mit seinem Vertrauen auf die Marienverehrung und den häufigen Sakramentenempfang das alte Sprichwort bekräftigt hat: „Eine Erziehung ohne Religion ist entweder die schlimmste Illusion oder ein Machwerk des Teufels.“

Dritter Teil

UNSERE KIRCHE

Der Papst

Homilie zum Fest des hl. Petrus (1974)

Ich bin nicht der erste Patriarch von Venedig, der von dieser Kanzel in San Marco über den Papst spricht. Gestattet, daß ich euch einige Sätze aus den Schriften meiner Vorgänger vorlese.

Der spätere Papst Pius X. schrieb in einem Hirtenbrief vom 5. September 1894: „Die erste Wahrheit, die ein Bischof heutzutage verkündigen muß, ist die Treue zum Stellvertreter Jesu Christi."

Kardinal La Fontaine (1929): „Die Einheit der Kirche hat ihr Zentrum in Rom ..., dessen Bischof Nachfolger jenes Menschenfischers ist, zu dem Christus dreimal gesagt hat: Weide meine Lämmer, weide meine Schafe!"

Kardinal Roncalli (1955): „Wir vertrauen auf die Verheißung Jesu, daß er seinem Stellvertreter besonders beisteht und ihn beschützt, und verehren im Papst das lebendige Wort unseres Erlösers, seinen Geist und sein Herz."

Kardinal Urbani (1959): „... die Gehorsamspflicht (gegenüber dem Papst) bezieht sich nicht nur auf die Glaubenswahrheiten ... es wäre absurd, wenn der Gehorsam sich nur auf die theoretische Sphäre der Prinzipien beschränken würde und sich nicht in der alltäglichen Praxis des Lebens auszudrücken brauchte."

Ich bin nur ein ganz bescheidener Zwerg im Vergleich zu diesen meinen illustren Vorgängern, von denen einer sogar heiliggesprochen wurde. Dennoch kann ich versichern, daß ich in meiner Treue und Liebe zum Papst meinen Amtsvorgängern in nichts nachstehe. Wir leben in einer Zeit, da die Versuchung, sich von Rom zu distanzieren, nicht wenige Gläubige bedroht, und da ist es meine Pflicht – so glaube ich –, darauf hinzuweisen, daß wir die Einheit der Kirche aufs Spiel setzen, wenn wir uns vom Papst lossagen. Um auf dem Boden der Realität zu bleiben, möchte ich hier auf einige freundschaftliche Gespräche Bezug nehmen, die ich kürzlich mit verschiedenen Personen geführt habe.

Einer berief sich sogar auf das Konzil, um seine Distanz zum Papst zu rechtfertigen. „Entschuldigen Sie" – habe ich ihm geantwortet –, „aber Sie sind offenbar nicht richtig informiert." Das Konzil hat nämlich im Anschluß an die Empfehlung an die Katholiken, mit ihren Bischöfen verbunden zu bleiben, zum Ausdruck gebracht: „Dieser religiöse Gehorsam des Willens und Verstandes ist in besonderer Weise dem authentischen Lehramt des Bischofs von Rom, auch wenn er nicht kraft höchster Lehrautorität spricht, zu leisten; nämlich so, daß sein oberstes Lehramt ehrfürchtig anerkannt und den von ihm vorgetragenen Urteilen aufrichtige Anhänglichkeit gezollt wird" (LG 25).

Ein anderer hat zu mir gesagt: „Warum eigentlich diese große Angst? Wir wissen doch alle, daß die Kirche unfehlbar und ewig ist!" Ganz richtig – gab ich zur Antwort –, aber nur die Gesamtkirche ist unfehlbar, nicht aber die einzelne Lokalkirche oder der einzelne Christ. Und das bedeutet: Dieser oder jener Gläubige kann sich außerhalb der Kirche stellen. Die einzelne Ortsgemeinde kann schmerzliche Verluste erleiden oder sogar ganz von der Bildfläche verschwinden. Zur Zeit des hl. Augustinus gab es in Afrika eine Unmenge von Diözesen: Nach dem Eindringen des Islams ist dort nicht eine einzige Diözese, kein einziger Christ übriggeblieben.

Ein dritter kam mir mit einem schwerwiegenden Einwand: „Der Primat des Papstes bedeutet doch eine Erniedrigung der Bischöfe, der Lokalkirchen, ja der ganzen kirchlichen Basis!" Ich habe ihm zu bedenken gegeben, daß selbst das I. Vatikanum vom Gegenteil überzeugt ist. Es erklärt nämlich ausdrücklich, daß Christus den Primat eingesetzt habe, „damit das Bischofsamt selber einig und ungeteilt sei" (DS 3051), also zum Nutzen und nicht zum Schaden der Bischöfe. Wenn das I. Vatikanum des weiteren ausgeschlossen hat (DS 3074), daß zum Zustandekommen der päpstlichen Unfehlbarkeit die Zustimmung der Kirche notwendig sei, so deswegen, weil nur

Christus allein unter Mitwirkung seines Heiligen Geistes dies bewirken kann! Es ist aber nicht ausgeschlossen, daß die Kirche auf die eine oder andere Art vom Papst gehört werden kann, ja sogar muß, bevor er etwas als unfehlbare Lehre verkündigt. Mit anderen Worten: Die Bewahrung vor dem Irrtum ist einzig und allein Sache Gottes, und sie wird in bestimmten Fällen dem Papst gewährt zum Wohle der Kirche, aber nicht völlig losgelöst von ihr oder gar im Sinne einer Erniedrigung der Kirche!

Ein vierter hat schließlich gemeint: „Der Papst mag Gesetze erlassen, den Pluralismus einschränken, eine Lehre von oben verkünden: das Volk nimmt diese Dinge, welche die Menschenwürde verletzen, einfach nicht mehr zur Kenntnis." Ich habe darauf geantwortet: „Würde man diesen Gedanken voll beipflichten, so könnte jeder seine eigene Kirche sein, er könnte sich Gesetze zurechtmachen, wie es ihm paßt, er könnte unter den verschiedenen Wahrheiten gerade jene auswählen, die ihm zusagen. Es würde also Anarchie in der Kirche herrschen, und es bestünde die Gefahr, daß sie nicht mehr die Kirche Jesu Christi ist." – „Aber ich möchte doch in der Gemeinschaft der Kirche bleiben", hat er mir erwidert. – „Das höre ich gerne, doch es ist eine Sache zu beteuern, daß man in der Gemeinschaft steht, und eine andere, es auch wirklich zu tun. Sie sprechen da von Menschenwürde. Die menschliche Person hat sicherlich ihre hohe Würde, aber eben auch ihre Grenzen und Schwächen. Angenommen, Jesus Christus hat den Papst mit ganz bestimmten Aufgaben betraut und an die Spitze der Kirche gestellt, dann tut man Jesus doch schwer unrecht, wenn man ihm unterstellt, er habe dies nur getan, um uns zu erniedrigen. Er hat es vielmehr getan, um uns zu helfen, als Gemeinschaft einig und geschlossen dazustehen, um einen festen Bezugspunkt und eine sichere Führung zu haben. Mit anderen Worten: Wenn wir dem Papst folgen, haben wir sicheren Boden unter den Füßen; wenn wir uns von ihm trennen, stürzen wir in Unsicherheit und Orientierungslosigkeit. Wenn wir mit ihm zusammenarbeiten, bauen wir die Kirche auf; arbeiten wir aber gegen oder ohne ihn, laufen wir Gefahr, die Kirche zu zerstören." Und dann habe ich noch hinzugefügt: „Sie sprachen von Pluralismus. Davon gibt es zwei Arten: den *echten Pluralismus,* den die Kirche immer anerkannt hat und den sie nunmehr auf weitere Gebiete ausgedehnt wissen will im Sinne einer Einheit, die nicht Uniformität bedeuten soll; und dann gibt es noch den *Pseudo-Pluralismus,* der mit der guten Absicht beginnt, den modernen Menschen die christliche Botschaft besser verständlich zu machen, und der damit endet, daß man den Inhalt dieser Botschaft allmählich ganz aus den Augen verliert. Heute ist es nämlich nicht selten der Fall, daß einer sagt: ‚Man muß auf die Denkweise der anderen mehr eingehen', und dann kommt es soweit, daß er seine eigenen Gedanken und Ideen völlig aus den Augen verliert; er tritt an, um andere zu bekehren, und wird dann selber ‚bekehrt'. Auf andere eingehen, eine echte Begegnung mit der modernen Zeit vollziehen – das ist ganz und gar in Ordnung; nicht in Ordnung ist es aber, alle Ideen und Phantastereien der heutigen modernen Welt einfach blindlings zu übernehmen. Das Evangelium muß die Welt erleuchten, nicht umgekehrt."

„Sie sagen, daß Sie allergisch sind gegen Gesetze und Vorschriften, gegen alles, was ‚von oben' kommt. Ich verstehe diese Ihre Empfindlichkeit und das Mißtrauen gegen alles Autoritäre. Echte Autorität ist aber etwas ganz anderes. Ich möchte Ihnen mit den Worten zweier bedeutender Persönlichkeiten antworten: Bossuet und Lenin. ‚Wo niemand befiehlt, befehlen alle; und wo alle befehlen, befiehlt niemand mehr' (Bossuet). Das heißt: Ohne Gesetze, die befolgt werden, bricht das Chaos aus. Und jetzt zu Lenin: ‚In der Philosophie des Marxismus, die so kompakt ist wie ein Stück Eisen, kann von keiner der fundamentalen Voraussetzungen, von keinem der wesentlichen Teile abgesehen werden.'"

Meine Brüder! Diese letzten Worte sind entlarvend. Die Gegner der Kirche nehmen für sich die Kompaktheit eines Stückes Eisen in Anspruch, und sie setzen dieses Konzept mit Eifer und offensichtlichem Erfolg auch durch. In der Kirche gibt es jedoch einige, die in sträflicher Leichtfertigkeit die feste Einheit aufs Spiel setzen. Darüber sollten wir einmal nachdenken! „Der Bischof von Rom" – sagt das Konzil – „ist als Nachfolger Petri das immerwährende, sichtbare Prinzip und Fundament für die Einheit der Vielheit von Bischöfen und

Gläubigen“ (LG 23). Denken wir auch an die Worte Christi, der wohl auch an den Papst gedacht hat, wenn er zu Petrus sagte: „Auf diesen Felsen werde ich meine Kirche bauen.“ Sagen wir uns also nicht von diesem Felsen los! Beten wir vielmehr für ihn und dafür, daß alle Katholiken mit ihm verbunden bleiben!

Die Kirche

Beitrag im Diözesanblatt von Venedig (1974)

Volk Gottes, Braut Christi, mystischer Leib, Gemeinschaft mit Gott und den Brüdern

1. Der Prophet Daniel sieht in einer seiner Visionen die Kirche in verschiedenen Bildern. Das erste Bild: Aus dem Meer steigen vier große Tiere herauf: ein geflügelter Löwe, ein Bär, ein Panther und ein unbekanntes, furchterregendes Tier mit gefährlichen Zähnen aus Eisen und zehn Hörnern. Das zweite Bild: Ein Tribunal wird eingerichtet, ein Hochbetagter nimmt auf einem Thron aus Feuerflammen Platz, um ihn herum Tausende von Dienern; es ist der ewige Gott. Das dritte Bild: Die Tiere werden entmachtet, und Daniel begreift, daß es sich um die Königreiche dieser Welt handelt, die dazu bestimmt sind, nacheinander zugrunde zu gehen. Das letzte Bild: Auf den Wolken des Himmels kommt „einer wie ein Menschensohn" vor den Thron des Hochbetagten, der ihm „Herrschaft, Würde und Königtum" verleiht (Dan 7,1–27). Dieser „Menschensohn", der auf den Wolken daherreitet und dessen Herrschaft Bestand hat, während die anderen Reiche vergehen, der mit Geschenken überhäuft wird, ist kein einzelnes Individuum, sondern ein Kollektiv von mehreren Personen. Es sind – sagt Daniel – „die Heiligen des Höchsten", sie werden „das Königtum erhalten und es behalten für immer und ewig". Es ist die Kirche, das Volk Gottes, auserwählt und begnadet, was seine Ausbreitung und seine ewige Bestimmung angeht.

Der Gedanke vom begnadeten und auserwählten Volk wird von Jesus Christus wiederaufgenommen und von den Aposteln fortgeführt. Eines Tages erzählt Jesus im Tempel den Hohenpriestern und Ältesten das Gleichnis von den bösen

Winzern, die den Sohn des Gutsbesitzers töten. Er gibt ihnen zu verstehen, daß sie jene Winzer sind, und schließt mit den Worten: „Das Reich Gottes wird euch weggenommen und einem *Volk* gegeben werden, das die erwarteten Früchte bringt" (Mt 21,43). Der hl. Paulus sagt, daß der Herr sich für uns hingegeben hat, „um sich ein reines *Volk* zu schaffen, das ihm als sein besonderes Eigentum gehört und voll Eifer danach strebt, das Gute zu tun" (Tit 2,14). Der hl. Petrus schreibt an die christlichen Gemeinden in Kleinasien: „Ihr seid ein auserwähltes Geschlecht, ein heiliger Stamm, ein *Volk,* das Gottes besonderes Eigentum wurde ... Einst wart ihr nicht sein Volk, jetzt aber seid ihr *Gottes Volk*" (1 Petr 2,9–10). Schließlich zeigt uns Johannes das Volk, wie es nach seinem irdischen Dasein in der himmlischen Stadt vereint ist. Eine Stadt, die „weder Sonne noch Mond braucht ..., denn die Herrlichkeit Gottes erleuchtet sie, und ihre Leuchte ist das Lamm. Die Völker werden in diesem Licht einhergehen ... Der Thron Gottes und des Lammes wird in der Stadt stehen, und seine Knechte werden ihm dienen. Sie werden sein Angesicht schauen, und sein Name ist auf ihre Stirn geschrieben ... und sie werden herrschen in alle Ewigkeit" (Offb 21,23–24; 22,3–5). In dieser Stadt wird das Volk vollzählig versammelt sein: Alle Gerechten seit Adam werden dort sein, „vom gerechten Abel bis zum letzten der Auserwählten".

2. Es ist also ein Glück, zur Kirche zu gehören. In ihr werden wir zu solcher Höhe emporgehoben, daß Christus selbst sich glücklich schätzt, uns zu den Seinen zählen zu können. Für ihn sind wir ein wertvoller und willkommener Besitz, eine heiß ersehnte und innigst geliebte Braut. In den Büchern, die wir als Kinder lasen, kam oft ein Prinz vor, der tapfere Heldentaten vollbrachte, der sich allerlei Prüfungen unterzog und gefährliche Abenteuer auf sich nahm, um als Lohn schließlich die Prinzessin zu erhalten. Dieser Prinz ist Christus, und wir, die Kirche, sind die Prinzessin, jene Kirche, die Johannes vom Himmel herabkommen sah als „das neue Jerusalem, bereit wie eine Braut, die sich für ihren Mann geschmückt hat" (Offb 19,7; 21,2.9; 23,27). Der hl. Paulus schrieb an die Christen von Korinth: „Ich habe euch einem einzigen Mann verlobt, um euch als reine Jungfrau zu Christus

zu führen“ (2 Kor 11,2). Und im Brief an die Epheser spricht er von der Braut, die Christus geliebt und sich für sie hingegeben hat, um sie rein und heilig zu machen (Eph 5,25–26), mit der er sich durch einen unauflöslichen Bund verbunden hat, die er unaufhörlich nährt und pflegt (Eph 5,29) und von der er will, daß sie ihm in Liebe und Treue verbunden und untergeordnet bleibt (vgl. Eph 5,24).

3. Wenn wir als Braut oder Verlobte Christus gewissermaßen gegenüberstehen, so sind wir in anderer Hinsicht wiederum zutiefst mit ihm vereint (1 Kor 12,27), wir sind sein mystischer Leib, die Glieder seines Leibes. Wir sind ein *Leib,* weil jeder von uns nicht zur Kirche gehört wie ein beliebiger Teil zu einem beliebigen Ganzen, sondern wie ein bestimmtes Organ zu einem beseelten Leib. Jeder Quadratzentimeter eines Marmortisches ist ein Teil dieses Tisches, aber er hat keine besondere Aufgabe für das Ganze des Tisches. Ein Auge hingegen, eine Hand oder ein Arm tragen zum Wohl des gesamten Leibes bei, jeder auf seine Weise und mit seinen besonderen Fähigkeiten. So leisten ein Bischof, eine Ordensschwester, ein Familienvater, ein engagierter Jugendlicher jeweils ihren eigenen, unersetzlichen Beitrag für die ganze Kirche.

Wir sind Leib *Christi,* denn Er vereint sich als das Haupt der Kirche ganz mit ihr, er teilt ihr Schicksal, erfüllt sie mit Leben, indem er sie mit seinem Geist durchdringt und mit diesem Geist zusammen den Leib aufbaut und beseelt. Von ihrem Meister haben die Apostel den Auftrag erhalten, ihre Mission erst zu beginnen, nachdem sie den Heiligen Geist empfangen haben (vgl. Joh 14,26). Es wäre absurd, dem Geist eine lebendigmachende Tätigkeit zuzuschreiben, sie aber erst beim bereits voll entfalteten Leib beginnen zu lassen; oder von einer Unterscheidung zwischen institutioneller und charismatischer Kirche zu träumen; oder „Strukturen“ wie ein Gerüst zu errichten, das der geistlichen Gemeinschaft der Kirche von außen aufgenötigt wird; oder das Tun Christi und des Geistes irgendwie in einen Gegensatz zueinander zu bringen. Der Geist ist Geist Jesu; die Laien sind weder die einzigen Träger von Charismen, noch sind sie von der „Institution“ ausgeschlossen; die Bischöfe ihrerseits sind nicht die einzigen Träger der „Institution", sie haben gemäß der Logik des Leibes (vgl. LG 8) ebenfalls Anteil an den Charismen.

Wir sind schließlich ein *mystischer,* d. h. ein geheimnisvoller und außergewöhnlicher Leib. Beim physischen Leib leben die Glieder von der Existenz des Ganzen. In der Kirche jedoch ist jedes Glied eine eigenständige Person mit eigener Existenz. Die moralischen Personen oder Gemeinschaften haben das Gemeinwohl zum Ziel. Die Kirche hingegen will auch das Wohl jedes einzelnen Menschen. Daß Christus zusammen mit dem Heiligen Geist die ganze Kirche beseelt, ist sicher; wie das geschieht, ist allerdings ein Geheimnis. Einige Dinge in der Kirche sind durchaus sichtbar, andere wieder kann man nur glauben. Sichtbar ist z. B. das soziale Gefüge der Kirche, daß aber die Kirche auch die fortdauernde Präsenz Jesu darstellt, daß es in ihr ein übernatürliches Leben gibt, kann man nicht sehen, das ist Gegenstand des Glaubens.

4. Die Idee der Gemeinschaft und der Liebe ist ebenfalls ein Geheimnis, das in die Beschreibung der Kirche Eingang findet. Diese ist ein Reflex und eine Wirkung jener Liebesgemeinschaft, die zwischen den drei göttlichen Personen besteht. „Die Kirche ist ja in Christus gleichsam das Sakrament, d. h. Zeichen und Werkzeug für die innigste Vereinigung mit Gott wie für die Einheit der ganzen Menschheit" (LG 1). Bei solch inniger Gemeinschaft mit Christus kann sich die Kirche sogar selbst als Christus bezeichnen. Außerdem ist ihr Leben eng mit der Eucharistie verbunden; dank der Eucharistie bilden wir, obwohl wir viele sind, einen einzigen Leib (vgl. 1 Kor 10,17).

In dieser Gemeinschaft weiß sich jeder von uns von Gott und den Brüdern geliebt, und er fühlt sich verpflichtet, diese Liebe zu erwidern und die äußeren Werke der Liebe, die in der Urkirche „Kennzeichen der Gemeinde" genannt wurden, immer mehr zu entfalten. Diese Gemeinschaft ist aber nicht gleichbedeutend mit einer nivellierenden Gleichmacherei: Der Geist bewirkt zwar Einheit, aber er lenkt die Kirche „durch die verschiedenen hierarchischen und charismatischen Gaben" (LG 4), und er sorgt dafür, daß jedes Glied seine ihm zugedachte „Rolle" spielt: die des authentischen Lehrens oder des gläubigen Hörens, die des Hirten einer Ortskirche oder des Hirten aller Hirten. Diese Gemeinschaft, diese geeinte Kirche hatte Christus vor allem im Sinn. Deshalb wollte er, daß es „nur eine Herde und einen Hirten“ geben soll (Joh 10,16). Und daher betete er auch: „Vater, alle sollen eins sein ... So sollen sie vollendet sein in der Einheit“ (Joh 17,21.23). Das ist eine wunderbare Sache! Wer jedoch die Kirche bloß als ein Mittel betrachtet, um Gemeinschaft zu erleben, und die Teilnahme am Leben der anderen im Rahmen der Kirche in den Vordergrund stellt, nur um eine rein soziologische Freiheit zu gewinnen, der erniedrigt und verfälscht das wahre Bild der Kirche. Es benützt sie als Mittel zum Zweck, „wer begeistert von der kirchlichen Gemeinschaft spricht ... dabei aber mehr danach trachtet, die eigenen besonderen Charismen zu behaupten oder seine persönlichen Rechte zu verteidigen, als im kirchlichen Gehorsam zu verharren“ (Paul VI.).

Die Laien

5. Der Psalm 133 spricht von einem köstlichen Salböl, das zuerst über dem Haupt vergossen wird, dann von dort hinabfließt auf Aarons Bart, schließlich den Saum des Gewandes erreicht und alles in köstlichen Duft einhüllt. Etwas Ähnliches geschieht in der Kirche. Christus, der einzige Hohepriester, besitzt die priesterliche Salbung in ihrer höchsten Vollendung; nach ihm und in ihrer ganzen Fülle von ihm abgeleitet besitzen sie die Bischöfe; dann haben die Priester in reichem Maße, aber auf einer anderen Stufe daran Anteil; schließlich nehmen auch die einfachen Gläubigen kraft ihrer Taufe und Firmung in unterschiedlicher Weise daran teil. Die einzelnen Gläubigen haben, wenn sie beten, eine kultische Vollmacht, ein spezielles Recht, von Gott erhört zu werden; sie bringen Gott in der hl. Messe den Leib des Herrn dar, in den der Priester das Brot verwandelt hat; sie spenden in außerordentlichen Fällen das Sakrament der Taufe; das Sakrament der Ehe spenden sie sich sogar ausschließlich. Alle zusammen arbeiten sie durch ihr gutes Beispiel und ihr Gebet mit an der Bekehrung derjenigen, die das Sakrament der Buße empfangen, und sie empfehlen Gott, dem Herrn, die Kranken (vgl. LG 11).

Die Gläubigen sind – jeder einzelne auf seine Weise – zur Heiligkeit berufen, sie tragen Verantwortung für die Verkündigung der Frohbotschaft und müssen ihren eigenen Beitrag leisten zum Wohl der Gemeinschaft. Der hl. Paulus wollte in ihnen nicht „unmündige Kinder“ sehen, „hin und her getrieben von jedem Widerstreit der Meinungen“ (Eph 4,14). Und der hl. Petrus ermahnte sie: „Seid stets bereit, jedem Rede und Antwort zu stehen, der nach der Hoffnung fragt, die euch erfüllt; aber antwortet bescheiden und ehrfürchtig“ (1 Petr 3,15–16). Und noch vor Paulus und Petrus hat Jesus selbst zu ihnen gesagt: „Ihr seid das Licht der Welt“ (Mt 5,14). Doch was ist dieses „Licht der Welt“ für ein Licht, wenn es nicht danach trachtet, ein wenig Helligkeit dorthin zu tragen, wo es finster ist? Und Finsternis gibt es viel auf der Welt. Von drei Milliarden Menschen sind zwei Milliarden Heiden; von einer Milliarde Christen sind mehr als eine halbe Milliarde Nichtkatholiken; unter der halben Milliarde Katholiken gibt es viele, die ihren Glauben nicht praktizieren. Und es handelt sich dabei um Menschen, die so wie nie zuvor uns nahestehen. Einst brauchte man Monate, um nach Amerika oder Afrika zu reisen; heutzutage ist die Welt wie ein kleines Dorf, die Amerikaner sind unsere Nachbarn, und Afrika liegt gleich um die Ecke. Heute ist das Problem der Evangelisation dringlicher denn je geworden. Die ewige Wahrheit, welche die ganze Kirche verkündigen muß, wird gerade in unserer Zeit zum kategorischen Imperativ.

6. Eine erste Stufe der Evangelisation könnte in dem bestehen, was man einst „consecratio mundi“ genannt hat. Unter Welt versteht man dabei die Gesamtheit der Schöpfung und der Menschen: die Kunst, die Industrie, die Politik, die Technik, die Wissenschaft, den Handel, die Landwirtschaft, den Beruf, den Ehepartner, die Kinder und tausend andere Dinge. Ich frage dich: Fühlst du in dir eine Zuneigung, Liebe, Begeisterung für eines oder mehrere dieser Dinge? Das ist nichts Schlechtes. Stürze dich ruhig in die Arbeit! Werde ein großer Politiker oder Geschäftsmann! Schaffe, wenn du kannst, ein echtes und großes Kunstwerk! Werde Techniker oder Erfinder! Liebe deine Frau oder Braut! Hab keine Angst, zu sehr Politiker zu sein, zu sehr Arbeiter oder Künstler, deinen

Partner zu sehr zu lieben, weil du ja ein Christ bist! Sag nicht, daß der wissenschaftliche und technische Fortschritt für den christlichen Glauben sinnlos ist! Das Gegenteil ist der Fall: Der Glaube hat größtes Interesse am Fortschritt der Welt. Gott selbst hat uns den Fortschritt ans Herz gelegt, wenn er zu den Menschen sagte: „Macht euch die Erde untertan" (Gen 1,28). Der Glaube findet keinen Gefallen an einem Menschen, der kleinkariert denkt, der nicht vom Fleck kommt, dessen Geist unproduktiv ist, sondern vielmehr an einem, der über sich hinauswächst, der die Anregungen Gottes aufgreift und mit seinen Entdeckungen und Erfindungen, die er in genialer Weise in die Praxis umsetzt, die Schöpfung Gottes weiterentwickelt.

Glaube ja nicht, immer die Kirche einschalten zu müssen, damit sie dieses oder jenes vorschreibt! Es ist auch nicht notwendig, allem und jedem ein religiöses Etikett aufzukleben. Versuche nur, dein Christsein nicht zu vergessen und nicht in einen Gegensatz dazu zu geraten! Du bist gleichzeitig und untrennbar Politiker und Christ, Ehepartner und Christ, Geschäftsmann und Christ: Niemals soll es geschehen, daß der eine den anderen einfach schluckt. Der berühmte Hase des Barons Münchhausen lief eine Stunde lang mit den vier Läufen, die er am Bauch hatte; in der folgenden Stunde gönnte er ihnen eine Ruhepause und lief mit den anderen vier Läufen, die er am Rücken hatte, weiter.

Du kannst dich nicht so in zwei Hälften teilen; es gibt bei dir nicht Stunden, in denen du nur Christ bist, und Stunden, in denen du nur Künstler, Geschäftsmann oder Anwalt bist. Es gibt nicht eine einzige Minute, in der du dein Seelenheil vernachlässigen dürftest. Wenn es dir gelingt, Ersparnisse auf die Seite zu legen, dann hänge dich nicht an sie wie ein Geizhals! Wenn du bei deinen Geschäften Erfolg hast, dann sei nicht ungerecht, denk nicht in erster Linie an den Profit, sondern fördere das Fortkommen jedes und des ganzen Menschen! Bist du ein Politiker und erzählst mir etwas vom „Wirtschaftswunder", dann sorge dafür, daß alle daran teilhaben können! Kommt es zu einer Wirtschaftskrise, dann setze alles daran, daß sie so schnell wie möglich überwunden wird, und sorge dafür, daß die Armen so wenig wie möglich darunter zu leiden haben! Schreibst du einen Roman oder drehst du einen Film, dann trachte danach, daß er bei den Lesern und Zuschauern nichts Böses anrichtet! Kurzum, versuche alle deine Handlungen in guter Absicht und aus christlichem Geist zu vollbringen, führe sie mit größter Umsicht, mit allem Fleiß, aller Sachkenntnis und aller Hingabe aus, deren du fähig bist, dann hast du die „erste Stufe“ der Evangelisation verwirklicht.

7. Die zweite Stufe der Evangelisation besteht darin, einen Beitrag zur Schaffung eines sozialen Milieus zu leisten, in dem die Menschen leichter ihrem Glauben gemäß leben können. Ein Beispiel: Ich beteilige mich an keinerlei Aktionen, welche die legalisierte Abtreibung fördern, ich unterstütze ein Gesetz, das die Verbreitung pornographischer Filme erschwert, ich setze mich für eine gleichmäßige Verteilung der materiellen Güter ein, meine Liebe und Hilfsbereitschaft gilt vor allem den Armen. Diese meine Handlungen liegen zwar auf dem Gebiet des Sozialen und Politischen, aber sie haben auch eine Rückwirkung auf das Religiöse. Wenn es keine Abtreibungen mehr gibt, wenn die Verbreitung minderwertiger Druckwerke und schlechter Filme eingeschränkt und die Situation der Armen und Bedürftigen verbessert wird, dann wird es auch viel leichter sein, gewisse soziale Mißstände zu vermeiden, und die Leute werden sich auch Gott gegenüber richtig verhalten. Man soll nicht sagen: Es ist ja niemand dazu gezwungen, von der Möglichkeit der legalisierten Scheidung oder Abtreibung Gebrauch zu machen, sich obszöne Filme anzuschauen oder pornographische Hefte zu durchstöbern! Die nackte Realität ist jedoch die, daß wir alle – vor allem aber die Jugendlichen – sehr labil sind, daß wir alle vom Milieu beeinflußt werden und geneigt sind, das Legale mit dem moralisch Richtigen zu verwechseln. Wir alle wissen, daß es oft die Gelegenheit ist, die einen Menschen zum Dieb macht.

8. Die dritte Stufe besteht im direkten Engagement für die Religion. Ich denke da an die Religionslehrer und Katecheten, die den Kindern das Brot der christlichen Lehre brechen; an die vielen Laien, die in katholischen Zeitschriften schreiben oder für deren Verbreitung sorgen; an die Eltern, die mit ganzer Hingabe für eine christliche Erziehung ihrer Kinder Sorge

tragen; an die dauernde und so wirksame Verkündigung, die in den Schulen, den Fabriken und bei anderen Gelegenheiten durch ein beispielhaftes und konsequentes Leben erfolgen kann; an die vielen opferbereiten Menschen, die ihr ganzes Leben und alle ihre Energien für das Heil der anderen einsetzen.

Blickt man jedoch auf die vielen noch ungelösten Probleme und die noch ungenutzten Energien, wird man wohl sagen müssen: Da ist noch sehr viel zu tun! Die Gläubigen, die ja die Kirche sind, müssen sich noch viel mehr für sie einsetzen. Ihre Mitarbeit ist dringend notwendig. Man darf sich nicht davor drücken oder sie auf ein bloßes Minimum beschränken. Kein anderes Tun ist auch nur annähernd so ehrenvoll und auch lohnend: Man gibt zwar auf der einen Seite, aber auf der anderen empfängt man auch! Es scheint nichts Besonderes zu sein, und doch hat es ungeheure Dimensionen. Wir sind in den Prozeß der Heilsgeschichte miteinbezogen, der mit der Schöpfung begonnen hat, im Alten Testament fortgeführt, von Jesus Christus mit neuer Kraft wiederaufgenommen wurde und von uns mit seiner Hilfe fortgesetzt werden soll. Dieser Prozeß wird erst mit der zweiten Ankunft des Herrn seine Vollendung erfahren und in einer erneuerten Kirche ewig fortdauern.

Das Bischofskollegium

9. Alle Glieder der Kirche müssen der Kirche dienen, aber die Bischöfe in ganz besonderer Weise. Der Herr hat sie eingesetzt, damit sie die Gläubigen leiten und ihnen dienen. Zu diesem Zweck hat er diesem Amt eine besondere Gestalt mit bestimmten Aufgaben und Grenzen gegeben (vgl. LG 18–25).

Beginnen wir mit der besonderen Gestalt: Jesus hat nicht nur einzelne Apostel berufen, sondern ein Apostelkollegium. Es gab viele Jünger in seiner Begleitung, doch eines Tages „setzte er zwölf ein, die er bei sich haben und die er dann aussenden wollte, damit sie predigten“ (Mk 3,14). Von diesem Augenblick an gab es das Kollegium. Und es ist dieses Kollegium, das den Auftrag erhält, zu allen Völkern zu gehen, alle Menschen zu seinen Jüngern zu machen und sie zu taufen (vgl. Mt 28,18–20). Es steht die Vorstellung von einem Kollegium dahinter, wenn Jesus sagt: „Ihr werdet auf zwölf Thronen sitzen und die zwölf Stämme Israels richten" (Mt 19,28). Es ist das gesamte Kollegium, das im Abendmahlsaal das Kommen des Heiligen Geistes erwartet (Apg 1,8). Die erste Verkündigung des Evangeliums erfolgte am Morgen des Pfingstfestes durch „Petrus zusammen mit den Elf" (Apg 2,14), also durch das Kollegium. Diese Form eines Kollegiums war gedacht im Hinblick auf die Kirche, um sie richtig zu leiten. Wenn diese Kirche geeint bleiben und von Vorstehern geleitet werden sollte, dann war es notwendig, daß diese Vorsteher, auch wenn sie da und dort vereinzelt agieren, sich untereinander durch Bande der Brüderlichkeit verbunden und zu gemeinsamem Handeln verpflichtet wissen. Wenn diese Vorsteher dann ihrerseits wieder unter der Leitung einer übergeordneten Instanz stehen mußten, so konnte diese oberste Instanz ihre Aufgabe viel besser erfüllen, wenn sie als Oberhaupt und gleichzeitig als Mitbruder in die Gemeinschaft integriert war.

Nach der Einsetzung des Kollegiums ging es darum, seiner Tätigkeit Effizienz zu verschaffen. Wir hören, wie Christus sagt: „Alles, was ihr auf Erden binden werdet, das wird auch im Himmel gebunden sein, und alles, was ihr auf Erden lösen werdet, das wird auch im Himmel gelöst sein" (Mt 18,18). Hier handelt es sich nicht um physische Bindungen, sondern um moralische Bande, d. h. dem Kollegium wird die Vollmacht übertragen, bindende Vorschriften zu erlassen, Urteile zu fällen und Sanktionen zu ergreifen. Nach der Konsekration von Brot und Wein sagt Jesus: „Tut dies zu meinem Gedächtnis" (Lk 22,19). Und am Abend des Auferstehungstages: „Wie mich der Vater gesandt hat, so sende ich euch. Nachdem er das gesagt hatte, hauchte er sie an und sprach zu ihnen: Empfangt den Heiligen Geist! Wem ihr die Sünden vergebt, dem sind sie vergeben; wem ihr die Vergebung verweigert, dem ist sie verweigert" (Joh 20,21–23). Und schließlich am Vorabend seiner Himmelfahrt: „Mir ist alle Macht gegeben im Himmel und auf der Erde. *Darum* geht zu allen Völkern ... und lehrt sie, alles zu befolgen ... Ich bin bei euch alle Tage bis zum Ende der Welt" (Mt 28,18–20). Dieses „darum" muß besonders hervorgehoben werden, denn es verknüpft die Vollmacht der Apostel mit jener Machtbefugnis, die Jesus von Gott empfangen hat. Wenn also die Mitglieder des Kollegiums lehren und taufen, dann tun sie es, weil Christus seine göttliche Vollmacht auch ihnen übertragen hat. Wenn sie taufen und predigen, sind sie sein sichtbarer verlängerter Arm.

10. Aber nicht nur sie allein. Es hätte nämlich einer aus dem Kollegium den Einwand erheben können: Herr, wie sollen wir denn „alle Völker" erreichen, wenn wir innerhalb von einigen Jahrzehnten sterben müssen? Die selbstverständliche Antwort liegt auf der Hand: Das Kollegium wird eben heute aus euch und morgen aus euren Nachfolgern bestehen! Aus euren Nachfolgern und aus den „sorgsamen Mitarbeitern der Bischöfe", nämlich den Priestern und Diakonen (vgl. LG 28). Er gab ihnen die Verheißung: „Ich bin bei euch ... bis zum Ende der Welt." Man muß sich diese Worte nochmals vergegenwärtigen und hinzufügen: „Ich bin bei euch ... *wenn ihr die Lehre verkündet und die Taufe spendet* ... bis zum Ende der Welt": mit euch, solange ihr lebt, und mit den anderen, die dann an eurer Stelle lehren und taufen werden. Das ist jedenfalls von Anfang an die Interpretation der Kirche, die vom II. Vatikanum ausdrücklich wiederholt wurde (vgl. LG 17; DV 7; DH 1; PO 4 Anm. 5; und vor allem LG 20 u. 22).

Aus alldem geht hervor, daß die Kirche nach dem Willen Christi unverrückbar und für immer hierarchisch aufgebaut ist. Nicht deshalb, weil zu einem bestimmten Zeitpunkt der Geschichte einer beschlossen hätte, sich an den Völkern der damaligen Zeit ein Beispiel zu nehmen, die alle von souveränen Herrschern regiert wurden; oder weil man sich das römische Kaiserreich oder die monarchische Staatsform in Europa zum Vorbild genommen hätte; oder weil man hinsichtlich des Papstes die absolute Monarchie und bezüglich der Zusammenarbeit zwischen Rom und den anderen Diözesen die bundesstaatliche Verfassung in schlechter Manier nachzuahmen versucht hätte. Wer so an eine neue, demokratisch-egalitäre Kirche denkt, mit dem geht wohl seine Phantasie durch.

11. Die Würde und Machtbefugnis können aber auch eine Gefahr bedeuten: ja, wenn sie auf mehrere Personen verteilt

sind, zwei Gefahren: Erstens, daß die Inhaber von Macht und Würden stolz und hartherzig werden; zweitens, daß unter ihnen Streit, Mißstände und Uneinigkeit ausbrechen. Jesus Christus hat das gewußt und Vorsorge getroffen.

Hartherzige und herrschsüchtige Vorsteher? Das ist das Gegenteil von dem, was Christus wollte. Wenn er Vollmachten verliehen hat, so hat er auch wiederholt auf die Art und Weise sowie den Stil hingewiesen, wie diese Vollmachten auszuüben sind. Die Apostel haben unterwegs darüber diskutiert, wer von ihnen einmal der Größte sein würde. Da rief er ein Kind herbei, stellte es in ihre Mitte und sagte: „Wer so klein sein kann wie dieses Kind, der ist im Himmelreich der Größte" (Mt 18,4). Die Mutter von Jakobus und Johannes verlangt für ihre Söhne die ersten Plätze. Jesus gibt ihr zu verstehen, daß es nicht darum geht, wie Mächtige zu herrschen und andere die eigene Macht spüren zu lassen, sondern daß man vielmehr die üblichen Vorstellungen von Macht und Größe auf den Kopf stellen müsse: „Wer bei euch groß sein will, der soll euer Diener sein, und wer bei euch der Erste sein will, soll euer Sklave sein. Denn auch der Menschensohn ist nicht gekommen, um sich dienen zu lassen, sondern um zu dienen und sein Leben hinzugeben als Lösegeld für viele" (Mt 20,26–28).

Beim letzten Abendmahl kommt er nochmals darauf zurück. Er wäscht den Aposteln die Füße und sagt: „Ich habe euch ein Beispiel gegeben, damit auch ihr so handelt, wie ich an euch gehandelt habe" (Joh 13,15). Und etwas später: „Die Könige herrschen über ihre Völker, und die Mächtigen lassen sich Wohltäter nennen. Bei euch aber soll es nicht so sein, sondern der Größte unter euch soll werden wie der Kleinste, und der Führende soll werden wie der Dienende ... Ich aber bin unter euch wie der, der bedient" (Lk 22,25–27). Kurzum, ein völlig neuer Stil, wodurch der Machtausübung eine ganz spezielle Note verliehen und sie verwandelt wird. Es geht nicht um ein Beherrschen, sondern um das Dienen; es handelt sich nicht um einen Aufstieg, eine Karriere, sondern um ein Herabsteigen; man ist nicht der Erste, sondern der Letzte; es gibt keine Privilegien oder persönliche Vorteile, sondern Sorgen, Scherereien und unter Umständen sogar den Tod.

Die Apostel lernen ihre Lektion: Wir sind „eure Knechte um Jesu willen“ (2 Kor 4,5). „Ich habe mich für alle zum Sklaven gemacht, um möglichst viele zu gewinnen“ (1 Kor 9,19). „Ein Knecht des Herrn soll nicht streiten, sondern zu allen freundlich sein, ein geschickter und geduldiger Lehrer“ (2 Tim 2,24). Der hl. Petrus mahnt: „Seid nicht Beherrscher eurer Gemeinden, sondern Vorbilder für die Herde“ (1 Petr 5,3). Und Johannes schrieb: Christus „hat sein Leben für uns hingegeben. So müssen auch wir für die Brüder das Leben hingeben“ (1 Joh 3,16).

All das darf aber nicht die Unbotmäßigkeit der Gläubigen fördern oder dic Vollmacht der Amtsträger aushöhlen und so ihre Autorität gefährden. Paulus nannte sich einen „Sklaven aller“, aber wenn es notwendig war, wußte er mit Nachdruck seine Autorität als Apostel geltend zu machen (vgl. 2 Kor). Er konnte, wenn es geboten schien, auch drohend den Stock in die Hand nehmen: „Was zieht ihr vor: Soll ich mit dem Stock zu euch kommen oder mit Liebe und im Geist der Sanftmut?“ (1 Kor 4,21) Den Charismatikern in Korinth gab er klare und präzise Anweisungen: „Wenn einer meint, Prophet zu sein oder geisterfüllt, soll er in dem, was ich euch schreibe, ein Gebot des Herrn erkennen“ (1 Kor 14,37). An alle Gläubigen schrieb er: „Gehorcht euren Vorstehern, und ordnet euch ihnen unter, denn sie wachen über euch und müssen Rechenschaft darüber ablegen; sie sollen das mit Freude tun können, nicht mit Seufzen, denn das wäre zu eurem Schaden“ (Hebr 13,17). Jesus selbst, der sanfteste Hirte, sah sich eines Tages gezwungen, „voll Zorn und Trauer“ auf diejenigen zu blicken, deren Herz verstockt blieb. Er gebrauchte in diesem Zusammenhang oft ziemlich harte Worte, er jagte die Händler aus dem Tempel und sagte von Herodes: „Geht und sagt diesem Fuchs...“ (Lk 13,32). Langmut und Geduld, der Geist des Dienens müssen immer im Vordergrund bleiben, aber daß der Vorgesetzte zumindest ein Auge aufmacht und bemerkt, wenn jemand seine Langmut mißbraucht, das ist nur klug und gehört zu seinen Pflichten.

12. Es gibt auch noch – so sagten wir – eine zweite Gefahr, daß nämlich die Bischöfe untereinander zerstritten und die Untergebenen nun verwirrt und unsicher sind, welchem

Bischof sie eigentlich gehorchen sollen. Jesus hat in dieser Hinsicht so vorgesorgt, daß er dem Kollegium ein Oberhaupt gab.

Im Matthäusevangelium wird das Wort vom Binden und Lösen zuerst nur an Petrus allein gerichtet (Mt 16,13–19) und erst später an alle Apostel einschließlich des Petrus (Mt 18,18). Zu Petrus wurde nicht nur gesagt: „Weide meine Lämmer" (Joh 21,15–18), sondern auch: „Stärke deine Brüder" (Lk 22,32). Das ist der Grund, weshalb das II. Vatikanum und die nachkonziliaren Dokumente ausdrücklich erklären, daß die Lehre von der Kollegialität der Bischöfe eine Fortsetzung und Ergänzung der im I. Vatikanum definierten Lehre vom Primat des Papstes sei.

Die volle und höchste Autorität in der Kirche kann demnach sowohl vom Papst allein als auch vom Bischofskollegium in Einheit mit dem Papst ausgeübt werden. Wenn der Papst allein handelt, so tut er dies mit persönlicher Primatialgewalt, die frei und unabhängig ist vom Willen der Bischöfe. Wenn er aber zusammen mit dem Kollegium eine Entscheidung trifft, so bekommt diese Entscheidung durch die Mitwirkung des Kollegiums keine größere Kraft, die Zustimmung des Papstes ist jedoch unbedingt erforderlich, denn der Episkopat allein kann ohne oder gegen den Willen seines Oberhauptes nicht legitim und verbindlich handeln (vgl. LG 22).

Um Papst und Bischöfe in Liebe miteinander zu verbinden, dazu tragen sowohl die Primatialgewalt (LG 22) als auch die Bischofsweihe sowie das Wirken des Heiligen Geistes ihren Teil bei. Kraft ihrer Weihe werden die Bischöfe auf ganz besondere Weise Christus, dem Lehrer, Hirten und Priester (LG 21), gleichgestaltet, so daß sie mit dem Papst durch ein Band vereint sind, das jede brüderliche Zuneigung bei weitem übersteigt. Was den Heiligen Geist betrifft, so „stärkt er immerfort die organische Struktur und Eintracht" der Kirche (LG 22).

Wenn die Bischöfe sich von dieser übernatürlichen Realität, die zwar ein Geheimnis, aber dennoch Wirklichkeit ist, leiten lassen, dann müssen sie einerseits dafür sorgen, daß die Lokalkirchen mit ihren legitimen Besonderheiten auf disziplinärem und liturgischem Gebiet sich am Zentrum der Kirche ausrichten, damit sie mit Sicherheit in Gemeinschaft mit allen anderen Kirchen stehen (vgl. LG 13). Andererseits soll der Papst von den Lokalkirchen keine glatte Uniformität verlangen – eingedenk dessen, daß „das Gottesvolk Anlagen, Fähigkeiten und Sitten der Völker fördert, soweit sie gut sind; bei dieser Übernahme reinigt, kräftigt und hebt es sie aber auch“ (LG 13). Er soll seine Primatialgewalt mit Festigkeit, aber in Liebe ausüben. Diese Festigkeit ist der Erhaltung der legitimen Vielfalt selbst dienlich, die sonst sehr rasch zu einer Quelle von Entzweiung und Verwirrung würde, was die Einheit der Schwesterkirchen und des ganzen Gottesvolkes zerstören würde.

Der „demütige Dienst“ des Papstes

13. Damit bin ich bei dem Dienst angelangt, den der Papst der Kirche erweist. Chesterton beschreibt in einem seiner Bücher eine Schar von Kindern auf einer kleinen Insel. Den ganzen Tag über tollten sie herum, spielten Fußball, tanzten und hatten keinerlei Angst und Sorge, denn um die ganze Insel herum zog sich eine hohe Mauer. Eines Tages kamen einige seltsame Typen auf die Insel, die anfingen, gegen diese Mauer Stimmung zu machen: „Seht ihr denn nicht, daß sie euch einengt? Seht ihr nicht, daß sie euch der Freiheit beraubt? Reißt sie doch einfach nieder!“ Man schenkte ihnen Gehör, doch wenn ihr heute auf diese Insel kommt, dann findet ihr die Kinder dort völlig verunsichert: Sie trauen sich nicht mehr so wie früher herumzulaufen und mit dem Ball zu spielen aus Angst, ins Meer zu fallen!

Die Bischöfe tun es diesen Kindern nicht gleich; sie sehen im Primat des Papstes keine Mauer, die ihre eigene Vollmacht und ihr Wirken einschränkt, sondern vielmehr eine Hilfe und einen Schutz, damit sie ihre Arbeit in rechter Ordnung und allseitiger Eintracht leisten können.

In der Vergangenheit war es in Europa mehrmals der Fall, daß dieser oder jener Episkopat sich in Schwierigkeiten befand. Um aus dem Schlamassel wieder herauszukommen, hat man mehr als einmal den Papst benötigt, der durch sein

Eingreifen die Lage wieder normalisiert und das Ansehen der betreffenden Bischöfe wiederhergestellt hat.

Dieses päpstliche Eingreifen hat schon Bismarck zu dem Ausspruch bewogen, die Bischöfe seien nichts anderes als Erfüllungsgehilfen des Papstes. Die Antwort des deutschen Episkopates und Papst Pius' IX. kam postwendend und war deutlich genug. Im wesentlichen heißt es darin: Obwohl dem Papst untergeordnet, sind die Bischöfe in ihrer Diözese die Stellvertreter Christi und nicht die des Papstes. Nach dem Willen Christi sind sie Nachfolger der Apostel und haben auch die Vollmacht der Apostel. Das gehört zur unaufgebbaren Struktur der Kirche. Die Konstitution „Lumen gentium" betont: „Die Bischöfe leiten die ihnen zugewiesenen Teilkirchen als Stellvertreter und Gesandte Christi" (LG 27), sie dürfen also nicht als Stellvertreter des römischen Papstes betrachtet werden.

14. Neben dem Dienst der Führung und Leitung der Kirche ist dem Papst auch noch der Dienst der authentischen Lehrverkündigung anvertraut, der in bestimmten Fällen mit der Unfehlbarkeit verbunden ist. Manch einer bekommt es heute mit der Angst zu tun, wenn er an diese Unfehlbarkeit denkt, aber zu Unrecht. Sie ist ja bloß ein Mittel, um der Wahrheit und der Kirche besser dienen zu können. Der Papst ist nicht Herr über die geoffenbarte Wahrheit, sondern ihr Diener. Das Wort Gottes steht über ihm, es lenkt und leitet ihn. Es wird nicht von ihm beherrscht und so zurechtgebogen, wie er es will. Damit jedoch die Wahrheit besser verstanden wird, damit ihr nicht dasselbe widerfährt wie so manchen von Menschen aufgestellten Theorien, die vor hundert Jahren in ganz bestimmter Gestalt entstanden sind und heute völlig andere Merkmale aufweisen, steht Gott, der Herr, dem Papst helfend zur Seite. Diesen göttlichen Beistand nennt man Unfehlbarkeit, die jedoch nur unter ganz bestimmten Voraussetzungen gegeben ist: nämlich wenn der Papst als oberster Hirte und Lehrer aller Gläubigen spricht in der Absicht, die ganze Fülle seiner Vollmacht auszuüben und eine Frage des Glaubens oder der Sitten definitiv zu entscheiden.

Wir sind also weit entfernt von einer Allwissenheit des Papstes, auch auf dem Gebiet des Glaubens. So wenig allwissend ist der Papst, daß er, obwohl er auf den göttlichen Beistand vertrauen darf, bevor er eine solche endgültige Entscheidung trifft, verpflichtet ist, das Denken der Kirche in der betreffenden Frage zu erforschen bzw. erforschen zu lassen, also gewissermaßen die öffentliche Meinung zu Rate zu ziehen. Wenn auch die „Zustimmung der Kirche" für die Unfehlbarkeit nicht absolut notwendig ist, so tritt sie doch bei einer Glaubensdefinition begleitend in Erscheinung, und praktisch kommt es überhaupt nie vor, daß etwas definiert wird, worüber in der Kirche kein Einverständnis besteht (vgl. LG 25).

15. Diese kurzen Bemerkungen – so scheint mir – führen zu einer einzigen Schlußfolgerung: Wir sollen die Kirche lieben auf allen ihren Ebenen!

Lieben wir unsere Brüder und Schwestern, die mit uns Volk Gottes und der verlängerte Arm Jesu Christi sind. Sie sind ja bekleidet mit der höchsten Würde und stellen eine Gemeinschaft von Geretteten und Rettern dar, deren Sendung der ganzen Welt gilt.

Hören wir mit Ehrfurcht auf das Wort der Bischöfe (vgl. LG 25). Mit dem Bischofsstab, den sie in Händen halten, spenden sie Lob und ermahnen sie uns, immer aber versuchen sie, uns zum Guten anzustacheln. Mit Kardinal Federigo betrachten die Bischöfe jede Gelegenheit, den Menschen zu helfen, als ein „Gastmahl der Gnade". Mit dem hl. Augustinus fühlen sie sich gleichzeitig als „Vorsteher" und „Diener". Als Vorsteher sind sie unsere väterlichen Führer; als Diener erkennen sie ihre eigene Schwachheit und zeigen sich als unsere Brüder.

Vor allem aber sollen wir dem Papst folgen und seine Arbeit unterstützen, die Paul VI. gerne einen „demütigen Dienst" zu nennen pflegt. Er ist ja der „fortlebende Christus", der Steuermann des Schiffleins Petri. Ab und zu ertönt ein Kommando von der Schiffsbrücke, es wird uns ein Zeichen gegeben, zu unserem Nutzen. Wenn wir darauf hören und gehorchen, so nützt das nicht in erster Linie dem Papst, sondern vor allem uns selbst.

Pfingsten und die Kirche

Homilie zum Pfingstfest (1975)

Jene Apostel, die vom Heiligen Geist erfüllt aus dem Abendmahlsaal auf den Platz hinaustreten und mit ihren Worten bei den Zuhörern Staunen und Bewunderung hervorrufen, stellen den Beginn des Weges der Kirche durch die Jahrhunderte dar. Pfingsten bedeutet nämlich die offizielle Präsentation der Kirche durch Gott vor den Augen der Welt. Es bleibt aber zu fragen: Wo hat diese Kirche, die sich zu Pfingsten auf den Weg macht, ihren genauen Ursprung? Und welches ist ihr Ziel? Wie schauen die Regeln aus, die ihren Weg bestimmen?

Die Kirche ist aus einem ewigen Plan Gottes hervorgegangen, der uns vor allem durch die Worte und das Leben Jesu Christi bekannt geworden ist. Er hat ganz klar gesagt, daß er der Hirte ist, der die Herde sammelt (Mt 18,12–13; Lk 15,3–5; Joh 10,1–16; 11,52), das Osterlamm, das sein Eigentumsvolk in das Land der Verheißung führt (Joh 13,1–2; 20,36). Im Hinblick auf dieses Volk, auf die Herde, die es zu sammeln gilt, schart Jesus Jünger um sich und wählt aus ihnen die Apostel aus. Er entwirft die „Magna Charta" der künftigen Kirche, wenn er das große Gebot der Liebe und die Seligpreisungen verkündet, wenn er die Bergpredigt hält oder die Abschiedsrede beim letzten Abendmahl. Zu den Aposteln sagt er: „Wie mich der Vater gesandt hat, so sende ich euch ... Ich bin bei euch bis zum Ende der Welt." Sein Wirken dauert also durch die Jahrhunderte fort in der Kirche, durch die Apostel und ihre Nachfolger: In seinem Namen werden sie predigen, taufen und das Geheimnis des Abendmahls erneuern. Und an Petrus ergeht die Verheißung: „Auf dich werde ich meine Kirche bauen.“ Damals setzte er ihn zum Haupt des Apostelkollegiums ein und sagte zu ihm: „Weide meine Lämmer!“ Wer die Vollmacht der Apostel und ihrer Nachfolger von der sogenannten „Basis“ oder der Gemeinschaft ableiten möchte, stellt die Dinge auf den Kopf. Die Apostel haben sich nämlich als zur Gemeinschaft gesandt und daher von oben eingesetzt verstanden. Der hl. Paulus bekannte: „Wir sind Gesandte an Christi Statt, und Gott ist es, der durch uns mahnt“ (2 Kor 5,20).

Wohin ist die Kirche unterwegs? Sie hat nicht die Aufgabe, in ein irdisches Paradies oder eine utopische Gesellschaft zu führen, wo es keinen Hunger, keine Unterdrückung, keine Not mehr gibt. Wer nur dies als Aufgabe der Kirche ansieht, verfälscht ihr Wesen, er macht sie klein und kümmerlich, indem er sie in das enge Korsett eines sozialpolitischen Programms zwängt. Sicherlich, ein wahrer Christ muß seinen Nächsten durch Taten lieben und sich großherzig für die anderen einsetzen, indem er gegen die Armut, den Hunger, die Krankheit, die Ausbeutung und die Ungerechtigkeit zu Felde zieht.

Angenommen aber, dieses Ziel würde zur Gänze erreicht und alle Menschen wären eines Tages mit Unterkunft, Nahrung, Kleidung, Heizung und Unterhaltung bestens versorgt. Dann bliebe das Eigentliche der christlichen Botschaft immer noch zu tun übrig. Was ist aber dieses „Eigentliche“? Unsere Teilnahme am Leben Gottes, die Tatsache, daß wir Kinder Gottes sind durch ein neues Leben, das in dieser Welt noch geheimnisvoll und unvollkommen wirksam ist, aber später einmal im Himmel zu jener Glückseligkeit förmlich „explodieren“ wird, deren sich Gott und die Heiligen bereits jetzt erfreuen. Die Verkündigung, die Sakramente und die gelebten Tugenden, vor allem die Tugenden des Glaubens, der Hoffnung und der Liebe, zielen darauf ab, dieses göttliche Leben zu schenken, wachsen zu lassen und – wenn es verlorengegangen ist – wiederzugeben. „Ich bin ein Kind Gottes“ – das ertönt wie ein Freudenschrei in den Briefen des hl. Paulus und des hl. Johannes. Dieses neue Leben wird jenem Heiligen Geist zugeschrieben, den wir heute am Pfingstfest besonders feiern. „Weil ihr aber Söhne seid“ – schreibt Paulus an die Galater –, „sandte Gott den Geist seines Sohnes in unser Herz, den Geist, der ruft: Abba, Vater! Daher bist du nicht mehr Sklave, sondern Sohn; bist du aber Sohn, dann auch Erbe, Erbe durch Gott“ (Gal 4,6–7). Erbe! Das ist das endgültige Ziel der Kirche: aber Erbe des Paradieses. Die anderen Erbstücke wie Ruhm und Ehre, Geld, Vergnügen und Wohlstand können nicht alle erreichen, und selbst wenn man sie gewinnt, muß man schon bald wieder von ihnen lassen.

Noch eine weitere Überlegung möchte ich anstellen: Wir Christen verehren seit jeher die Martyrer als Helden. Das ist gut und richtig, wenn es das Ziel der Kirche ist, uns zu Kindern Gottes zu machen und den Himmel zu gewinnen. Es hätte aber keinen Sinn, wenn es das Ziel der Kirche wäre, uns einzig und allein von Hunger und Not zu befreien. Das Martyrium würde in diesem Fall nicht Heldentum bedeuten, sondern einfach Irrtum.

„Jeder, der um meines Namens willen Häuser und Brüder, Schwestern, Vater, Mutter, Kinder oder Äcker verlassen hat“ – sagt Jesus –, „wird dafür das Hundertfache erhalten und das ewige Leben gewinnen“ (Mt 19,29). „Wer sein Leben um meinetwillen verliert, wird es gewinnen. Was nützt es einem Menschen, wenn er die ganze Welt gewinnt, dabei aber sein Leben einbüßt?“ (Mt 16,25–26)

Wie sieht nun der Weg der Kirche aus? Dazu einige Bemerkungen:

Der hl. Robert Bellarmin hat die Kirche in ihrer äußeren Erscheinungsform als eine sichtbare und handfeste Gemeinschaft bezeichnet, wie etwa das römische Volk, das Königreich Frankreich oder die Republik Venedig. Viele machen sich heute über diese Darstellung lustig. Und doch ist sie zutreffend. Es ist dies zwar nur ein Teilaspekt – und keineswegs der wichtigste –, aber er ist deshalb noch lange nicht falsch. „Zwei Welten treffen in der Kirche aufeinander“ – schrieb einmal Kardinal Suhard –, „die unsichtbare Wirklichkeit und die sichtbare Gemeinschaft der Gläubigen ... Ohne die sichtbaren Strukturen, die Institutionen, die Hierarchie, die Sakramente usw., wäre Christus nicht als der ‚Fleischgewordene‘ auf Erden gegenwärtig, die Kirche wäre nicht mehr sein Leib.

Doch einzig und allein bei ihrer juridischen Verfassung stehenzubleiben und über die äußere Erscheinungsform nicht hinauszublicken würde auf der anderen Seite bedeuten, einen Leichnam von Kirche an die Stelle des lebendigen Leibes Christi zu setzen.“ Schon vor Suhard hatte Bossuet geschrieben: „Bis zur Auferstehung der Toten ist es wesentlich, daß die Kirche ihr Amt ausübt, durch das sie für die Menschen sichtbar wird ... Es ist aber die Wirkung dieses Amtes, daß es die Kinder Gottes zur vollkommenen Gestalt Jesu Christi führt, der sie zuerst zu Heiligen machen und dann mit Leib und Seele verherrlichen wird.“

Diese beiden Autoren drücken das aus, was schon immer gelehrt und geglaubt wurde. Es ist zu denen gesagt, die an der Kirche als Institution Anstoß nehmen, die zwischen dem unsichtbaren Geist und der sichtbaren Hierarchie einen Gegensatz erblicken, die das Lehramt und das Wort Gottes an zwei verschiedenen Ufern ansiedeln, während doch das Lehramt normalerweise das Wort Gottes in sich trägt und es den Gläubigen verbindlich zu glauben vorlegt.

Eine zweite Bemerkung betrifft die Heiligkeit. Die Kirche ist heilig, weil Christus, ihr Haupt, heilig ist, der sie leitet und durch den Heiligen Geist, die Sakramente und viele andere Mittel allen Gläubigen die Möglichkeit gibt, selbst heilig zu werden. Viele Katholiken machen von dieser Möglichkeit auch Gebrauch. Andere wiederum sind manchmal freilich alles andere als heilig, weil sie sich für jene Hilfsmittel, die ihnen dafür zur Verfügung stehen, nicht interessieren. Sie können ihre Haltung jedoch jederzeit ändern, sie sind gewissermaßen potentielle Heilige, so wie z. B. der rechte Schächer, als er noch gegen Jesus lästerte, oder wie die hl. Margareta von Cortona vor ihrer Bekehrung, in jenen neun Jahren, die sie im Konkubinat mit ihrem Liebhaber verbrachte.

Was soll man heute über die Heiligkeit der Kirche sagen? Manche finden die Kirche häßlich und entstellt und möchten sie am liebsten, mit dem Besen in der Hand, auf der Stelle reinigen. Sie sind dabei bester Absicht, ja ihr Vorhaben entspricht dem vieler großer Heiliger. Die Heiligen jedoch anerkannten auch die großen Verdienste der Kirche, vor allem aber begannen sie mit der Reform immer bei sich selbst. So manche klagen heute viel lieber die anderen an und berufen sich dabei auf das Evangelium, die Urkirche oder das Konzil. Das Evangelium muß aber als Ganzes genommen werden, es muß auch dann ernst genommen werden, wenn es das Wort Jesu überliefert: „Wer euch hört, der hört mich" (Lk 10,16) oder: „Es kommt die Stunde, in der jeder, der euch tötet, meint, Gott einen heiligen Dienst zu leisten" (Joh 16,2).

Die Urkirche ist sicher ein Beispiel, das uns inspirieren sollte. In ihr fehlte keineswegs die Kritik von unten, aber sie wurde immer zutiefst beklagt. In Korinth gab es eine Verleumdungskampagne gegen Paulus. Daraufhin schrieb er an die Korinther einen Brief „aus großer Bedrängnis und Herzensnot, unter vielen Tränen" (2 Kor 2,4). Derselbe Paulus vertraut Timotheus an, daß der Herr ihm vor Gericht beigestanden sei, ihm Kraft gegeben und ihn schließlich befreit hätte. Aber er klagt: „Niemand ist für mich eingetreten; alle haben mich im Stich gelassen" (2 Tim 4,16). Der Apostel Johannes schreibt über einen gewissen Diotrephes, einen seiner Gegner: „Wenn ich komme, werde ich an sein Tun und Treiben erinnern. Mit bösen Worten hetzt er gegen uns" (3 Joh 10).

Was nun das Konzil betrifft, so wäre es bei rechter Anwendung seiner großartigen Dokumente tatsächlich möglich, eine gute und weitgehende Reform der Kirche in die Wege zu leiten. Leider passieren aber eher unerfreuliche Dinge. Einige, die das Konzil ständig im Munde führen, wollen Änderungen durchsetzen, die das Konzil selbst niemals im Sinne hatte. Andere wissen nichts Besseres zu tun, als über die Abschaffung des Lateins sowie einiger Feste und Zeremonien zu klagen; mißtrauisch geworden durch verschiedene Übertreibungen oder falsche Auslegungen, verharren sie schließlich in Trägheit, Unwilligkeit, ja Feindseligkeit. Wieder andere arbeiten voll Optimismus an der Verwirklichung der Anregungen des Konzils, doch manchmal gehen sie im Übereifer auch in die falsche Richtung.

Es ist mehr als recht und billig, wenn z. B. Bischöfe, Pfarrer und Ordensobere auch andere Meinungen einholen, die „Basis" informieren usw. Manchmal jedoch ist es zum Verzweifeln: Bischöfe und Priester müssen ständig von einer Beratung zur anderen hetzen, von einer Versammlung zur nächsten, von einer Kommission zur anderen. Es werden dabei zwar einige brauchbare Resultate erzielt, aber manchmal kommen einem doch die Worte von Kardinal Heenan in den Sinn: „Die gemeinsame Beratung ist eine ausgezeichnete Sache und notwendig, vorausgesetzt, daß die Diskussion der Aktion nicht den Garaus macht... Neben der pastoralen Arbeit zählt das Gebet zu den größten Opfern in diesem Krieg der Worte. Diejenigen, die viel reden, nehmen sich nur selten Zeit, um im Gebet auf Gott zu hören."

Hinzu kommt noch die Einmischung politischer Instanzen, die sich wie wild auf das Konzil gestürzt haben, um es für die eigenen Interessen auszuschlachten, wodurch sie viel Verwirrung gestiftet sowie Resignation und Mißtrauen verursacht haben. So habe ich in den letzten Tagen in der Zeitung gelesen: „Das Konzil hat alles verändert: Verlassen wir die Schützengräben, strecken wir die Waffen, ergeben wir uns!" Das ist vielleicht eine unüberlegte Demobilisierung und eine vorschnelle Abdankung, die eines Menschen unwürdig ist, der zur Kirche Christi gehört. Das Pfingstfest ruft uns vielmehr auf zur Zuversicht der Apostel, die mit dem Geist eines ganz neuen Wagemutes ausgestattet wurden. In Wirklichkeit weiß nur Gott allein um den tatsächlichen Zustand der Kirche Bescheid, und diese kann – wenn auch nach einem Leidensweg, nach ihrem Kalvaria – den Hafen nicht verfehlen, für den Gott sie bestimmt hat.

An uns liegt es, als Glieder der Kirche nicht schläfrig dahinzudösen, sondern aktiv mitzuarbeiten, eingedenk dessen, daß sie nicht so sehr eine Familie von Geretteten als vielmehr von Rettern ist, die umso wachsamer und im geistlichen Sinne tätig sein müssen, je schwieriger die Zeiten sind.

Priesterliche Heiligkeit

Homilie vor einer Klerusversammlung in Venedig (1977)

Dem hl. Antonius von Padua sind schon viele Titel verliehen worden: Der hl. Franziskus selbst nannte ihn, der zu seinen ersten Gefährten zählte, „seinen Bischof"; er galt als Wundertäter und so hervorragender Prediger, daß Papst Gregor IX. ihn eine „Schatztruhe der Heiligen Schrift" nannte; von Pius XII. wurde er schließlich sogar zum Kirchenlehrer ernannt. In Padua aber nennt man ihn schlicht „il Santo", den Heiligen schlechthin, der schon elf Monate nach seinem Tod vom Papst zur Ehre der Altäre erhoben wurde.

Wenn wir ihn also heute bei dieser feierlichen Zusammenkunft verehren, so sollten wir dabei die Gelegenheit benutzen, unsere guten Vorsätze, nach priesterlicher Heiligkeit zu streben, wieder einmal zu erneuern.

Man beruft sich so oft auf das II. Vatikanische Konzil; man ist stolz darauf, auf der Linie des Konzils zu stehen, und es gilt als eine Schande, als „vorkonziliar" angesehen zu werden. Schön und gut, aber die wesentlichste Übereinstimmung mit dem Konzil besteht für uns Priester darin, heiligmäßig zu leben. So sagt etwa die Konstitution „Lumen gentium": „Die Priester sollen ... in täglicher Ausübung ihrer Pflicht in der Liebe zu Gott und dem Nächsten wachsen. Sie sollen das Band der priesterlichen Gemeinschaft wahren, an jedem geistlichen Gut Überfluß haben und vor allen ein lebendiges Zeugnis für Gott geben, als eifrige Nachahmer jener Priester, die im Laufe der Jahrhunderte in oft demütigem und verborgenem Dienst ein hervorragendes Beispiel von Heiligkeit hinterließen. Ihr Lob lebt in der Kirche Gottes" (LG 41). Und im Priesterdekret „Presbyterorum ordinis" heißt es: „Daher mahnt die Heilige

Synode alle Priester inständig, mit Hilfe der von der Kirche empfohlenen entsprechenden Mittel nach stets größerer Heiligkeit zu streben, um so immer mehr geeignete Werkzeuge für den Dienst am ganzen Gottesvolk zu werden" (PO 12).

Das Amt, das wir bekleiden, verlangt von uns ein heiligmäßiges Leben: „Wir sind also Gesandte an Christi Statt, und Gott ist es, der durch uns mahnt" (2 Kor 5,20). Das Bewußtsein dieses hohen Amtes muß in uns neu geweckt werden. Der Tendenz, im Priester bloß einen „Menschen wie alle anderen" zu sehen, steht das Wort des hl. Paulus gegenüber: „Du aber, ein Mann Gottes" (1 Tim 6,11). Wir erleben heute, daß leider manche ihr Priestertum über Bord werfen. Eine solche Flucht vor dem Amt hat es auch früher schon gegeben, aber in einem ganz anderen Sinne. Der hl. Johannes Chrysostomus war an dem Tag, an dem er zusammen mit seinem Freund, dem hl. Basilius, zum Bischof geweiht werden sollte, plötzlich unauffindbar: Er hatte Angst bekommen – so bekennt er später –, der Eitelkeit zu erliegen. Der hl. Ambrosius, der vom Volk zum Bischof bestimmt worden war, flüchtete aus Mailand; von den kaiserlichen Boten verfolgt, wurde er schließlich in einer Grabkammer an der Straße nach Pavia aufgestöbert und wieder in die Stadt zurückgebracht. Der hl. Augustinus bekennt in einer Predigt an seine Gläubigen in Hippo, daß er aus Angst vor dem Bischofsamt von Jugend an einen weiten Bogen um jene Städte gemacht hatte, die noch keinen Bischof besaßen; in Hippo jedoch gab es einen Bischof, nämlich Valerius. Augustinus begab sich also ganz arglos dorthin und betrat die Kirche. Dort predigte gerade Bischof Valerius und tat dabei seinen Willen kund, einen Priester zu weihen, der ihm hilfreich zur Seite stehen sollte. Die anwesenden Gläubigen stürzten sich sofort auf Augustinus und präsentierten ihn dem Bischof zur Weihe. Der Heilige weinte bittere Tränen. Warum? „Weil" – so sagt er selbst – „ich keinerlei Ehrgeiz hatte und lieber an letzter Stelle stehen wollte im Hause des Herrn."

Viel poetischer als Augustinus drückt Chrysostomus seine Scheu vor dem Priesteramt in einem Vergleich aus. Nehmen wir an – so schreibt er –, da ist eine Braut, eine Königstochter von vollendeter Schönheit, so reich an inneren Werten und mit so kostbaren Gewändern angetan, daß selbst die Schönheit ihres Körpers daneben verblaßt. Nehmen wir weiter an, daß ein vornehmer Jüngling sich in sie verliebt, nicht nur wegen der entzückenden Eigenschaften dieses unvergleichlichen Mädchens, sondern auch, weil er ihr gegenüber von einer Leidenschaft erfaßt worden ist, die selbst die verrücktesten Liebhaber, die es je gegeben hat, in den Schatten stellt. Nehmen wir nun an, daß er gerade im schönsten Augenblick erfährt, daß seine wunderbare Geliebte im Begriffe steht, die Frau eines anderen Mannes von niederer Herkunft zu werden, der überdies auch noch körperlich mißgestaltet ist. Was wird er sich denken? Gut – so schließt Chrysostomus –, dieser mißgestaltete Nebenbuhler bin ich; die Braut ist die Diözese, und der Mann, der sie leidenschaftlich liebt, ist Christus. Verstehst du nun, Basilius, warum ich vor der Bischofsweihe davongelaufen bin?

Mit dieser hohen Vorstellung vom Priestertum im Herzen ist es kein Wunder, daß Augustinus, Ambrosius und Johannes Chrysostomus, wenn sie auch nur widerwillig die Weihe empfangen haben, schließlich doch Seelenhirten geworden sind, deren Lob im Volke Gottes immer wieder gesungen wird.

Doch worin besteht die priesterliche Heiligkeit? Ein anderer großer Hirte, der ebenfalls vor der Bischofsweihe zurückschreckte, sie dann aber doch widerstrebend empfing, schließlich jedoch den berühmten Bischofssitz von Konstantinopel als einfacher Mann wieder verließ und seinen Gegnern zurief: „Werft Jonas ins Meer!“, ist der hl. Gregor von Nazianz. Er argumentierte folgendermaßen: Wer zum Priestertum hinzutritt, muß Christus, dem Hohenpriester, nachfolgen. Doch wie soll man diesen Christus nachahmen, der uns von der Bibel mit so vielen Vorzügen ausgestattet vor Augen gestellt wird? Und er zählt dann diese Vorzüge im einzelnen auf, insgesamt 32: Gott, Sohn, Ebenbild, Wort, Weisheit, Wahrheit, Licht, Kraft, Hauch, Hervorgang, Glanz, Schöpfer, König, Gesetz, Leben, Tür, Fundament, Eckstein, Perle, Friede, Gerechtigkeit, Heiligung, Erlösung, Mensch, Knecht, Hirt, Lamm, Pontifex, Hostie, Erstgeborener vor aller Schöpfung, Erstling unter den Toten, Auferstehung.

Gregor von Nazianz hat recht. Es wäre tatsächlich verrückt, einen Christus mit solchen Ehrentiteln nachahmen zu wollen. Gott sei Dank hat Jesus selbst gesagt, um es für uns einfacher und leichter zu machen: „Lernt von mir, denn ich bin gütig und von Herzen demütig“ (Mt 11,29). Christus ist der „doctor humilitatis“, wie Augustinus sagt.

Gütig ist ein Priester dann, wenn er ruhig und ausgeglichen bleibt und weder aus Menschenfurcht sich zu einer Schwäche hinreißen läßt, noch zu Zorn oder Neid tendiert; wenn er Geduld aufbringt auch angesichts von Ungerechtigkeit oder Verleumdung; wenn er nicht laut drauflos poltert, sondern der Worte eingedenk ist: „Eine sanfte Antwort dämpft die Erregung, eine kränkende Rede reizt zum Zorn“ (Spr 15,1).

Demütig ist ein Priester, wenn er sich vor Augen hält, daß Gott „das Törichte in der Welt erwählt hat, um die Weisen zuschanden zu machen, und das Schwache in der Welt ..., um das Starke zuschanden zu machen“ (1 Kor 1,27). Mit dem hl. Paulus sagt der demütige Priester: „Durch Gottes Gnade bin ich, was ich bin“ (1 Kor 15,10). Die Pelagianer und Semipelagianer verstanden die betreffende Bibelstelle so: Ohne mich könnt ihr nichts *mit Leichtigkeit* vollbringen. Der demütige Priester aber liest mit Christus schlicht und einfach: „Ohne mich könnt ihr nichts vollbringen“ (Joh 15,5). Mit dem hl. Augustinus hält er daran fest: „Wenn Gott unsere Verdienste krönt, dann krönt er nichts anderes als seine Gaben.“ Das Konzil betont, daß das Priesteramt „ein wahres Dienen ist, weshalb es in der Heiligen Schrift bezeichnenderweise mit dem Wort ‚Diakonia‘ benannt wird“ (LG 24). Der demütige Priester ist davon zutiefst überzeugt und bereit, das „praeesse est prodesse“ eines hl. Augustinus, eines Gregor des Großen und eines hl. Bernhard bedingungslos zu unterschreiben. Vom Bischof sagt Augustinus: „Wenn er nicht gerne dient, wenn er nicht bereit ist, sein Leben für seine Brüder hinzugeben, ist er kein Bischof.“ Das wäre so, wie wenn ein armer, zerlumpter Bettler den Namen Felix (der Glückliche) trüge. Alle sagen zu ihm: Felix, komm her, Felix, geh dorthin, Felix, tu dieses, Felix, tu jenes! Sie nennen ihn zwar Felix, in Wirklichkeit ist er aber ein unglücklicher und bedauernswerter Mensch. Manche wenden dagegen ein: Aber er regiert doch eine ganze Diözese und thront auf einer Kathedra, er ist Bischof! Die bissige Antwort Augustins: Ja, er regiert und thront, aber so wie eine Vogelscheuche auf dem Feld.

Was sind nun die Hilfsmittel, um heilig zu werden? Da ist einmal das Wort Jesu an seine Jünger, daß sie allzeit beten sollen (Lk 18,1). Was halten wir davon? Der hl. Augustinus hat gesagt: „Wahrlich, derjenige vermag recht zu leben, der recht zu beten versteht." Und er hat das „allzeit" so erklärt: „Immer wenn du ein Verlangen hast, sollst du beten." Wann verkümmert also nach Augustinus das Gebet? Wenn das Verlangen danach einschläft. „Was immer du tust, wenn du nach dem Einssein mit dem Herrn verlangst, darfst du mit dem Beten nicht aufhören. Du wirst nur dann schweigen, wenn du aufgehört hast zu lieben." Achten wir besonders auf die wichtigsten Anlässe für unser Beten.

Der *erste Anlaß* ist die hl. Messe. Wir können von den anderen nicht verlangen, daß sie die hl. Messe lebendig mitfeiern, wenn wir es selbst nicht tun. Vor kurzem sagte Paul VI. zu den Bischöfen Frankreichs: „Die Eucharistiefeier ist in ihrem Wesen die Wiederholung des Erlösungsopfers Christi. Kein Amtsträger und kein Laie kann sich als Eigentümer dieser Wirklichkeit betrachten. Sie ist ein heiliges Geheimnis, das eine Atmosphäre des Ernstes und der Würde verlangt und keine Mittelmäßigkeit oder Nachlässigkeit hinsichtlich des Ortes, der Gewänder und der Kultgegenstände duldet. Einfachheit ja, Lässigkeit nein! Wir beglückwünschen jene Diözesen, die ihren Gläubigen in verschiedenster Form einen liturgischen Gottesdienst darbieten, der diesen Namen verdient. Ein solches Bemühen, das sich von freien Erfindungen fernhält, wird dazu beitragen, daß der katholische Gottesdienst seine Identität behält und den Glauben des Volkes der Getauften auszudrücken und zu nähren vermag."

Der *zweite Anlaß* ist das Breviergebet. Man spricht soviel von Gemeinschaft unter uns. Beginnen wir doch gleich hier, verwirklichen wir die Gemeinschaft mit dem Papst, dem Bischof, den Priestern, indem wir alle das offizielle Gebet der Kirche immer treulich verrichten.

Der *dritte Anlaß* ist die geistliche Lesung. Liest du

manchmal in der Bibel? Da spricht Gott zu dir, und du sprichst mit Gott. Aber es gibt auch noch die Lebensbeschreibungen der Heiligen. Das Leben eines Heiligen – sagt Franz von Sales – verhält sich zur Bibel wie der Klang der Musik zur Partitur. Die Hagiographen stehen heute leider nicht sehr hoch im Kurs. Viele Heilige haben sich zu ihrem neuen, heiligmäßigen Leben entschlossen, weil sie die Lebensbeschreibung anderer Heiliger gelesen hatten. Indem sie dort entdeckten, welch große Anstrengungen andere unternommen haben, um das Evangelium in die Tat umzusetzen, haben sie den Weg für ihr eigenes Leben gefunden.

Wir Priester sind ganz besonders Lehrer des Gebetes für das Gottesvolk. Doch wenn wir selbst nur wenig oder schlecht beten? Vielleicht gilt auch für uns, was Hans Urs von Balthasar einmal geschrieben hat: „Die Laien gewinnen ziemlich oft den Eindruck, daß nicht wenige Kleriker in Wahrheit nicht wissen, was das Gebet bedeutet, oder wenn sie es wissen, dann haben sie kein Bedürfnis, es an ihre Gemeinde weiterzugeben." Wir müssen zwar ständig das Wort im Munde führen, aber unser Reden ist von besonderer Art: Mehr noch als gute Redner müssen wir gute Beter sein! Der hl. Antonius war zuerst ein großer Beter, ehe er ein großer Prediger wurde. Bitten wir ihn, daß er uns vom Herrn das erwirke, was der Prophet Sacharja den „Geist des Mitleids und des Gebetes" nennt (Sach 12,10).

Ein wenig über das „Fegefeuer“

Fastenbrief an die Priester im Diözesanblatt von Venedig (1978)

Meine Mitbrüder! Im Jahre 1965, dem Jahr des großen Dante-Jubiläums, habe ich anhand der Verse seiner „Göttlichen Komödie“ eine Art Exerzitien gemacht und dabei mein Leben einer Überprüfung unterzogen. Ich habe jetzt die Notizen von damals wiedergefunden und möchte sie euch vorlegen in der Hoffnung, daß sie auch euch dienlich sein können.

Ihr erinnert euch sicher an Dantes Beschreibung des Fegefeuers, wo die Seelen gereinigt werden, indem sie Strafen erdulden, aber auch indem sie sich der Meditation hingeben. Das erste, was ihnen in jedem Kreis zur Betrachtung vorgelegt wird, ist eine Episode aus dem Leben der Jungfrau Maria. Auch wir wollen uns jetzt darin vertiefen, nicht zum Zwecke der Bildung wie einst, als wir Dante in der Schule lasen, sondern zu unserer Erbauung.

1. Den Beginn machen die Stolzen. Sie tragen im Leben den Kopf hoch, und Dante läßt sie tief fallen. Während sie in ihrem Verlies unter mächtigen Felsen ängstlich und bedrückt auf und ab gehen, haben sie immer gewisse reliefartige Darstellungen vor Augen, die in den Felsen gehauen sind. Ganz lebensecht erscheint dort die Jungfrau Maria, die in aller Demut zum Engel sagt: „Ecce ancilla Dei“ (Purgatorio X,44).

Wir Priester wissen es: Die *Magd Gottes* ist ein Widerhall des *Gottesknechtes* bei Jesaja. Wir wissen auch, daß die vier sogenannten „Lieder vom Gottesknecht“ (Jes 42,1–4; 49,1–6; 50,4–9; 52,13–15 und 53,1–12) in prophetischer Weise Jesus als Lehrmeister und Gesetzgeber beschreiben, der so unvorstellbar gütig und demütig ist, daß er sich von keinerlei

Verfolgung abschrecken läßt und zum Sühneopfer für die Sünden anderer wird. „Er schreit nicht und lärmt nicht und läßt seine Stimme nicht auf der Straße erschallen. Das geknickte Rohr zerbricht er nicht, und den glimmenden Docht löscht er nicht aus“ (Jes 42,2–3). „Wie ein Lamm, das man zum Schlachten führt, und wie ein Schaf angesichts seiner Scherer, so tat auch er seinen Mund nicht auf“ (Jes 53,7).

Fragen wir uns: Ist das der Stil, in dem auch wir als Priester Gott und den Menschen „dienen“?

Der hl. Augustinus schreibt in seinem Johanneskommentar: Manche „ergehen sich in zahllosen subtilen Erörterungen, sie teilen alles genau ein und grenzen es ab, sie ziehen exakteste Schlußfolgerungen und füllen damit ganze Bände“, aber „sie geben dabei in eitler Selbstdarstellung auch ihre eigene Weisheit zum besten“. Sollten unter uns welche sein, die sich so verhalten, dann gehören sie wohl eher zum Orden „vom geschwollenen Kamm“ als zu „Christus, dem demütigen Knecht Jahwes“!

Andere scheinen sich geschworen zu haben, niemals nachzugeben, um jeden Preis recht zu behalten, immer das letzte Wort zu haben: Sie gehören zum Orden „von der fixen Idee“, aber nicht zur Gemeinschaft des „Knechtes Jahwes“.

Andere haben das Bedürfnis, immer dagegen zu sein, wenn du für etwas bist, und für etwas einzutreten, was du ablehnst. Sie wollen nie das gleiche tun wie die anderen, sondern sich immer von den anderen unterscheiden: Sie gehören zur Riege der „Besserwisser“.

Wieder andere ziehen sich aus „verletztem Stolz“ zurück, spielen die Verbannten in der Heimat und erheben aus ihrem frei gewählten Exil trotzig ihre Stimme: „Ihr habt mich für die großen Aufgaben nicht gebraucht, jetzt stehe ich eben auch für die kleinen nicht zur Verfügung.“ Man hat direkt Lust, mit Dante traurig zu wiederholen: „Und abseits sah ich Saladin“ (Inferno IV,129).

Traurig deshalb, weil dieser „verletzte Stolz“ eine miese Einstellung ist und dieses Sich-Zurückziehen eine gefährliche Isolation bewirkt, die nur sinnloses Leid verursacht. Wieviel mehr Frieden gäbe es, wieviel besser und verdienstvoller wäre es, wenn wir mit Hilfe Gottes gewisse Seelenzustände überwinden könnten, wenn wir ein Unrecht, das uns scheinbar oder auch wirklich zugefügt wurde, einfach vergessen könnten, wenn wir gewisse Festungen, die unsere Phantasie errichtet hat, schleifen und uns demütig und großherzig zur Verfügung stellen und ehrlichen Herzens sagen würden: „Siehe, ich bin ein Knecht des Herrn!"

2. Im zweiten Kreis sitzen Schulter an Schulter an die Felsen gelehnt die Neider. Sie können nichts sehen, denn sie sind geblendet worden, doch sie hören laute Stimmen, die ständig zur Liebe mahnen: „Die erste, die ich hörte im Bereiche, sprach lauten Tones: ‚Vinum habent non!'" (Purgatorio XIII,28–29). Es sind die Worte Mariens, die bei der Hochzeit zu Kana keineswegs blind war, sondern ihre Augen offenhielt und bemerkte, was den Leuten fehlte. Dadurch ersparte sie dem Brautpaar eine arge Blamage. Diese Worte erinnern uns daran, daß auch wir um das Wohl der anderen besorgt sein müssen, auch wenn das für uns manche Unannehmlichkeiten mit sich bringen sollte. Wir müssen manchmal darauf verzichten, uns in den Vordergrund zu stellen, um auch die anderen zur Geltung kommen zu lassen. Wir sollten die Tätigkeit unserer Mitarbeiter akzeptieren in der demütigen Überzeugung, daß wir nicht alles selber machen können, daß uns nicht alles gelingt, daß auch wir unsere Grenzen haben.

Es hat keinen Sinn, sich unbefriedigt und gleichsam schuldig zu fühlen, weil andere auf manchen Gebieten mehr zustande bringen als wir. Jeder hat eben seine Gaben und Talente. Der eine ist von Natur aus eher zurückhaltend, er besitzt nicht die herzliche Leutseligkeit, die das Volk anzieht, es wird nicht von allen Seiten nach ihm verlangt, aber er wird vielleicht geschätzt wegen seiner weisen Ratschläge und seiner Klugheit. Der andere hat keinerlei Talent für das Organisatorische, und obwohl er sich alle Mühe gibt, gelingt es ihm kaum, die bestehenden Gruppen und Runden am Leben zu erhalten. Dafür geht er gerne zu den Kranken und versteht sich auf eine saftige, gern gehörte und einprägsame Predigt. Wichtig ist, daß jeder versucht, alle seine natürlichen Fähigkeiten Gott zur Verfügung zu stellen und sich im übrigen auf den Herrn zu verlassen.

Es ist auch wichtig, daß wir ohne Klage und Eifersucht den Laien jenen Verantwortungsbereich überlassen, der ihnen zusteht, und erkennen, daß vor allem heute die Laien – und nur sie – gewisse Aufgaben einfach am besten erfüllen können, wobei sie sich zwar an das Evangelium, nicht immer aber auch an den Bischof oder ihren Pfarrer halten müssen. Mancher durchaus ernstgemeinte Dialog von gestern klingt heute wie ein Witz. „Wie ist eigentlich unsere Stellung als Laien?“ fragte da einer. „Eure Stellung ist eine dreifache“, gab ihm der Pfarrer zur Antwort: „Erstens die kniende, um zu beten; zweitens die sitzende, um zu hören; drittens der Griff nach der Geldbörse, um zu helfen. Für alles Weitere sorgen schon wir!“ Welcher Pfarrer hätte heute noch den Mut, so etwas zu sagen, wenn er weiß, daß das Verhalten der Leute bis zu 80 Prozent von ihrer Umgebung abhängig ist und daß dieses Milieu heute vor allem vom Fernsehen, vom Rundfunk, von der Presse und von vorgefertigten Meinungen außerordentlich wirksam *geprägt* wird?

Die Aufgabe eines Menschenfischers ist heute viel komplizierter geworden, als sie es noch gestern war. Es genügt nicht mehr, einfach nur das Netz ins Wasser zu werfen, man muß vielmehr das Wasser, das ständigen Verunreinigungen ausgesetzt ist, die das Leben der Fische bedrohen, gleichzeitig schützen und ständig erneuern. Man muß sich auch vor Augen halten, daß das Wasser vielfach von Haien verseucht ist, die an Zahl, Aggressivität und Hartnäckigkeit immer mehr zunehmen. Um heute zu „fischen“, sind hundert Augen, hundert Hände und hundertmalige Versuche notwendig. Wehe deshalb dem Fischer, der glaubt, ganz allein „fischen“ zu können. Erinnert ihr euch an den alten Fischer bei Hemingway („Der alte Mann und das Meer“)? 80 Tage lang verbrachte er in seinem Boot auf hoher See; 80 Tage lang warf er immer wieder das Netz und die Angel aus, er war hundemüde, der Schweiß drang ihm aus allen Poren, doch er fing nichts. Am Ende zappelte aber doch noch ein riesiger Fisch an seiner Angel. Der Alte führte einen heroischen Kampf, den er schließlich auch gewann. Daraufhin band er die Beute am Heck des Bootes fest und steuerte zufrieden dem Ufer entgegen. Aber er hatte die Rechnung ohne die Haie gemacht, die dem Boot folgten. Als er endlich im Hafen anlegte, waren vom riesigen Fisch nur noch der Kopf, der Schwanz, die Rückenflosse und einige Gräten übrig. Der alte Mann hatte sich zwar heldenhaft eingesetzt, aber er war eben allein gewesen!

3. Im dritten Kreis hat Dante in einer Art Ekstase dieselbe Vision wie die Zornigen, die er in dichten Qualm eingehüllt auf und ab gehen sieht. Es scheint ihm, als sähe er den Tempel von Jerusalem und darin einige Personen: Am Eingangstor steht Maria, die sich mütterlich zum Jesuskind hinunterneigt und fragt: „Warum hast du uns dies getan, mein Sohn?“ (Purgatorio XV,90) Das ist eigentlich ein Vorwurf, der aber durch den sanften Ton der Stimme und das mütterliche Verhalten so gemildert wird, daß er wie eine Zärtlichkeit erscheint. Denken wir daran: Auch wir müssen manchmal tadeln: den Ministranten, der die Kerze hat fallen lassen, die Haushälterin, wenn sie die Suppe versalzen hat, die Pfarrangehörigen, die trotz Mahnungen und Bitten am Sonntag ihre gewöhnlichen Arbeiten verrichten. Ja, wir müssen manchmal tadeln, aber wir sollen es „wie eine Mutter“ tun. Unser Blick soll nicht Funken sprühen, und weder beißender Sarkasmus noch wilder Zorn soll unsere Worte von der Kanzel kennzeichnen.

Früher einmal waren die Leute vielleicht eher bereit, so manche Grobheiten ihrer Priester hinzunehmen. Zur Zeit eines Fra Ginepro machte man sich noch Sorgen darüber, daß der Vorgesetzte bei seinem Zornesausbruch sich eine Erkältung zuziehen könnte. Heute ist dies anders. Wie sympathisch ist doch dieser Fra Ginepro! Als er wegen einer seiner üblichen skurrilen Einfälle die soundsovielte „Abreibung“ von keinem Geringeren als dem Pater General persönlich erhielt, hat er nur die eine Sorge: „Meinetwegen, wegen des zornigen Vorwurfs, den er mir machen mußte, läuft der Pater General nun Gefahr, sich eine Heiserkeit zuzuziehen. Da muß ich Vorsorge treffen!“ Und er trifft sie auch. „Er geht in die Stadt“ – so heißt es in den „Fioretti“ – „und läßt dort einen großen Napf voll Mehlbrei mit Butter zubereiten. Mitten in der Nacht kehrt er zurück, zündet eine Kerze an und begibt sich mit dem Napf voll Mehlbrei zur Zelle des Pater Generals, wo er anklopft.“

Der General öffnet die Tür. Er ist ziemlich ungehalten und denkt nicht daran, den wiederholten eindringlichen Bitten von Fra Ginepro nachzukommen, er möge doch essen und damit seine heisere Stimme kurieren. Nach einigem Hin und Her meint der gute Ginepro schließlich: „Mein Vater, wenn du nicht essen willst, dann halt mir wenigstens die Kerze, damit ich essen kann." Die „Fioretti" sagen es zwar nicht ausdrücklich, aber man kann annehmen, daß sich auf den Lippen des erzürnten Pater Generals schließlich doch ein kleines Lächeln gezeigt hat, während er mit der Kerze dieser so ungewöhnlichen Mahlzeit Licht spendete. Zumindest hatte der Zorn ihm nicht den letzten Rest von Humor geraubt.

Heute sind solche Typen, die ihre Vorgesetzten auch dann noch verehren, wenn diese zornig sind, äußerst selten geworden. Man spricht vielmehr von einer „Krise des Gehorsams", und P. Buckley, selbst Ordensgeneral, fühlte sich vor dem Plenum des Konzils sogar verpflichtet zu betonen, daß eine solche Krise in den Orden tatsächlich besteht, aber – aus Verschulden der Vorgesetzten, die nicht ausreichend darauf vorbereitet wären, ihre leitende Funktion so zu erfüllen, wie es notwendig wäre.

Wenn wir nun von den Vorgesetzten zu den Untergebenen kommen, so mangelt es auch diesen nicht an Gelegenheiten, ihren Zorn zu zügeln. Der Pfarrer X ist ein „Gesundheitsapostel", der bloß einen Schnupfen zu ahnen braucht, und schon legt er sich mit zwei Fieberthermometern ins Bett, wobei er das eine unter die Achsel klemmt und das andere in den Mund steckt. Dabei herrscht gerade in der Kirche ein Riesenandrang von Leuten, die alle beichten wollen! Oder er gehört vielleicht zu denen, die am liebsten noch einen Floh töten würden, um seine Haut zu verkaufen und ein paar Groschen daran zu verdienen. Oder er verlangt unsinnigerweise, daß der Kaplan ihm den Laufburschen macht, und manchmal demütigt er ihn auch vor der Haushälterin und anderen Leuten. Oder es steigern sich seit Monaten viele kleine Umstände, an die man im Seminar nie gedacht hätte, zu einer täglichen quälenden Spannung, die einen entnervt und deprimiert: Dann kann mit der Zeit das ständige Schweigenmüssen und Sichbeherrschen, das Hinunterschlucken und Einstecken das Unbehagen so sehr anwachsen lassen, daß einer schließlich sagt: „Ich kann einfach nicht mehr; wenn es so weitergeht, explodiere ich!" Nun gut, man soll natürlich nie „explodieren", sondern sich ein Sicherheitsventil suchen; die Freundschaft der Mitbrüder könnte beispielsweise ein solches Ventil sein. Es ist besser, seinem Ärger unter Freunden Luft zu machen, als vor einem Vorgesetzten zu „explodieren"! Noch besser allerdings ist es, im Gebet vor Gott sein Herz auszuschütten, und es ist auch keineswegs abwegig, sich den nächsthöheren Vorgesetzten anzuvertrauen, die zwar die Dinge vielleicht auch nicht ändern können, aber dem jungen Kaplan wenigstens Verständnis entgegenbringen und ihm ein wenig Selbstvertrauen und Hoffnung einflößen können.

4. Die Faulen sind eine Art von menschlichen Schnecken, sie haben Angst vor jeder Arbeit und Schwierigkeit. Wir erfahren es ja bei uns selbst: Wir sind wie gelähmt, wenn es darum geht, Entscheidungen zu treffen und irgendwelche Anstrengungen zu unternehmen. Wir fürchten wahrscheinlich, nach unserem Tod der Nachwelt einen Sack voller unfertiger Projekte, Skizzen und Entwürfe, aber kein abgeschlossenes Meisterwerk zu hinterlassen. Diese Faulen sieht Dante im vierten Kreis in großer Eile daherkommen und sich gegenseitig antreiben, Gutes zu tun. Zwei von ihnen laufen an der Spitze einer großen Schar und bekennen unter Tränen: „Maria lief in Eile auf des Gebirges Steile" (Purgatorio XVIII,100). Sie lief nicht nur, sie lief *in Eile,* und damit verurteilt sie unsere Gemächlichkeit, unsere Nachlässigkeit, Untätigkeit, Abgestumpftheit, Trägheit und unseren Müßiggang. Und tatsächlich, wir tun zwar etwas, aber oft drängt sich die Arbeit einfach von selbst auf (Gottesdienste, Krankenbesuche, Begräbnisse, Hochzeiten), und fast nie suchen wir uns selbst ein Betätigungsfeld („Was könnte ich über das hinaus, was ich ohnehin schon mache, noch alles tun? Was könnte ich besser machen? Wie könnte ich bessere Resultate erzielen?"). Wir arbeiten, aber manchmal hat es den Anschein, als würden wir uns eine leichte Arbeit aufhalsen, um einer schwierigeren auszuweichen. Wir arbeiten, aber nur ungern, und mit einem Auge schielen wir bereits auf den Urlaub („Wann werde auch

ich endlich einmal etwas ausspannen können?") oder auf einen neuen Posten, von dem wir glauben, daß er weniger anstrengend sein wird („Wann bekomme auch ich einmal ein Amt, wo ich auf der faulen Haut liegen kann?"). Wir arbeiten, aber wir schieben auch reichlich und oft zu unpassenden Zeiten unsere Ruhepausen ein (am Abend heißt es: „Ich bin noch viel zu munter, um jetzt schon schlafen zu gehen", und am Morgen: „Ich bin noch zu unausgeschlafen, um schon aufzustehen, um die morgendliche Meditation zu halten, um jetzt schon zu arbeiten").

Einer hat mir einmal seine Bücher gezeigt und allen Ernstes gemeint: „Bücher habe ich ja, nur leider, sie auch zu lesen habe ich keine Zeit!" Das „leider" macht die Sache vielleicht weniger schlimm, es bleibt jedoch bestehen, daß auch ein großer Arbeitseinsatz einen Priester nicht daran hindern muß, sich weiterzubilden, wenn man wertlose Lektüre vermeidet und die Zeit gut nützt. Eine kleine Bibliothek zu haben ist schon ein erster Schritt; außer es handelt sich um eine solche wie bei jenem Pfarrer, der sich einen als Bibliothek getarnten Wandschrank bauen ließ und darüber die Verse schrieb: „Mir ward die große Geisterschar erschlossen, so daß vom Schauen ich in mir selbst noch schwelle" (Inferno IV,119–120). Alle Nachbarpfarrer, die zum erstenmal zu ihrem Kollegen auf Besuch kamen, lasen die Verse und beglückwünschten ihn zu der sinnigen Dante-Auslegung. Er nahm ganz bescheiden ihre Komplimente entgegen, dann öffnete er den Schrank und zeigte ihnen auf den drei Regalen eine ganze Kollektion von Flaschen, vom Kognak bis zum Likör, vom Whisky bis zum Wodka, von der Flasche „Vecchia Romagna" bis zum „Cherry Brandy". Er schenkte ihnen großzügig ein und erklärte: „*Geister* deshalb, weil es alkoholische Getränke sind; und *groß,* weil es sich um hochprozentige Alkoholika handelt." Das Unglück war, daß er auch noch sehr faul war, so daß die Seelsorge bei ihm viel zu kurz kam. Es ist oft gesagt worden, daß ein Pfarrer gewisse Probleme heutzutage allein nicht mehr bewältigen kann, sondern daß dazu ein ganzes Priesterteam notwendig ist, das von Laien unterstützt werden muß, daß statistische Daten gesammelt und ausgewertet werden müssen, daß ein langfristiges Programm entwickelt und die Arbeit besser verteilt und koordiniert werden muß und auf bestimmten Gebieten nur von solchen Leuten geleistet werden kann, die eine spezielle Ausbildung dafür genossen haben.

Davon sind wir im Grunde fast alle überzeugt, aber aus Angst vor der neuen und ungewohnten Arbeitsweise und vor der Mehrarbeit, die sie mit sich bringt, machen wir lieber im gleichen Trott wie bisher weiter: Wir pflügen weiterhin mit den Ochsen, obwohl es schon mächtige Traktoren gibt; wir ziehen im Zeitalter der Raketen noch immer mit der Flinte und der Patronentasche in den Krieg; wir tun das Gute fragmentarisch, einmal hier, einmal dort, während das Böse als geschlossene Phalanx auftritt. „Diese Pfarrgemeinde hier ist klein und übersichtlich, ich bin schon seit zwanzig Jahren hier und brauche keine Statistiken, ich weiß auch so alles!" hat mir einmal einer gesagt. Nun, alles weiß man nie. Wenn man zwanzig Jahre in einer Gemeinde ist, so kann das zwar hilfreich sein, es kann aber auch betriebsblind machen, es können sich im Kopf des Pfarrers vorgefaßte Meinungen einnisten, die ihn daran hindern, die neue Realität zu erkennen. Die äußerst rasch sich vollziehenden Änderungen von Strukturen und Mentalität verlangen von uns, wachsam und aufmerksam auf die neuen Gegebenheiten zu reagieren. „Maria" – sagt uns Dante – „lief in Eile!"

5. Die Kunst hat nur sehr selten dieses liebende Eilen Mariens dargestellt; noch seltener hat sie ihre Armut beschrieben. Die Geburts- und Verkündigungsszenen des 15. und 16. Jahrhunderts zeigen uns Maria in kostbaren Kleidern und prächtig ausgestatteten Gemächern; selbst der Stall von Betlehem erstrahlt zuweilen in herrlichem Glanz. Das Konzil hat auf solche Vorstellungen reagiert und betont: Maria „ragt unter den Demütigen und Armen des Herrn hervor" (LG 55). Dante stimmt darin mit dem Konzil überein. Im fünften Kreis läßt er Hugo Capet, einen Geizhals, ausrufen: „Maria ... süßes Wesen! Du bist so arm gewesen, wie aus der Herberge man schließen muß, wo du von deiner heiligen Frucht genesen" (Purgatorio XX,19–23). Wer weiß, ob man auch von uns eines Tages sagen kann: Du bist so arm gewesen! Es

wäre ein wunderschönes Lob für einen Priester, auch wenn heute ein solches Lob nicht immer willkommen zu sein scheint, seit Bischof Fulton Sheen geschrieben hat: „Das II. Vatikanum hat die Aufgabe, die priesterliche Armut wieder neu aufblühen zu lassen, so wie dem Tridentinum das Verdienst zukam, die priesterliche Keuschheit wieder aufgewertet zu haben.“

Eine *erste Art* von Armut betrifft unsere Person. Warum sollte der Priester nicht immer „das Beste vom Besten“ haben und sich daran ergötzen? Den besten Kühlschrank, die neueste Automarke, den letzten Schrei eines Tonbandgerätes? Welche pastorale Notwendigkeit zwingt mich, eine teure Sammlung von Schallplatten mit klassischer Musik zu erwerben, während ich nicht einmal eine einzige theologische Zeitschrift abonniert habe?

Außerdem: Sparen ist eine Tugend, die rechte Vorsorge ebenfalls. Doch wenn gewisse Grenzen überschritten werden, geht die Tugend flöten, und an ihre Stelle tritt eine maßlose Anhänglichkeit an die materiellen Dinge, eben der Geiz. Ich bin vielleicht der Meinung, noch ein „Sparmeister“ zu sein, einer, der vorausschaut und Vorsorge trifft, und dabei gehöre ich bereits zu den „Leuten, die gern nur nehmen“ (Inferno I,55), oder bin sogar der „reiche Geizhals“ des Horaz. Wir haben wohl alle noch diesen Geizhals aus der Satire von Horaz im Gedächtnis, und gebe Gott, daß er niemals einen modernen Doppelgänger unter uns Priestern finden möge! Die Leute sind ungehalten wegen seines Geizes, doch er braucht nur sein Haus zu betreten und seine Schätze zu betrachten, um jedweder Unzufriedenheit des Volkes zu trotzen: „Das Volk zischt mich aus, doch selber zu Hause, klatsch ich mir Beifall, beschau ich mir gleich die Münzen im Kasten“ (Satiren I,1,65 bis 68). Es sei mir gestattet, hier nur so nebenbei anzumerken, daß Reichtum eine relative Sache ist: Für einen Industriellen oder Manager, der viele und schwere Risiken zu tragen hat, der seinen Kindern eine entsprechende Erziehung und Ausbildung angedeihen lassen muß, der einen aufwendigen Lebensstil gewohnt ist, sind einige Millionen nicht viel; für einen Priester jedoch, der ein bescheidenes Leben führen soll, der keine Familie zu versorgen hat, der vor jedem Risiko geschützt ist, sind einige Millionen auf dem Bankkonto, die nicht aus dem Familienbesitz stammen, viel, ja können sogar zuviel sein.

Die *zweite Art* von priesterlicher Armut ergibt sich aus der Liebe zu den Armen. Sicherlich, man braucht nicht naiv zu sein, aber man soll zu unterscheiden wissen und inmitten der vielen offenkundigen und vorgetäuschten Notstände die wahren Nöte erkennen und dann zuerst den am schwersten Betroffenen zu Hilfe kommen. Keinesfalls darf man aber der Versuchung erliegen, in jedem Armen einen lasterhaften Menschen oder Faulpelz zu sehen und jeden Hilferuf als unehrlich abzutun. Umso mehr, als ein Knauser immer einen Vorwand findet, um nicht etwas hergeben zu müssen. Und ärgern wir uns nicht, wenn die Liebe zu den Armen Demut von uns verlangt und Demütigungen mit sich bringt: Wie oft ist unsere Hilfe nur ein Tropfen auf den heißen Stein! Wie oft können wir viel weniger helfen, als der Bedürftige erwartet hat! Für so manchen waren wir die letzte Hoffnung. Er ist vielleicht mit der Überzeugung zu uns gekommen: „Er kann mir helfen, er hat die Möglichkeit dazu! Er wird telefonieren, wird intervenieren, vielleicht einen Brief schreiben, jedenfalls alles in Ordnung bringen!“ Unsere begrenzten Möglichkeiten oder unsere Ohnmacht werden dann eine Enttäuschung für ihn sein, auch wenn wir ihm alles in geeigneter Form erklären. Wir werden bittere Worte zu hören bekommen, die nicht sehr viel Anerkennung durchblicken lassen für das wenige, das wir zu tun in der Lage waren. In solchen Augenblicken benötigt man sehr viel Verständnis, und man muß versuchen, die Armen auch jetzt noch zu lieben, in dieser ihrer Verbitterung, die sie noch ärmer und unglücklicher macht.

Die *dritte Art* priesterlicher Armut ist jene, für die der hl. Franz von Sales eintrat, wenn er sagt: Ihr sollt weder den Geist bei euren Schätzen haben noch die Schätze in eurem Geist! Es ist ein Fehler, wenn ich, obwohl persönlich arm und bedürfnislos, mir einbilde, ein Finanzgenie zu sein, selbst große finanzielle Risiken eingehe und meinen Gläubigen vertraulich dazu rate, besser da wie dort zu investieren, dem einen Geld zu leihen und dem anderen blind zu vertrauen: Da kann es mir passieren, daß ich mich in ein riesiges Schlamassel hineinmanövriere. Noch schlechter wäre es, wenn ich hauptsächlich nur noch mit Bankleuten zu verkehren pflegte, mich selbst als Experten einstufen und mit dem Vokabular der Börsenmakler und Finanzmanager prahlen würde, ja mir eine Mentalität zu eigen machte, welche die Dinge nur mehr vom Standpunkt des wirtschaftlichen Gewinns beurteilt. Schlechter deshalb, weil ich damit meine Zeit vergeude, von meinem wahren Weg abweiche und nicht bemerke, daß alle insgeheim zu mir sagen: „Du solltest mehr daran denken, ein Priester zu sein und nicht ein Geschäftsmann!“

6. Im sechsten Kreis steht Dante vor einem seltsamen Baum. Es scheint sich um eine auf den Kopf gestellte Tanne zu handeln, allerdings mit Blättern und duftenden Äpfeln, auf die von oben ein klarer Quell sich ergießt, während eine geheimnisvolle Stimme aus dem Laubwerk ertönt und den dort befindlichen Schlemmern, die Hunger und Durst leiden, gebietet: „Diese Kost wird nicht von euch genossen!“ Dann fährt die Stimme fort: „Maria dachte mehr, daß auf der Hochzeit gar nichts zu vermissen, als an den Mund...“ (Purgatorio XXII,142–144). Unter die Schlemmer hat Dante verschlüsselt auch Papst Martin IV. gereiht, was sich später als vor der Geschichte nicht zu rechtfertigen herausgestellt hat. Es ist aber dennoch eine Tatsache, daß im Volk immer noch die Vorstellung verbreitet ist, daß die Priester und Mönche sich üppige Mahlzeiten gönnen. Es gibt ja diesbezüglich bezeichnende Namen für gewisse Speisen: von den „Mönchspflaumen“ bis zum „Nonnengeschwätz“, dem „Omelett nach Nonnenart“, den „süßen Klosterrosen“ und „Schwesternzungen“; schließlich gibt es unter den Hauptgerichten einen „Kalbsrücken nach Kartäuserart“, ein „Huhn nach Äbtissinnenart“, einen „Kapuzinersalat“ und „Schnitzel nach Art des Paters Zappata“. Der hl. Thomas gab durchaus zu (die genaue Stelle vermag ich hier nicht anzugeben), daß die häufigsten Verfehlungen der Priester und Ordensleute auf dem Gebiet der Schlemmerei und der heimlichen Intrige passieren, und Rabelais, der spaßhalber eine lange Liste der „schönsten“ Bücher aufstellte, die sich in der „großartigen Bibliothek“ der Abtei von St. Viktor in Paris befanden, zählt dabei unter anderen die folgenden auf: „De mustarda post prandium

servienda libri 14" (Über den „Senf" nach dem Essen) und „De croquendis lardonibus libri tres" (Über die Schmarotzer).

Die Wirklichkeit ist heute glücklicherweise anders als die Fama und das Gerede. Manche Mißstände gehören aber auch heute noch beseitigt. Ich würde es z. B. nicht gerne hören, wenn eines Tages einer von uns zum „Abt von St. Weinberg", zum „Monsignore Trink-über-den-Durst" oder „Hochwürden Vielfraß" befördert würde. Es wäre auch nicht ratsam, häufig Einladungen bei wohlhabenden und reichen Leuten anzunehmen. Ich hätte in solchen Fällen nicht etwa Angst vor den Sünden der Unmäßigkeit, sondern ich schätze einfach die Unabhängigkeit des Priesters über alles: Feine Leute, die einen hochwürdigen Pater Provinzial einladen, um ihn beim Wein zu allen möglichen Komplimenten und Beteuerungen seiner Wertschätzung zu veranlassen, im eigenen Interesse, versteht sich, machen mir Angst. Ich sähe es auch nicht gerne, wenn man in manchem Pfarrhaus schon nicht mehr weiß, was man dem jungen Kaplan vorsetzen soll: Das eine schmeckt ihm nicht, vom anderen wird ihm schlecht, ein Gericht, das er sogar eigens bestellt hat, läßt er stehen, weil ihm die Zubereitung nicht behagt oder weil es ihm zu stark gewürzt ist. Wohlverstanden, es gibt natürlich Fälle, wo jemand einen besonders empfindlichen Magen hat, bei schwacher Gesundheit ist und Rücksichtnahme verdient, und es gibt auch unfähige, knausrige oder verständnislose Köchinnen, aber es kann auch den eben beschriebenen Fall geben, der nicht nur im Widerspruch zu Dantes „Maria dachte mehr..." steht, sondern auch zum Beispiel Jesu, der nach der Brotvermehrung (nach einigen Exegeten) mit den Aposteln die eingesammelten Reste verzehrte und ihnen gebot: „Eßt, was man euch vorsetzt!"

7. Im siebten Kreis hört Dante den Hymnus „Summae Deus clementiae" (Gott der höchsten Milde) erklingen, mit dem man demütig die Gabe der Keuschheit erfleht. Es singen ihn im Flammenmeer diejenigen, die sich in schuldhafte Liebe verstrickt hatten; sie singen mit leiser und zurückhaltender Stimme, doch am Ende des Hymnus und bevor sie wieder von neuem damit beginnen, schreien sie laut: „Virum non co-

gnosco!“, jene Worte, mit denen Maria ihre freiwillig übernommene Verpflichtung zu vollkommener und immerwährender Keuschheit kundtat.

Auch wir haben diese Verpflichtung freiwillig übernommen. Mittlerweile sind Jahre vergangen seit jenem großen „Schritt“, und wir wollen die folgenden Gedanken fest in unserem Herzen bewahren:

a) Es war gut, diese Verpflichtung auf uns zu nehmen. Wir würden es wieder tun, wenn wir nochmals vor dieser Entscheidung stünden. Die Keuschheit ist mehr eine apostolische Notwendigkeit als eine auferlegte disziplinäre Verpflichtung. Als Apostel verstehe ich nämlich, daß ich *ganz* Christus gehören muß. Wenn das aber so ist, wie könnte ich dann auch noch einer Frau gehören und alle jene anderen Verpflichtungen auf mich nehmen, die eine Frau und eine Familie heute erfordern?

b) Manchmal ist es nicht leicht, dieser Verpflichtung treu zu bleiben. Was man uns einst im Seminar gesagt hatte, mußte erst im Leben erprobt werden. Gut und treu zu sein ist eine Sache, etwas ganz anderes ist es jedoch, von Versuchungen verschont zu bleiben.

c) Mit der Gnade Gottes, der nötigen Zurückhaltung und der Treue zum Gebet ist es möglich, seiner Verpflichtung treu zu bleiben und in der Folge großen inneren Frieden und Trost zu erlangen. Es ist dann auch möglich, sich wieder zu erfangen, wenn man vielleicht einmal schwach geworden und gefallen ist.

d) Dies ist eine so heikle Materie, daß es nicht genügt, dem Bösen aus dem Weg zu gehen, man muß vielmehr schon jeden Anschein des Bösen meiden! Hier muß alles einwandfrei zugehen, „nicht nur vor dem Herrn, sondern auch vor den Menschen“ (2 Kor 8,21). Hier muß man dem, der einem entgegenhält: „Sollen die anderen doch denken, was sie wollen, ich bin mit meinem Gewissen im reinen!“, mit Seneca antworten: „Das Gewissen und der Leumund sind zwei verschiedene Dinge; das Gewissen hast du selber notwendig, den Leumund dein Nachbar.“

e) Auf diesem Gebiet ist es notwendig, unser ganzes Vertrauen auf Gott zu setzen, der uns nicht nur die Kraft gibt, das Gute zu tun, sondern uns für die gute Tat auch belohnt. Wenn wir dieses feste Vertrauen haben, dann wird es uns mit Gott so ergehen, wie es Mark Twain mit dem Buchhändler ergangen ist. Nachdem er Bücher um einen Betrag von vier Dollar gekauft hatte, fragte er: Ich bin Journalist, können Sie mir da nicht einen kleinen Rabatt geben? – Sicher, antwortete der Buchhändler. – Ich bin auch noch Romanautor, können Sie mir in diesem Fall nicht noch etwas nachlassen? – Aber sicher. – Ich bin zudem noch Aktionär Ihres Unternehmens, da habe ich doch auch noch Anspruch auf einen Nachlaß von 20 Prozent? – Selbstverständlich. – Gestatten Sie, daß ich mich vorstelle: Mark Twain ist mein Name. Als solcher wage ich auf eine weitere Ermäßigung zu hoffen. Was bin ich Ihnen also jetzt schuldig? – Aber mein Herr, überhaupt nichts, wenn Sie nur die Güte haben wollen, sich zur Kassa zu begeben, ich schulde Ihnen nämlich noch einen Dollar!

Das ist die Methode Gottes: Er gibt uns alles. Er gibt die Bücher und dazu noch die Dollars; er gibt, daß wir unsere Verpflichtungen einhalten können, und dazu noch den Lohn für die Treue zur eingegangenen Verpflichtung. Er ärgert sich nicht, wenn wir pedantisch unsere Bitten und die Vorwände für unsere Bitten vervielfachen. „Herr, du mußt mir helfen, denn ich muß meine Seele retten, ich muß ein gutes Beispiel geben, ich habe nicht den Mut, von den anderen zu verlangen, was ich selbst zu tun nicht imstande bin, ich will als Priester anständig leben, ich will dein Beispiel, das deiner Mutter und vieler Heiliger nachahmen!“ Alles das und noch vieles andere können wir ihm sagen und dabei sicher sein, auf größtes Verständnis und Wohlwollen zu stoßen. So hilft uns der Herr, so erhört er uns!

Die Sorge um geistliche Berufe

Vortrag anläßlich eines Einkehrtages für den Klerus von Venedig (1977)

1. Am 16. Februar 1977 schrieb Monsignore Riobé, der Bischof von Orléans, in einem Artikel für die Zeitung „Le Monde" unter der Überschrift „L'Eglise est invitée au courage": „Beruht die Weigerung, verheiratete Laien zu Priestern zu weihen, nicht auf einem längst überholten Bild von der Sexualität? ... Der Zölibat ist nicht notwendig mit der Ausübung des priesterlichen Amtes verknüpft. Die evangelische Freiheit der Personen und Gemeinden würde erfordern, daß solche Verknüpfungen gelöst werden. Indem wir auf das unerschöpfliche Erbarmen Christi vertrauen, hören wir nicht auf, von der kirchlichen Obrigkeit die Bereitschaft zu erhoffen, das Problem des priesterlichen Zölibates in aller Offenheit darzulegen."

2. Dieser Artikel fand zum Teil Zustimmung, zum Teil wurde heftiger Protest laut. Am 26. März 1977 stellte Paul VI. anläßlich des Ad-limina-Besuches der französischen Bischöfe, unter denen sich auch Monsignore Riobé befand, eindeutig klar: „Der Vorschlag, die Praxis der Weihe verheirateter Männer in der lateinischen Kirche wiederaufzunehmen, ist – wie ihr alle wißt – von den höchsten Instanzen der Kirche als nicht opportun beurteilt worden. Die Kirche hat erklärt, daß sie auf die Gnade des Heiligen Geistes bauen muß, der Menschen dazu beruft, sich ganz der Arbeit im Reiche Gottes zu weihen. In diesem Sinne haben wir alle zu arbeiten. Könnt ihr die Gefahren des Zweifels, der lähmenden Unschlüssigkeit, der Einsatzlosigkeit abschätzen, die entstehen oder verstärkt werden können, wenn der priesterliche Zölibat auch nur irgendwie öffentlich in Zweifel gezogen wird? Denkt ihr im Ernst, daß dies die Lösung ist? Ist das Hauptproblem, das den

Samen der Berufung vernichtet, nicht vor allem eine Krise des Glaubens und vielleicht noch mehr die unter der Jugend weitverbreitete Angst vor der Übernahme einer endgültigen Verpflichtung? Seht ihr nicht, daß das Problem besonders akut geworden ist wegen des Mangels an Übereinstimmung, Klarheit und Festigkeit über das Priesterbild von morgen, wo doch die priesterliche Identität sich tatsächlich nicht geändert hat und sich auch gar nicht ändern kann? Die jungen Menschen – das ist ganz normal – wollen wissen, wohin sie gehen sollen, wie ihre Lebensweise aussehen wird. Denkt nur an die Erwartungen, mit denen eure Generation oder auch die auf euch folgende sich auf das Priestertum vorbereitet hat. Erinnert euch an die aufwühlenden Texte, die euch Mut gemacht haben, wie etwa der Brief des verehrten Kardinals Suhard über ‚Les prêtres dans la Cité'. Das II. Vatikanische Konzil hat solche Erwartungen erfüllt und keinesfalls zunichte gemacht. Es stellt uns die Aufgabe des Priesters in all ihrer Größe und Dringlichkeit, mit all ihren Erfordernissen vor Augen."

Etwa einen Monat später, am 28. April 1977, empfing Paul VI. die Bischöfe der Drei Venetien zum Ad-limina-Besuch und gab bei dieser Gelegenheit vier Anregungen, deren erste die Sorge um den Priesternachwuchs betraf. Auf der Linie dieser Direktiven möchte ich heute über die Auswahl der Priesterkandidaten und die Sorge um die geistlichen Berufe zu euch sprechen.

Die Auswahl der Priesterkandidaten

3. Die Berufung zum Priestertum ist ein Anruf Gottes, wie bei Abraham, bei Jeremia, bei den Aposteln und bei Paulus. Hat man den Ruf vernommen, entsteht so etwas wie ein Dialog: Auf der einen Seite Gott, der den Ruf an uns ergehen läßt und insgeheim auf den Willen des Erwählten so einwirkt, daß dieser geneigt ist, *ja* zu sagen. Auf der anderen Seite der Gerufene, der zwar unter dem Einfluß der Gnade steht, aber dennoch frei ist, *ja* oder *nein* zu sagen. Das *Ja* kann mehr oder weniger aus Großherzigkeit erfolgen oder im ersten Moment

spontan gegeben werden, um dann später wieder zurückgenommen zu werden.

4. Um den Erwählten zu helfen, den Anruf Gottes zu vernehmen, ein bewußtes und großherziges Ja zu sagen, die Echtheit ihrer Berufung zu erkennen, bedient sich Gott normalerweise der Kirche, die ja der in die Zeit hinein verlängerte Christus ist und immer noch das tut, was schon Jesus tat, als er die Zwölf und Paulus berief. Die Kirche, von der hier die Rede ist, ist die *ganze* Kirche, also diejenige, die noch unterwegs ist, und die, die bereits am Ziel angelangt ist; vor allem aber ist es die Kirche als Diözese, d. h. der Bischof mit dem Pfarrer und der Pfarrgemeinde des Berufenen, mit den Vorgesetzten im Seminar, mit den Eltern, den Lehrern und Mitschülern. Wenn der Bischof den Kandidaten zu den Weihen zuläßt, dann vervollständigt und krönt er damit die Berufung und erklärt sie für echt. Die Berufung selbst aber ist schon vor der offiziellen Zulassung des Kandidaten durch den Bischof von den anderen, die wir genannt haben, entdeckt, gefördert, geleitet und zur vollen Reife geführt worden.

5. Wer einem jungen Menschen helfen will, auf den Ruf Gottes zu antworten, muß auf einige „Hinweise" achten, die mehr oder weniger eindeutig die Eignung des Betreffenden „anzeigen". Man muß vor allem achten: a) auf die physischen, intellektuellen und moralischen Eigenschaften (Gesundheit, seelische Ausgeglichenheit, ausreichende Intelligenz, moralisch einwandfreier Lebenswandel, praktisch gelebtes Christentum); für einen 11–12jährigen Buben kann das Interesse für das Seminar (das er in geeigneter Weise kennengelernt hat) und der Wunsch, dort einzutreten, ein Zeichen dafür sein, daß ein „Same der Berufung" vorhanden ist; b) auf die Zustände in der Familie (sie soll tief vom christlichen Geist durchdrungen sein); c) auf die Umstände des Milieus, der Personen und Ereignisse, die auf den Buben eingewirkt haben.

6. Man muß an diese „Samen der Berufung" glauben und sie ernst nehmen. Don Bosco, der große Apostel der Jugend, pflegte zu sagen, daß ein Drittel der Jugendlichen seiner Zeit die Berufung zum Priestertum oder Ordensleben im Keim in sich trug. Am 21. April 1961 bekannte Papst Johannes XXIII., er habe seine eigene Berufung nach der Erstkommunion

erkannt, und zwar „so spontan und ruhig, daß mir nie ein Zweifel kam, ich könnte für etwas anderes im Leben berufen gewesen sein". Und am 14. Juli 1961 betonte er nochmals: „Wir möchten noch so vieles sagen und Unser Herz öffnen, das so bewegt ist angesichts der Erinnerungen an den ersten zarten Hinweis auf die göttliche Berufung, der sich dann immer mehr verdichtet hat und aufgeblüht ist mit Hilfe der Familie, der Pfarrgemeinde, des Seminars, die alle diese Flamme nährten und Uns an der Hand führten bis zu den Stufen des Altares. Ja, Wir möchten noch mehr sagen: bis hierher zu diesem Dienst universaler Vaterschaft." Der französische Philosoph und Theologe Gratry sagte einmal: „Mit zwölf Jahren versteht man Dinge, die man mit vierzig nicht mehr versteht." Mit zwölf Jahren kann ein Bub verstehen, daß der Priester der Stellvertreter Gottes ist, einer, der ohne eigene Familie lebt, mit erhabenen Aufgaben. Wenn er ins Seminar eintritt, wird er sich nicht anmaßen zu sagen: „Ich will Priester werden." Es genügt, wenn er sagt: „Ich komme, um herauszufinden, ob Gott mich als Priester haben will. Wenn das der Fall sein sollte, dann werde ich wohl ja dazu sagen und die notwendigen Opfer auf mich nehmen."

Unter den zahlreichen Heiligen, die sich schon in ihrer Kindheit Gott geweiht haben, denke ich besonders an Maurus und Placidus, die bereits mit zwölf Jahren von ihren Eltern dem hl. Benedikt übergeben wurden; Bonifatius, der große Apostel Deutschlands, wurde schon mit sieben Jahren von seinem Vater der Abtei von Exeter anvertraut; Franz von Paula, der sich ebenfalls schon mit zwölf Jahren Gott geweiht hatte, gründete mit neunzehn den Orden der Minimen (Paulaner). Gott, der den hl. Paulus schon vom Mutterschoß an für das Apostolat bestimmt hatte, wartet nicht immer, bis einer achtzehn ist, um ihm seine barmherzigen Heilspläne kundzutun. Sicher, man muß Realist bleiben und darf sich nicht erwarten, daß das Leben im Seminar die Interessen der Alumnen von allem anderen abzieht und allein auf die Theologie hinlenkt. Die Statistiken geben da ein wenig zu Traurigkeit Anlaß, die sich jedoch abschwächt, wenn man feststellt, daß die Erziehung im Seminar fast immer tiefe Spuren bei den ehemaligen Zöglingen hinterläßt.

7. Bei den christlichen Familien wird man besonders auf folgende Punkte hinweisen müssen: Es ist ein Zeichen besonderer Wertschätzung Gottes und eine Ehre für die Familie, wenn Gott an die Tür des Hauses klopft und um seinen Anteil bittet. Wenn es Anzeichen einer wirklichen göttlichen Berufung gibt, ist es schlecht, wenn die Eltern sich dagegen wehren. Aber auch das Gegenteil ist nicht gut: Kinder, die nicht dazu berufen sind, zum Eintritt in das Seminar oder ins Kloster zu drängen.

8. Die Priester und Erzieher müssen jedoch zwei Extreme vermeiden: einerseits jeden Zwang, andererseits das „*Wenn du* vollkommen sein *willst,* dann geh . . . !" Dieses „Wenn du willst" mag vielleicht bezüglich des Eintritts in ein Kloster am Platze sein. Einem Mädchen, das ins Kloster gehen will, kann man sagen: „Ich nehme an, daß du die nötigen Voraussetzungen mitbringst, es hängt ganz von dir ab: Sei großherzig, entscheide dich und tu den Schritt!" War ein gewisser David, der sich bei einem Abt vorstellte und ins Kloster aufgenommen werden wollte, nicht ein Räuberhauptmann? „Wir nehmen keine Räuber auf", sagte der Abt trocken. Doch David bestand darauf, er bettelte darum und drohte schließlich: „Entweder du nimmst mich auf, oder ich gehe zu den Räubern zurück und setze mich morgen nicht mehr für dein Kloster ein!" Aus Angst wurde er schließlich aufgenommen, doch er machte seine Sache bestens und wurde sogar ein Heiliger. Das war allerdings in einem Laienkloster. Ein Bischof oder Rektor eines Seminars dürfte sich dem Ultimatum des Räubers David wohl nicht so ohne weiteres beugen.

9. Doch die beste Werbung für das Priestertum ist immer noch die Zufriedenheit und Liebe des Priesters zu seinem Beruf. „Ich wünschte, alle Menschen wären wie ich", sagte der hl. Paulus (1 Kor 7,7), wobei er auf seine Keuschheit anspielte. Und der hl. Ambrosius betont: „Es war immer die besondere Aufgabe des priesterlichen Dienstes, die Samen des gottgeweihten Lebens auszustreuen" (De Virginitate). Auch das Konzil sagt: „Priester und christliche Erzieher sollen sich ernstlich darum bemühen, daß die Ordensberufe, sorgfältig und gewissenhaft ausgewählt, ein neues Wachstum erfahren, das den Erfordernissen der Kirche voll entspricht" (PC 24). Ein

strahlendes Lächeln macht nicht nur Reklame für weiße Zähne, sondern vor allem auch für die Echtheit der Berufung, wenn es die tiefe innere Zufriedenheit des Priesters zum Ausdruck bringt.

10. Der Garten, in dem man die „Samen der Berufung" gewöhnlich finden kann, ist die Gruppe der Ministranten. Ich kann sie nicht genug der Liebe und Obsorge der Priester empfehlen. Mit einigen von ihnen habe ich diesbezüglich wirklich große Freude: In einer Pfarrgemeinde bin ich vor einiger Zeit sogar auf eine Gruppe von 40 Ministranten gestoßen.

Es können dabei drei mögliche Situationen eintreten. *Erstens:* Ein Junge äußert den Wunsch, ins Seminar einzutreten, doch es ist augenscheinlich, daß ihm dazu die nötigen Voraussetzungen fehlen. Mit viel Taktgefühl, das man ihm und der Familie schuldet, muß man nun den Mut aufbringen, ihm diesen Wunsch auszureden. Wie viele Unannehmlichkeiten wären beispielsweise so manchen Diözesen erspart geblieben, wenn schon der Pfarrer die Laufbahn gewisser Leute frühzeitig gestoppt hätte, die schon von Kindheit an nicht mehr als amüsante und etwas seltsame „Originale", später als Priester jedoch die Unzuverlässigkeit in Person waren! *Zweitens:* Es äußert einer den Wunsch, ins Seminar zu gehen, der dafür auch durchaus geeignet wäre. Auch wenn das eine sehr erfreuliche Tatsache ist und man ihn dazu ermutigen soll, wird man ihm doch klarmachen müssen, daß sein Entschluß nicht allein maßgeblich ist, sondern daß er auch das Urteil des Pfarrers berücksichtigen und außerdem versuchen muß, seinen Willen mit dem Willen Gottes in Einklang zu bringen. So wird er verstehen, daß man in dieser Sache mit großer Ruhe und Gelassenheit vorgehen und sich auch helfen lassen muß. Wenn dann später einmal Krisen und Stürme über ihn hereinbrechen sollten, wird er viel leichter imstande sein, voreilige Entschlüsse zu vermeiden. *Drittens:* Bei einem Jungen scheinen alle Anzeichen echter Berufung gegeben zu sein, doch er denkt gar nicht daran oder spricht nicht davon. Da muß man dann kühn die Initiative ergreifen und ihm die Möglichkeit, Priester zu werden, vor Augen stellen. Viele Berufungen gehen verloren, weil man in passivem Schweigen und Abwarten verharrt. Doch worauf warten? Die Kirche der Vereinigten Staaten hätte nie einen Kardinal James Gibbons bekommen, wenn nicht im Jahre 1825 eines Tages P. Duffo einen bestimmten Laden in New Orleans betreten und zu einem Ladendiener namens James gesagt hätte: „Möchtest du nicht gerne Priester werden?“ James hatte eigentlich nie daran gedacht und nur seine Arbeit im Laden getan. Doch an diesem Tag begann er nachzudenken und zu überlegen, und er wurde Priester, dann Bischof und schließlich sogar Kardinal.

Die Sorge um geistliche Berufe

11. Bezüglich der Sorge um geistliche Berufe hat das II. Vatikanum das bestätigt, was schon vom Tridentinum verfügt worden war: daß sowohl das Kleine Seminar wie das Priesterseminar notwendig sind.

Im Kleinen Seminar besteht die Aufgabe der Vorgesetzten darin, den Zöglingen eine humane und christliche Erziehung und Bildung angedeihen zu lassen, die sowohl für diejenigen von Nutzen ist, die Priester werden wollen, als auch für die, die später andere Wege gehen. Die Richtlinien der Erziehung müssen dort also von einigen spezifisch kirchlichen Elementen absehen. Für diejenigen, die später das Theologiestudium wählen, müssen die Vorgesetzten dem Bischof garantieren können, daß sie auch die erforderlichen Voraussetzungen mitbringen.

Das Priesterseminar ist viel direkter darauf aus, Kleriker heranzubilden. Das Problem für den Rektor besteht darin: Kann ich garantieren, daß dieser junge Mann die erforderlichen Qualitäten hat, so daß der Bischof ihn ruhigen Gewissens zum Priester weihen kann?

Vom Seminar pflegt man gewöhnlich viel zu verlangen, und das mit Recht. Ich möchte aber daran erinnern, daß viel auch vom guten Willen des Seminaristen und der Mitwirkung der Familie und des Pfarrers abhängt. Das Priesterseminar von Lyon konnte mit Jean-Marie Vianney nichts anfangen, ja er wurde dort sogar abgewiesen; trotzdem ist aus ihm – aufgrund seines festen Willens und der Mitwirkung der Gnade – der heilige Pfarrer von Ars geworden.

12. Was den Pfarrer betrifft, so sei mir gestattet, hier an die Gestalt meines einstigen Pfarrers zu erinnern. Man versetze sich mehr als fünfzig Jahre zurück in eine geographisch und geschichtlich völlig andere Situation, als wir sie hier in Venedig vorfinden. Eine kleine Pfarrei in den Bergen kurz nach dem Krieg; 4000 Einwohner, verstreut auf etwa 15 kleine Weiler; drei Priester: ein Pfarrer und zwei Kapläne, die in den größeren Weilern wohnen. Von den drei Priestern haben zwei auch eine Ministrantengruppe. Von diesen beiden Gruppen, insgesamt 14 Knaben, werden in den 15 Jahren seiner Amtszeit zwölf vom Pfarrer ins Seminar geschickt; davon sind acht Priester geworden, davon wiederum einer Bischof, einer Ordensgeneral, einer Professor an der Katholischen Universität und fünf Pfarrer.

Ich möchte kurz erzählen, was der Pfarrer für uns Seminaristen während der Ferien getan hat. Im Heimatdorf angekommen, ging man zunächst zu ihm in die Pfarrkanzlei, um ihm seine Aufwartung zu machen. Ich habe noch vor Augen, wie er uns nach dem Zeugnis fragte und dabei so einfühlsam darauf bedacht war, denjenigen nicht zu blamieren, der in einem Fach sitzengeblieben war, und den anderen nicht übermütig zu machen, der gute Noten heimgebracht hatte. „Der Herr" – sagte er – „gibt nicht allen alles, und wenn er hier eine Tür schließt, öffnet er dort ein Fenster. Was allein zählt, ist vor allem der gute Wille, die Übereinstimmung mit der Gnade Gottes. Nur Mut! Ruht euch in den ersten Tagen ein wenig aus, dann setzen wir uns zusammen und unternehmen etwas!" Nach der ersten Woche hatte ein jeder von uns eine seinem Alter und seinen Fähigkeiten entsprechende Aufgabe: Übung der Zeremonien mit den Ministranten, Sprech- und Gesangsproben mit den Sängern und Laienspielern; Vorbereitung unserer jüngeren Mitschüler auf die Aufnahms- oder Wiederholungsprüfungen; Katechismusunterricht für die Kinder, Ministrantendienst bei den auf Urlaub im Dorf weilenden Priestern, tägliche Versorgung der Blumen auf allen Altären mit frischem Wasser; Vertretung des wegen Feldarbeit abwesenden Sakristans und andere Gelegenheitsarbeiten – das alles hatte ein Trupp von Seminaristen zu tun, die drei Monate lang zwischen Elternhaus und Kirche, Pfarrhaus und Pfarrsaal unterwegs waren und so das Bild eines Bienenschwarms rund um einen Bienenstock boten.

Wieviel Honig dieser Bienenschwarm erzeugt hat, steht auf einem anderen Blatt; sicherlich nicht mehr, als man von gutwilligen jungen Leuten erwarten konnte, die manchmal faul und manchmal auch mutlos waren aufgrund der mageren Erfolge und der Feststellung des eigenen Versagens und der eigenen Unerfahrenheit. Es blieb jedoch die Tatsache bestehen, daß sie dabei lernten, mehr und mehr Verantwortung zu übernehmen, daß sie angespornt wurden, Initiativen zu ergreifen, daß sie gezwungen wurden, die Schwierigkeiten gewissermaßen mit Händen zu greifen, daß sie daran gewöhnt wurden, in brüderlichem Wettstreit zusammenzuarbeiten und auf die Reaktionen der Leute zu achten. Als „Leiter" der Laienspielgruppe der Katholischen Aktion hatte ich unter einer Unmenge von Komödien diejenigen auszuwählen, die ich für das Publikum und die Darsteller als geeignet erachtete; ich habe die einzelnen Rollen abgeschrieben und verteilt, was nicht ohne mühsame diplomatische Verhandlungen abging; ich stieg plötzlich zum Regisseur auf und mußte in dieser Funktion die Aussprache- und Betonungsfehler der Darsteller korrigieren, ich zeigte den Leuten, wie man das Zittern eines alten Mannes nachahmt, wie man finster dreinschaut, so daß der Darsteller des „Verräters" fast schon zu schielen begann; beim Schminken empfahl ich nach oben gezwirbelte Schnurrbärte, wenn die betreffenden Personen Freude und Wohlbefinden ausstrahlen sollten, und nach unten hängende Bärte, wenn die Dinge schlecht standen, und noch vieles andere dieser Art. Umgekehrt habe ich dabei gelernt, daß nicht einmal das simpelste Theaterstück ankommt, wenn nicht alles bis ins kleinste Detail vorher geübt und vorbereitet wurde (ähnlich wie bei einer Tagung oder einer Volksmission); daß auch eine Gruppe engagiertester Schauspieler nicht vorankommt, wenn nicht eine feste Hand auf Pünktlichkeit, Disziplin und ehrliches Bemühen achtet (ähnlich, wie man sich zur Erfüllung der alltäglichen Pflichten, die so monoton und so glanzlos sind, immer erst mühsam aufraffen muß).

13. „Hast du nichts zu tun?" fragte mich meine Mutter immer, wenn sie mich unbeschäftigt sah. „Nein", gab ich zur

Antwort. „Dann geh zum Pfarrer, er hat immer eine Arbeit für dich.“ Nein, er hatte nicht immer eine Arbeit, aber er bemühte sich, eine zu finden, um uns vor Müßiggang und manchen Gefahren zu bewahren. Einmal ließ er mich einen Wecker auseinandernehmen und wieder zusammenbauen unter dem Vorwand, er müsse unbedingt gereinigt werden. Er versuchte auch, mir die Buchbinderei beizubringen; dahinter stand zweifellos der Gedanke, wenn ich mich dafür erwärmen könnte, würde ich sicherlich etwas Zeit auf nützliche Weise damit verbringen und so seine Sorge, mich vor Müßiggang zu bewahren, ein wenig von ihm nehmen. Als er sah, daß das nicht ging, brachte er mich zum Briefmarkensammeln, und das funktionierte auch einige Ferien hindurch, daß es nur so eine Freude war. Dann war Maschinschreiben an der Reihe und noch später die Arbeit im Pfarrarchiv und in der Pfarrbibliothek.

In den Ferien betätigte ich mich also als Archivar, indem ich Verzeichnisse für das Pfarregister anfertigte, Duplikate für die Kurie, Stammbäume für die Brautexamina. Als Bibliothekar habe ich wohl an die tausend alte Bücher mit viel Fleiß neu geordnet und katalogisiert, die vorher in den verschiedenen Ecken der Regale verstreut herumgestanden hatten. Ich sagte, „ich“ hätte das alles getan. Die anderen Seminaristen, meine Kollegen, taten andere Dinge, sie lernten etwa das Harmonium zu spielen, drangen in die Geheimnisse der Pilzkunde ein (der berühmte Priester und Mykologe Bresadola verbrachte gerade damals seine letzten Lebensjahre im benachbarten Trient!) oder schrieben mit der Maschine Artikel für das Pfarrblatt, das pünktlich jeden Monat erschien, und sorgten auch für seine Verbreitung unter der Bevölkerung.

14. Der Pfarrer dirigierte das Ganze, stand uns mit Rat und Tat zur Seite, informierte sich ständig und kam immer wieder, um einen Blick auf uns und unsere Arbeit zu werfen. Es kostete ihn auch einiges, versteht sich: Der famose Wecker funktionierte nicht mehr, seitdem er zur Reinigung mir in die Hände gefallen war; er, der völlig unmusikalisch war, hatte auf eigene Kosten ein Harmonium gekauft, und ohne sich seinen Ärger anmerken zu lassen, ließ er es zu, daß stundenlang im Pfarrhaus, unweit der Kanzlei, wo er arbeitete, von blutigen

Anfängern darauf herumgeübt wurde. Er ließ in uns und unseren Eltern den Geist der Verantwortung entstehen und wachsen. Wie viele Male fragte mich doch meine Mutter: „Hast du schon die Betrachtung gehalten? Hast du dies und jenes heute schon gelernt?“ Wie oft sagte sie zu mir: „Ich bete immer zu Gott, daß du Priester werden kannst, aber wenn du eines Tages spüren solltest, daß du diesen Weg nicht mehr gehen kannst, dann denk daran, daß du frei bist, und nimm keinerlei Rücksicht auf mich!“

Das waren – darüber bin ich mir sicher – Fragen und Mahnungen, die vom Pfarrer inspiriert waren, dem ich einmal während der Ferien meine Sorgen anvertraut hatte. Bei dieser Gelegenheit hatte er nicht mit zutiefst besorgten Ermahnungen gespart: „Du bist nicht mehr so wie früher! Du bist zerstreut, ungehorsam, zuwenig fromm!“ Es war also leider nicht viel herausgekommen bei dieser Aussprache, doch dann kam der letzte Tag der Ferien, und da lag nun vor ihm auf dem Schreibtisch das Blatt Papier, auf dem er den Bericht für den Rektor niederschreiben sollte. Ich stand vor ihm, der Pfarrer saß und schrieb, doch immer wieder hielt er inne, man sah, daß er verlegen war, er schüttelte den Kopf; ich fühlte mich irgendwie schuldig und unwohl in meiner Haut; schließlich hörte er auf zu schreiben, setzte seine Unterschrift und den Pfarrstempel unter das Schriftstück, versiegelte den Brief und übergab ihn mir mit den Worten: „Ich konnte nicht umhin, dem Rektor mitzuteilen, daß ich dieses Jahr nicht sehr zufrieden war mit dir. Ich sage dir auch ganz offen, daß ich ihn in dem Brief ersuche, dich ernstlich zu ermahnen.“ Er war also wahrlich nicht einer von jenen, die alles entschuldigen oder rechtfertigen!

15. Und doch war er viel besser und umsichtiger im Ermutigen als im Tadeln. Als er bemerkte, daß ich leidenschaftlich gern Bücher verschlang, bangte er um meine Berufung. „Hör zu“ – sagte er –, „ich habe nichts dagegen, daß du liest, aber ich möchte, daß du dir nur Bücher aus der Pfarrbibliothek nimmst.“ Es fiel mir nicht schwer zu gehorchen, denn die Bibliothek enthielt auch eine Reihe guter Romane: Es gab da Jules Verne, Salgari, Mioni, Reisebeschreibungen, und etwas anderes wollte ich gar nicht. Nach einiger

Zeit war der Pfarrer neuerlich besorgt: „Das sind zwar alles erlaubte Bücher, ich weiß, aber du liest zuviel, du läufst Gefahr, den Geist der Frömmigkeit zu verlieren. Lies doch auch einmal eine Heiligenbiographie, und halte dich im übrigen beim Lesen generell etwas mehr zurück!" Er war aber offenbar immer noch nicht beruhigt, und eines Tages, als wir Seminaristen seine Kanzlei betraten, sahen wir auf dem Tisch einen Stoß großformatiger Bücher liegen, ganz neu erschienen, die „Enzyklopädie der Jugend". Er sagte zu uns: „Ich habe sie für euch kommen lassen; es ist von allem etwas darin zu finden, Auszüge aus berühmten Romanen und Novellen, aber auch ernstere Dinge: Naturwissenschaften und Physik, Geschichte, Geographie und Religion. Ich wiederhole: Sie sind für euch, diese Bücher, aber ich möchte, daß ihr sie ohne Hast lest, euer Lesen soll halb Studium und halb Zeitvertreib sein; diese Lektüre ist weit konstruktiver als die üblichen Abenteuergeschichten." Nach und nach versorgte er uns auch noch mit allerlei Zeitschriften.

Er wollte auch sehen, was uns am besten gefiel, und so verwickelte er uns immer wieder in kleine Diskussionen: „Hast du das Gedicht von Fabio Gualdo gelesen?... Was hältst du von dem Artikel dieses ‚Sabinus'? Weißt du, daß ‚Sabinus' ein Deckname ist, hinter dem sich der Senator Filippo Crispolti verbirgt?" Es schien so, als ob er nur auf gute Gelegenheiten wartete, um solche Diskussionen in Gang zu setzen. „Da, nimm, in dieser Nummer ist ein Artikel von Cavigioli: Lies ihn nach der Mittagspause!" Während meines Theologiestudiums schenkte er mir in den Ferien nach und nach die ganze „Summa" des hl. Thomas und noch weitere grundlegende Bücher, doch ich fürchte, daß ich ihm damals einige Sorgen bereitet habe, denn obwohl er mich immer wieder zum Studium ermahnte, fand er es doch mehr als einmal für angebracht, die Diskussionen über Döllinger, Renan und Passaglia abzubrechen: „Alles tüchtige Leute" – meinte er –, „aber sie sind leider in die Irre gegangen aufgrund von zuviel Theologie. Sie waren zu sehr Theologen und zu wenig Seelenhirten! Wir müssen die Sache vielmehr umdrehen und die Pflege der Theologie in den Dienst der Seelsorge stellen!"

Mit großer Hochachtung sprach er von den Vorgesetzten im Seminar: Er erkundigte sich bei uns über ihren Gesundheitszustand und wollte wissen, wann es die nächsten Ferien gibt; er trug uns auf, ihnen seine besten Grüße zu übermitteln, wenn wir uns am Beginn eines neuen Schuljahres von ihm verabschiedeten. Wenn er uns den Besuch des Rektors ankündigte, empfahl er uns, pünktlich zu sein und uns geziemend zu kleiden, als ob es sich um den Besuch des Bischofs handeln würde. Ich habe auch gesehen, wie demütig er es hingenommen hat, wenn die Direktion des Seminars Leute, die er geschickt hatte, wieder entlassen hat, wo es ihm doch eigentlich hätte Schmerz bereiten müssen. „Ich hätte es noch ein Jahr lang probiert, aber sie werden schon recht haben; es ist besser, aufgrund von Strenge einem Irrtum zu erliegen als durch übertriebene Großzügigkeit." Mit einem Wort: Er arbeitete voll und ganz mit dem Seminar zusammen. Dadurch gelang es ihm, das zu vervollständigen und in uns grundzulegen, was das Seminar nicht zu geben vermochte. Wenn ich ihn in seiner Kanzlei sah, wie er ständig Leute empfing und Bittschreiben verfaßte, wenn ich ihn zu den Kranken begleitete und bemerkte, wie er sich zuerst dem Patienten zuwandte und dann nacheinander für jeden im Hause ein gutes Wort parat hatte, wenn ich ihn beobachtete, wie bedacht und klug er agierte und nur am Seelenheil und allem Guten interessiert war, wurde er für mich zu jener konkreten, realen und greifbaren Priestergestalt, die ich im Seminar nur als abstrakte, ideale und unfaßliche Theorie kennengelernt hatte.

16. Es war sein Bestreben, uns in die Seelsorge einzuführen. Von der Unterweisung der Ministranten führte er uns Schritt für Schritt weiter zum eigentlichen Katechismusunterricht, zu kleinen Vorträgen und kurzen Artikeln für das Pfarrblatt. Selbstverständlich tat er das nur zu unserem Besten und nicht, um sich die eigene Arbeit zu ersparen. Ganz im Gegenteil, er hatte dadurch nur noch mehr Arbeit, da er viel Zeit dafür aufwenden mußte, uns zu instruieren und zu korrigieren. Ich erinnere mich an den ersten Artikel, den ich für das Pfarrblatt schreiben sollte. Ich ging damals noch ins Gymnasium, und wie man sich vorstellen kann, kam ich zu einem endlos langen und pathetischen Schluß voller Stilblüten. Er las das Ganze mit

Ruhe durch, legte den Artikel dann auf den Tisch, nahm eine Prise Tabak, überlegte sich dabei, was er dazu sagen sollte, und meinte schließlich: „Es ist ganz gut geschrieben, aber das alles klingt eher wie eine Predigt und ist viel zu lang und schwierig. Denk daran, daß diesen Artikel auch das alte Mütterchen lesen soll, das ganz oben im Dorf wohnt. Kannst du dir vorstellen, daß diese alte Frau mit den Brillen auf der Nase und den zittrigen Händen mit deinen Ausführungen voller -ismen und deinen viel zu langen Sätzen etwas anfangen kann? Probier es noch einmal, aber mach diesmal kurze Sätze mit einfachen Gedankengängen, die du in Bilder kleidest und mit schlichten Worten zum Ausdruck bringst. Und denk immer an das alte Mütterchen!" Bei jedem neuen Artikel war es dieselbe Geschichte; er sprach mir Mut zu, spendete Lob, aber er wollte alles kurz und klar ausgedrückt wissen. „Denk an das alte Mütterchen!"

Ihm verdanke ich sehr viel! Ich bitte um Verzeihung, wenn ich so lange von ihm und von mir gesprochen habe. Ich wiederhole: Heute ist die Situation natürlich anders, die Methoden müssen der heutigen Zeit angepaßt werden. Die Liebe und leidenschaftliche Sorge um die geistlichen Berufe sollte jedoch noch immer so hochgehalten werden wie damals. „Wenn Gott das Samenkorn der Berufung zum Priestertum in die Seele eines jungen Menschen legt, müßten alle Glocken der Kathedrale läuten, um die gesamte Diözese an ihre Verantwortung zu erinnern", hat einmal jemand gesagt.

Diese Glocke habe ich heute gewissermaßen selbst geläutet, indem ich euch das Bild eines Pfarrers vor Augen gestellt habe, das es auf neue Art zu verwirklichen gilt: ein guter und vorbildlicher Pfarrer, der es nicht für verlorene Zeit hält, sich mit den Ministranten zu befassen, der sommers und winters an seine Seminaristen denkt, der für sie Zeit und Geld opfert, der dafür Sorge trägt, daß sie auch in den Ferien beschäftigt sind, und sich bemüht, um sie herum ein Klima der Sympathie, der diskreten und wohlmeinenden Aufsicht zu schaffen, der in Zusammenarbeit mit dem Seminar bestrebt ist, die Heranbildung der jungen Kleriker zu ergänzen, der vor allem nicht von sich eingenommen ist, sondern auch manchen Mißerfolg erträgt, der in aller Ruhe zu warten und zu hoffen vermag, auch in den schrecklichen Momenten der Krise und Unsicherheit, denen jede Berufung ausgesetzt ist, der mit der Familie und speziell den Müttern der Seminaristen Kontakt hält und sie ermuntert, zu wachen, zu beten und zu arbeiten, um im Gleichklang der Intentionen, Kriterien und Bemühungen ein gutes Gelingen zu gewährleisten.

Mission – heute noch aktuell?

Beitrag in der Zeitschrift „Gente Veneta" (1976)

Am 3. Oktober begingen wir den 750. Todestag des hl. Franz von Assisi, und das gibt mir einmal mehr die Gelegenheit, zu sagen und niederzuschreiben, wie bedeutend dieser große Heilige in der Geschichte der Kirche war. Da er Christus in allem nachfolgen wollte, folgte er ihm auch in dem brennenden Verlangen, die Heilsbotschaft zu den Nichtchristen zu tragen. Mehrmals versuchte er vergeblich, selbst in den Orient und nach Marokko zu gehen. Einmal gelang es ihm, nach Ägypten zu kommen, wo er vor dem Sultan predigte. Sein eigenes Leben hinzugeben, für den Glauben an Christus den Martyrertod zu erleiden war sein großer Wunschtraum. Als in Assisi die Nachricht eintraf, daß fünf seiner Mitbrüder in Marokko getötet wurden, rief er aus: „Nun kann ich wirklich sagen, daß ich fünf echte Minderbrüder habe."

Ich schreibe dies anläßlich des Tages der Weltmission, um klarzustellen, daß ein wahrer Christ am Problem der Mission nicht vorbeigehen kann. Es wäre schlecht, die Ansichten mancher Autoren zu teilen, die gewissermaßen die Funktion einer Feuerwehr übernommen haben und in der Kirche Gottes versuchen, den Brand des missionarischen Eifers zu löschen.

„Es gibt das Heil auch außerhalb der Kirche", sagen sie. Das stimmt: Wenn einer – ob Christ oder nicht – sein Möglichstes tut, dann steht Gott ihm bei, auch auf eine uns unbekannte, außergewöhnliche Weise. Nichts jedoch gibt uns Anlaß zu glauben, daß „sein Möglichstes tun" leicht wäre. Der hl. Paulus empfahl sogar seinen christlichen Brüdern, sich „mit Furcht und Zittern" (Phil 2,12) um ihr Heil zu mühen. Und zu sich selbst sagte er: „Weh mir, wenn ich das Evangelium nicht verkünde" (1 Kor 9,16). Ich finde daher den grenzenlosen Optimismus der erwähnten Autoren reichlich seltsam. Ihrer Behauptung nach wären die Nichtchristen ja bevorzugt: Sie würden ebenso gerettet wie die Christen, aber ohne daß sie die Mühen der Christen auf sich nehmen müßten, die gehalten sind, die schwer zu befolgenden Maximen des Evangeliums in die Tat umzusetzen.

„Die Mission widerspricht der vom Konzil proklamierten Religionsfreiheit", sagt man weiter. Doch das Konzil hat das gesamte Dokument „Ad Gentes" der Notwendigkeit und Verpflichtung zum missionarischen Einsatz gewidmet. Was die Freiheit betrifft, so hat das Konzil betont: Jeder Mensch hat das Recht, jener Religion zu folgen, die er in seinem Gewissen für die einzig wahre hält, und niemand darf ihn zwingen, einer anderen Religion zu folgen. Es hat auch noch hinzugefügt, daß der Staat allen diese Freiheit und auch das Recht garantieren muß, für die eigene Religion zu werben. Wer verhindert, daß das Evangelium als die einzig wahre Religion dargestellt wird, und meint, die Missionare müßten sich darauf beschränken, den Ungetauften zu helfen, ihre eigene Religion besser zu leben, also den Buddhisten, gute Buddhisten zu sein, den Moslems, gute Moslems zu sein, der hat das Konzil gründlich mißverstanden. Einer ist sogar so weit gegangen und hat gesagt, die Patres und Schwestern, die in islamischen Staaten katholische Schulen unterhalten, müßten in diesen Schulen nicht das Evangelium, sondern den Koran lehren. Er hat wohl das Gebot Jesu vergessen: „Geht hinaus in die ganze Welt, und verkündet das Evangelium allen Geschöpfen" (Mk 16,15).

Eine dritte heutige „Mode" schreibt den nichtchristlichen Religionen eine außergewöhnliche Heilskraft zu. Einverstanden, diese Religionen enthalten auch gute und wertvolle Elemente. Wie schon gesagt, kennt Gott genügend geheimnisvolle Wege, um Menschen guten Willens zur Erkenntnis des einzigen Mittlers zwischen Gott und Mensch zu führen: Christus. Er kann sich also auch dieser wertvollen Elemente bedienen, und dann führen auch diese anderen Religionen ausnahmsweise zu Christus hin. Christus allein jedoch ist es, der uns zum Heile führt.

Er tut dies durch seinen Heiligen Geist, den großen

Schöpfer und Animator der Missionsbewegung vom ersten Pfingstfest bis ans Ende der Welt. Zu den Aposteln hat Jesus gesagt: „Ihr werdet die Kraft des Heiligen Geistes empfangen, der auf euch herabkommen wird; und ihr werdet meine Zeugen sein in Jerusalem und in ganz Judäa und Samarien und bis an die Grenzen der Erde" (Apg 1,8).

Am Tag der Weltmission hören die Christen gläubig auf das, was Jesus über die Mission gesagt hat, sie gewähren ihr Unterstützung, vor allem aber beten sie, daß viele sich vom Windhauch des Heiligen Geistes erfassen lassen, so daß für das missionarische Tun eine neue, große Ära anbricht zum Heil der Welt.

Zwei Arten von Theologie

Homilie zum Fest der Erscheinung des Herrn (1974)

Die Hauptperson des heutigen Festes ist Jesus, der Herr, der sich den Völkern offenbart. Auch die „Magier" spielen dabei eine Rolle, die von der Volksfrömmigkeit schlicht und einfach so gesehen wird: Es handelt sich bei ihnen um weise Männer, die auf der Suche nach Gott sind, um ihn anzubeten.

Solche weisen Männer, die von Berufs wegen auf der Suche nach Gott sind, gibt es auch heute. Es sind die Theologen. Man hört sehr häufig von ihnen und ihren Bemühungen. Einer von ihnen, Gutiérrez, hat vor kurzem gesagt: „Wir treiben Theologie auf eine ganz neue Art!" Indem man die „alte Art" beiseite schiebt, versteht sich. Doch was sagt diese „alte Art"? Sie sagt: Theologie ist eine heilige Wissenschaft, die alle Glaubenswahrheiten zusammenfaßt und sie zu vertiefen und in eine logische Zuordnung zueinander zu bringen versucht. Diese „alte Art" fügt auch noch drei Klarstellungen hinzu. *Erstens:* Der Theologe befaßt sich vor allem mit den von Gott geoffenbarten Wahrheiten, auf welche die menschliche Vernunft allein nie gestoßen wäre. *Zweitens:* Die Theologie ist zwar eine Wissenschaft, aber eben eine Glaubenswissenschaft. Jeder kann sich mit ihr beschäftigen: Priester oder Laie, Mann oder Frau. Doch wer dies nicht im Lichte des Glaubens tut, wer *von* Gott spricht und nicht versucht, auch *mit* Gott zu sprechen, ist kein wahrer Theologe. *Drittens:* Der Theologe vereint bei seiner Tätigkeit die legitime Neugier des Wissenschaftlers mit der Demut des gläubigen Christen. Deshalb beachtet er sowohl die Heilige Schrift als auch das Lehramt der Kirche, dem es zukommt, darüber zu urteilen, ob die vom Theologen geäußerten Ansichten mit der Heiligen Schrift und der Tradition übereinstimmen oder nicht.

Die „alte Art“ von Theologie ist also ziemlich streng. Man hat Sorge um die Rechtgläubigkeit und ist der Meinung, daß das Werk eines Theologen durchaus wissenschaftlichen Wert haben, aber gleichzeitig auch eine ungesicherte Lehre enthalten kann. Diese „alte Art“ bemüht sich auch, die Aufgabe der Bischöfe im Hinblick auf die Arbeit der Theologen zu präzisieren und umgekehrt.

Die Bischöfe sollten demnach die Tätigkeit der Theologen ermutigen, sie mit wohlwollender Aufmerksamkeit verfolgen und für das Wohl der Kirche einsetzen, aber die Theologen auch mit großem Freimut warnen, wenn ihre Lehre mit der Heiligen Schrift und der Tradition nicht in Übereinstimmung zu stehen scheint.

Die Theologen ihrerseits sollten ihre „Arbeit“ im Geiste der Treue und mit der „entsprechenden Freiheit“ verrichten, von der das Konzil (GS 62) spricht. Die Treue bezieht sich auf das Wort Gottes, dem sie zu dienen haben, aber auch auf die Kirche, die sie nicht mit voreiligen und unklugen Äußerungen in Unruhe versetzen sollen. Die „entsprechende Freiheit“ bezieht sich auf das Beschreiten neuer Wege, indem man persönliche Meinungen zum Ausdruck bringt, die sich von den Ansichten anderer Theologen unterscheiden. Mit anderen Worten: Die „entsprechende Freiheit“ erlaubt sowohl ein gewisses „avantgardistisches“ Vorpreschen als auch einen gewissen „Pluralismus“. Einzige Einschränkung dabei: Die vom Wort Gottes abgesteckten Grenzen dürfen nicht überschritten werden.

Das scheint alles ganz klar und einfach zu sein. Doch hinter diesen Geboten verbergen sich nicht selten große Schwierigkeiten sowohl für die Bischöfe wie für die Theologen.

Die Bischöfe können sich auf folgende Weise falsch verhalten (und haben es zuweilen auch getan):

Sie haben in manchen Fällen aus übermäßiger Sorge um die Rechtgläubigkeit die Freiheit der Theologen eingeschränkt. In dem Seminar, in dem ich einst studierte, wurden im Jahre 1912 auf Veranlassung von oben alle Theologieprofessoren entlassen, obwohl es sich um hervorragende und durchaus gläubige Persönlichkeiten handelte. Die schmerzliche Erinnerung daran ist bei mir bis heute nicht getilgt.

Bei der Förderung der Arbeit der Theologen können die Bischöfe allerdings auch zu weit gehen; z. B. wenn sie sich einbilden, nur sie allein könnten echte Impulse geben, und der Privatinitiative somit keinerlei Spielraum lassen; oder wenn sie vermeintliche Irrtümer auf eine Weise und zu einem Zeitpunkt korrigieren, die als nicht zweckmäßig erscheinen. Manchmal ist es in der Tat nicht schlecht, wenn ein Theologe von anderen Theologen kritisiert wird, doch eine Zurechtweisung seitens der kirchlichen Autorität sollte nur das allerletzte Mittel darstellen. Die Bischöfe können aber auch durch Nachlässigkeit ihre Aufsichtspflicht verletzen, wenn sie an der theologischen Arbeit und ihrer Rechtgläubigkeit uninteressiert sind, wenn sie mit den Theologen keinerlei Kontakte unterhalten, obwohl solche sowohl für die Theologen notwendig sind, um sich nicht isoliert und frustriert zu fühlen, als auch für die Gemeinschaft der Gläubigen und für die Bischöfe selbst, die zumeist von ihren pastoralen Aufgaben sehr in Beschlag genommen sind und nur auf dem Wege der Information auf dem laufenden bleiben können.

Die Theologen ihrerseits können im Gebrauch der Freiheit übers Ziel schießen, wenn sie vergessen, daß die Theologie eine heilige Wissenschaft ist, und sie so betreiben, als wäre sie eine von den vielen anderen Humanwissenschaften. Sie lassen es an der notwendigen Treue fehlen, wenn sie nur darauf bedacht sind, möglichst originelle „Thesen“ aufzustellen und persönlichem Ruhm nachzujagen; wenn sie das Wohl der Kirche aus dem Auge verlieren; wenn sie sich nicht bewußt sind, daß auch sie Gefahr laufen können, gewaltige „Böcke“ zu schießen. Das sind lauter Dinge, die immer wieder passieren. Wir stoßen manchmal auf eine Art „Science-fiction-Theologie“ statt auf echte Theologie. Manche Arbeitshypothesen, die man an sich durchgehen lassen könnte, wenn sie in theologischen Zeitschriften oder bei Kongressen von hohem wissenschaftlichen Niveau geäußert werden, finden wir plötzlich in allen Tageszeitungen. Gewisse Leute begnügen sich eben nicht damit, „avantgardistische Theologen“ zu sein, sie werden vielmehr – nach einem Ausdruck von Küng – zu „Freischärler-Theologen“.

Dies alles sind Gedanken, die der „alten Art“, Theologie

zu treiben, entspringen. Ich möchte nun auch noch zu der „neuen Art“ etwas sagen. In Wahrheit unterteilt sich diese „neue Art“ ja in viele weitere „Arten“: „Theologie der Basis“, „Praktische Theologie“, „Theologie der Hoffnung“, „Theologie der Welt“, „Tod-Gottes-Theologie“, „Politische Theologie“, „Befreiungstheologie“ und noch viele andere. In jeder dieser Theologien findet sich ein Schimmer echter neuer Einsichten. Wir begegnen aber auch Irrtümern, die umso gefährlicher sind, weil sie unter den jungen Leuten gerade in Mode stehen.

Nehmen wir als Beispiel nur einmal die „Theologie der Welt“. Sie geht von einer Feststellung aus: „Die moderne Welt entfernt sich immer mehr von der Religion, der Einfluß des Christentums wird immer geringer. Warum und seit wann?“ fragt man sich. Und die Antwort lautet: „Seitdem die Wissenschaft und die immer perfekter gewordene Technik die Menschen auf das Positive, das Handfeste, das Konkrete aufmerksam gemacht und sie in die Lage versetzt haben, die Natur zu beherrschen. Von dem Augenblick an war die Natur entmythologisiert, entgöttlicht, sie wurde nicht mehr mit den Augen der Bibel, der griechischen oder mittelalterlichen Kultur und Zivilisation gesehen. Das Universum hat aufgehört, vom Göttlichen geprägt zu sein, und wurde zu einer eher banalen Sache, die man ausbeutet und gestaltet und die ganz in die Hand des Menschen gelegt ist.“

Ist diese Entgöttlichung nun gut oder schlecht? „Gut, sehr gut sogar“, sagt die „Theologie der Welt“ weiter, „so gut, daß Gott selbst diese Entwicklung vorausgesehen und gewollt hat. In der Bibel heißt es: Nachdem Gott die Welt erschaffen hatte, übergab er sie dem Menschen und sagte: ‚Seid fruchtbar und vermehrt euch, bevölkert die Erde, unterwerft sie euch‘ (Gen 1,28). Schaut auf die Menschwerdung Christi und auf das, was die paulinisch-johanneische Eschatologie vom neuen Himmel und von der neuen Erde sagt: Ihr werdet dort den Gedanken ausgedrückt finden, daß Gott dem Menschen vor allem aufträgt, den Fortschritt der Welt voranzutreiben.“ Bis hierher kann man zum Teil zustimmen.

Die Schwierigkeiten beginnen jedoch genau an diesem Punkt. Seit es diese „Theologie der Welt“ gibt, preist sie die

Reife des modernen Menschen in den höchsten Tönen und ermuntert ihn, sich in allem wie ein Erwachsener autonom zu verhalten. Keine Normen des Handelns mehr, die von außen an den Menschen herangetragen werden, von der Bibel oder von der Kirche: Jeder ist sich selbst die Norm. Keine christliche Moral mehr: Es gibt nur die Moral aus freier Entscheidung, die der Mensch zu einem bestimmten Zeitpunkt und in einer besonderen Situation trifft, „indem er selbständig denkt und entscheidet". Er wird dabei geleitet von den unumstößlichen Resultaten der Wissenschaft. Wenn der Glaube und die Moral von einst mit diesen Resultaten übereinstimmen, kann man sich nach ihnen richten. Wenn nicht, muß man sie fallen lassen. Wenn die Unauflöslichkeit der Ehe, die voreheliche Keuschheit, das Verbot der Abtreibung usw. nicht mehr der modernen Mentalität entsprechen, muß man sie aufgeben. Hat sich die Kirche also all die Jahrhunderte hindurch geirrt? „Sie irrt", sagt die „Theologie der Welt", „wenn sie glaubt, in unserer säkularen Welt heute noch das wiederholen zu können, was sie in einer sakralen Umwelt durchzusetzen vermochte." Nun, fällt damit auch die Botschaft Christi? „Von dieser Botschaft", lautet die Antwort, „bleibt nur das, was mit der Wissenschaft und der Mentalität von heute übereinstimmt; alles übrige ist hinfällig, denn es war bloß ein Gewand, in das Jesus seine grundlegende Botschaft kleidete, um von seinen Zeitgenossen verstanden zu werden." Mit anderen Worten: Das einzige Kriterium der Wahrheit ist das, was dem Menschen von heute zusagt. Die Positionen sind geradezu auf den Kopf gestellt: Gott wurde entgöttlicht, um den Menschen vergöttlichen zu können. Ich frage mich nur, ob so etwas sich noch „Theologie" nennen kann.

Zum Patriarchen Athenagoras hat einmal jemand gesagt: „Man spricht davon, daß Sie den Wunsch geäußert hätten, alle Theologen im Bosporus ertränkt zu sehen!" Und Athenagoras antwortete: „Das habe ich nie gesagt... Es ist aber wahr, daß ich den Vorschlag machen würde, alle Theologen zusammen auf eine Insel zu verbannen. Jedoch mit reichlich Kaviar und Champagner!"

Im Unterschied zu Athenagoras würde ich mir zwei Inseln für die Theologen wünschen. Auf die erste würde ich die

Theologen der „alten Art“ schicken, auch die fortschrittlichen. Auf die zweite Insel aber jene, die mit einem Theologen nur noch den Namen gemeinsam haben, aber in Wirklichkeit vielleicht bloß brillante Essayisten, „Science-fiction-Theologen“ oder „Freischärler-Theologen“ sind. Auf jede der beiden Inseln würde ich täglich Kaviar und Champagner im Überfluß transportieren lassen. Aber für die Touristen würde ich zwei verschiedene Plakate anbringen. Im Hinblick auf die erste Insel: „Besuch empfehlenswert“, und bezüglich der zweiten: „Vom Besuch wird dringend abgeraten: Große Gefahr für den Glauben!“

Das Evangelium ohne Abstriche

Homilie in S. Marcuola in Venedig (1976)

„Der heutige Mensch hört lieber auf Zeugen als auf Gelehrte, und wenn er auf Gelehrte hört, dann deshalb, weil sie Zeugen sind“ (EN 41).

Der Bischof Hermagoras und der Diakon Fortunatus waren in Aquileja Gelehrte und Lehrer des Glaubens. Als Martyrer wurden sie später zu Zeugen jenes Glaubens, den sie gelehrt hatten.

Ihr Glaube war von der Verfolgung bedroht. Und unserer? Er wird angefochten durch die verschiedenen und oft widersprüchlichen Stimmen, die sich da und dort erheben, um Verwirrung zu stiften und den Leuten die Sicherheit zu nehmen, ohne die es keinen Glauben geben kann.

Jesus hat gesagt: „Wenn jemand zu euch sagt: Seht, hier ist der Messias!, oder: Da ist er!, so glaubt es nicht! Denn es wird mancher falsche Messias und mancher falsche Prophet auftreten ... Wenn sie also zu euch sagen: Seht, er ist draußen in der Wüste!, so geht nicht hinaus; und wenn sie sagen: Seht, er ist im Haus!, so glaubt es nicht“ (Mt 24,23–26). Man möchte fast sagen: Diese Zeit ist heute angebrochen. Doch das stimmt nicht. Ich fühle mich jedoch berechtigt, euch an die Worte des hl. Paulus zu erinnern: „Wir sollen nicht mehr unmündige Kinder sein, ein Spiel der Wellen, hin und her getrieben von jedem Widerstreit der Meinungen, dem Betrug der Menschen ausgeliefert“ (Eph 4,14). Welche Meinungen? Prüfen wir einige Fälle.

1. Zunächst geht es um die Meinung, daß alles *relativ* sei. Pirandello hat eine Komödie geschrieben mit dem Titel „Così è se vi pare“. Die Hauptfigur darin ist eine geheimnisvolle

Frau Ponza, die erst vor kurzem mit ihrem Mann in die Stadt gekommen ist. Doch wer ist diese Frau wirklich? Ist es Giulia, seine zweite Frau? Das behauptet zumindest Herr Ponza selbst. Oder handelt es sich um Lina, seine erste und einzig rechtmäßige Frau? Das behauptet ihre Mutter. Wer ist sie wirklich? Viele wollen der Sache auf den Grund gehen, und notfalls tun sie sich auch zusammen: Sie arrangieren Zusammenkünfte und ziehen Dokumente zu Rate; doch der Zweifel bleibt bestehen. In der Schlußszene tritt die Frau selbst auf, das Gesicht unter einem Schleier verborgen, und sagt: „Ich bin Lina ... und ich bin auch Giulia." – „Aber nein" – wendet der anwesende Präfekt ein –, „Sie sind entweder die eine oder die andere." – „Nein, meine Herren ... ich bin die, die ihr glaubt, daß ich bin." Pilatus sagte: Was ist Wahrheit? Pirandello wiederholt diese Frage in seiner skeptischen Art, er ist der Meinung, daß man die Wahrheit nie erreichen kann. Viele stimmen ihm heute darin zu: Die religiöse Wahrheit ist unerreichbar; man kann ihr nachlaufen, darüber diskutieren und sie suchen, doch ohne Hoffnung, sie je zu finden. Der Pluralismus der Meinungen – auch über wesentliche Fragen – ist fatal: Der eine ist für Lina, der andere für Giulia. Und alle haben recht, alle sind sie katholisch ... Es ist so, wie jeder glaubt! Und selbst wenn wir die Wahrheit erreichen könnten, würden uns die geeigneten Worte fehlen, um sie zum Ausdruck zu bringen.

Glücklicherweise hat Gott uns mit einem Geist ausgestattet, der in der Lage ist, sichere und unveränderliche Wahrheiten zu erkennen und auszudrücken. Der Relativismus ist eine Krankheit, von der wir nicht erfaßt sind. Wir brauchen keine Angst zu haben vor der echten Philosophie, dem „sensus communis" und den allgemeinen, evidenten Prinzipien. Wir lehnen es ab, die Verifikation an die Stelle der Wahrheit zu setzen und das Zeichen an die Stelle der Wirklichkeit. Wir wollen nicht allergisch reagieren auf die Vernunft und auf vernünftiges Denken, indem wir nur dem Gewicht beimessen, was etwas einbringt und Erfolg verspricht.

Fehlt es uns etwa an einer Sprache, die dem Glauben angemessen wäre? Nein, wir sollten da nicht übertreiben. Ich habe einmal gesehen, wie ein Maler mit Zeichenkohle in wenigen Strichen einen Sonnenuntergang skizzierte: Es war nicht der volle Sonnenuntergang mit all seiner Pracht, aber es war ein Sonnenuntergang, wenn auch noch unvollkommen und nur als Analogie. Etwas Ähnliches geschieht, wenn wir mit unserer ärmlichen menschlichen Sprache von Gott sprechen. Doch aufgepaßt! Es ist ja Gott, der als erster zu uns gesprochen hat. Er hat sich uns angepaßt und die geeignete Sprache gefunden: Wir können nicht sagen, daß es eine unmögliche Sprache wäre! Sicherlich, wenn sich der historisch-kulturelle Gehalt ändert, muß sich auch die Sprache ändern. Die Glaubenswahrheiten bleiben immer dieselben, sie sind von unendlichem Reichtum und unermeßlicher Tiefe; daher können sie von uns auch immer besser verstanden werden. Die Formulierungen können verbessert, vervollkommnet, modernisiert werden, damit sowohl unser Suchen nach der Wahrheit besser gelingt, als auch die Wahrheit selbst deutlicher in Erscheinung tritt.

Forschen, suchen, diskutieren? Sicher, aber mit einigen Einschränkungen. Als erstes müssen wir die Demut des Zöllners besitzen und sein Gebet uns zu eigen machen (vgl. Lk 18,13). Im Glauben hat zwar auch die Vernunft ihre Aufgabe, aber viel größer noch ist die Rolle der Gnade: „Niemand kann zu mir kommen, wenn nicht der Vater, der mich gesandt hat, ihn zu mir führt“ (Joh 6,44). Eine weitere Einschränkung: Man kann ruhig diskutieren und nach der Wahrheit suchen, aber man darf nicht das, was schon als sicher feststeht, wieder umwerfen, um alles erneut in Frage zu stellen und wieder bei Null anzufangen. Jesus war nicht Sokrates, er wandte nicht die mäeutische Methode an, indem er die Wahrheit von anderen durch Dialog, Diskussion und gemeinsames Suchen gewissermaßen gebären ließ. Er ist vielmehr als derjenige erschienen, der nicht nur im Besitz der Wahrheit ist, sondern der die Wahrheit selber ist. Zu den Aposteln hat er nicht gesagt: Geht und heizt Diskussionen an, damit die Meinungen aufeinanderprallen können. Er hat vielmehr gesagt: „Geht und verkündet ... Wenn man euch aber in einem Haus oder in einer Stadt nicht aufnimmt und eure Worte nicht hören will, dann geht weg und schüttelt den Staub von euren Füßen“ (vgl. Mt 10,12–14; Mk 6,6–11; Lk 10,5–12). Der hl. Paulus erklärt offen, daß es nur *ein* Evangelium gibt, eben jenes, das er verkündigt: „Wer euch ein anderes Evangelium verkündet, als ihr angenommen habt, der sei verflucht“ (Gal 1,9).

2. Damit sind wir beim Stichwort Evangelium! Ich habe gelesen, daß in Paris einmal ein Priester predigte, der ziemlich ungebildet und auch kein großer Redner war, der aber dennoch massenweise Zuhörer anzog. „Wie erklärt Ihr Euch dieses Phänomen?“ fragte Ludwig XIV. einen Höfling. – „Sire“ – gab der zur Antwort –, „dieser Priester beschränkt sich darauf, schlicht und einfach das unverkürzte Evangelium ohne Abstriche zu verkünden. Und Ihr wißt ja, wie gierig die Pariser auf Neuigkeiten sind. Deshalb laufen sie alle hin.“

Ich habe den Eindruck, daß es auch heute eine Neuigkeit und eine Rarität ist, das ganze, unverkürzte Evangelium verkündet zu hören. Da und dort wird es nämlich angeknabbert. Oft kann man das Wort hören: „Wehe euch, ihr Reichen!“ Aus Jesus, dem Retter, Erlöser und Lamm Gottes, das die Sünde der Welt hinwegnimmt, ist ein bloßer „Befreier“ von sozialer Ungerechtigkeit geworden, der in ständigem Kampf liegt mit den politischen Mächten. Er schwingt die Geißel, um die Händler zu vertreiben, doch das waren in Wirklichkeit nur einfache, kleine Taubenverkäufer: Ihre Vogelkäfige wurden umgestürzt, weil sie nicht in den Tempel paßten. Doch meist wird es so dargestellt, als seien sie die Kapitalisten von damals gewesen. Man stellt – und zwar mit Recht – den auferstandenen Jesus in den Vordergrund, aber man vergißt zu sagen, daß Jesus vor seiner Auferstehung aus freiem Willen Leiden und Tod auf sich genommen hat um des Vaters willen und wegen unserer Sünden.

Ich halte die Verkündigung eines unverkürzten, ganzen Evangeliums *ohne Abstriche* für notwendig. Hier als Beispiel einige Stellen, die oft unterschlagen oder nur selten kommentiert werden: „Wer mein Jünger sein will, der verleugne sich selbst, nehme sein Kreuz auf sich und folge mir nach ... Was nützt es einem Menschen, wenn er die ganze Welt gewinnt, dabei aber sein Leben einbüßt?“ (Mt 16,24.26) – „Euch muß es zuerst um das Reich Gottes und um seine Gerechtigkeit gehen; dann wird euch alles andere (Nahrung und Kleidung) dazugegeben. Sorgt euch also nicht um morgen" (Mt 6,33–34). – „Sammelt euch nicht Schätze hier auf der Erde, wo Motte und Wurm sie zerstören und wo Diebe einbrechen und sie stehlen, sondern sammelt euch Schätze im Himmel" (Mt 6,19–20). – „Richtet nicht, damit ihr nicht gerichtet werdet! ... Warum siehst du den Splitter im Auge deines Bruders, aber den Balken in deinem Auge bemerkst du nicht?" (Mt 7,1.3) – „Lernt von mir, denn ich bin gütig und von Herzen demütig..." (Mt 11,29). – „Liebt eure Feinde und betet für die, die euch verfolgen" (Mt 5,44). – „Betet darum, daß ihr nicht in Versuchung geratet" (Lk 22,40). – „Seid wachsam! Denn ihr wißt nicht, wann der Hausherr kommt, ob am Abend oder um Mitternacht, ob beim Hahnenschrei oder erst am Morgen. Er soll euch, wenn er plötzlich kommt, nicht schlafend antreffen" (Mk 13,35–36). – Zum reichen Mann sprach Gott: „Du Narr! Noch in dieser Nacht wird man dein Leben von dir zurückfordern. Wem wird dann all das gehören, was du angehäuft hast?" (Lk 12,20)

Nur selten bekommt man zu hören, welches Ende der reiche Prasser genommen hat: Die Hölle, die im Evangelium vierzehnmal vorkommt, wird fast nie erwähnt.

Äußerst selten spricht man auch von der Mühe und Plage, die Jesus auf sich genommen hat, um die Gründung seiner Kirche vorzubereiten: Die Berufung der Apostel, die er aus den anderen Jüngern auswählte, die drei Jahre, die Jesus mit ihnen verbrachte, ihre Vorbereitung und schließlich ihre Sendung sind fast ganz vergessen. Und doch hat Jesus zu Petrus gesagt: „... auf diesen Felsen werde ich meine Kirche bauen" (Mt 16,18). „Ich habe für dich gebetet... und du... stärke deine Brüder" (Lk 22,32). Von allen Aposteln hat er gesagt: „Wer euch hört, der hört mich, und wer euch ablehnt, der lehnt mich ab" (Lk 10,16). Und zu allen Aposteln sagte er: „Mir ist alle Macht gegeben im Himmel und auf der Erde. Darum geht zu allen Völkern und macht alle Menschen zu meinen Jüngern" (Mt 28,18–19).

Für die Heiligen Hermagoras und Fortunatus war das Evangelium eine so verbindliche Angelegenheit, daß sie dafür ihr Leben hingaben. Schielen wir nicht nach einem Evangelium zum Billigtarif, nach einem verkürzten Christus, der die Zügel schleifen läßt, nach einem christlichen Leben, das eine Spielerei oder eine Farce ist, statt Askese und Engagement von uns zu verlangen. Bitten wir den Herrn um sein Licht, damit wir dies begreifen, und um seine Kraft, damit wir es auch vollbringen.

Das Nibelungenlied erinnert mich an gewisse Theologen

Beitrag im „Messaggero di S. Antonio" (1976)

Weißenstein liegt auf einem Hochplateau 1520 Meter über dem Meeresspiegel und 30 Kilometer von Bozen entfernt. Dort steht die berühmte Wallfahrtskirche zur Schmerzhaften Mutter mit dem monumentalen Stiegenaufgang, die von den Serviten betreut wird. Sowohl in künstlerischer Hinsicht wie als Ort der Frömmigkeit ist dieses Heiligtum ein Juwel. Zudem liegt es in einer unvergleichlichen Landschaft: Während von ferne die Berge herübergrüßen, breiten sich rings um die Kirche Wälder aus, in denen man stundenlang spazierengehen kann. Wenn ich dort das Zwitschern der Vögel hörte und die Eichhörnchen herumhüpfen sah, glaubte ich manchmal, jener Mönch Sturmius zu sein, der dem hl. Bonifatius den Weg durch die Wälder Germaniens bahnte. Auch Sturmius hatte sich mit den Eichhörnchen angefreundet und bemerkt, wie sie Dutzende Kilometer zurücklegen, indem sie von einem Baum zum nächsten springen, ohne den Boden zu berühren.

Dieser Ort ist also ideal für einen ruhigen und erholsamen Urlaub, wo man auch Zeit findet zur Meditation und zum Gebet. Daher kommen nicht nur Familien mit ihren Kindern dorthin, sondern auch Gruppen von Ordensschwestern, Priestern oder engagierten Laien, ja selbst Bischöfe und Kardinäle, um gemeinsam zu beraten oder Exerzitien zu machen. So hat man dort beispielsweise schon Lépicier, Urbani, Confalonieri, Poma und Ursi gesehen, und auch der gegenwärtige Papst hat dort seinerzeit einmal einen Exerzitienkurs gehalten.

Noch einmal: Dieser Ort ist geradezu ideal, außer wenn es tagelang regnet, die Temperatur plötzlich absinkt und man gezwungen ist, in den schützenden vier Wänden zu bleiben. Das passiert eben manchmal, und dann habe ich mich meist in die Klosterbibliothek zurückgezogen. Um zu studieren, werden vielleicht manche meinen. Nein, nur um mir die Zeit zu vertreiben. Vor den Regalen stehend überfliege ich mit den Augen die vielen Buchtitel. Ab und zu gibt es eine Überraschung: Da schau her, das haben sie auch! Werfen wir einmal einen Blick darauf, mal sehen, welchen Eindruck dieses Buch nach so vielen Jahren heute auf mich macht; das Buch hat sich ja nicht verändert, aber ich habe mich verändert. Es handelt sich um Bücher, die ich einmal vor langer Zeit gelesen habe: Es ist merkwürdig, welchen Eindruck sie nach vierzig Jahren auf dieselbe Person machen.

Zur Zeit des heiligen Königs Ludwig lebte in Frankreich ein Jongleur namens Barnabé de Compiègne, der von einer Stadt zur anderen zog und Proben seines großen Könnens zum besten gab. Beim großen Jahrmarkt breitete er einen alten, schäbigen Teppich auf den Boden, und nachdem er Kinder und Neugierige mit einigen lustigen Scherzen angelockt hatte, begann er einen Zinnteller auf der Nasenspitze zu balancieren. Die Menge schaute ihm zunächst unbeteiligt zu. Aber als er schließlich im Handstand sechs in der Sonne glitzernde Kupferkugeln in die Höhe warf und mit den Füßen wieder auffing oder sich so krümmte, daß sein Nacken die Fersen berührte und sein Körper die Form eines Rades annahm und er in dieser Position mit zwölf Messern jonglierte, da ging ein Raunen der Bewunderung durch die Menge, und es regnete nur so Geldstücke auf den ausgebreiteten Teppich.

Dennoch war das Leben für Barnabé de Compiègne hart. Im Winter war er wegen des Schnees arbeitslos und litt unter Kälte und Hunger. Doch er ertrug alle seine Leiden mit großer Geduld. Er war ein rechtschaffener und gottesfürchtiger Mann, der ganz besonders die Gottesmutter verehrte. Wenn er eine Kirche betrat, unterließ er es nie, vor dem Bild der Madonna niederzuknien und etwa folgendes Gebet zu sprechen: „Heilige Maria, Mutter Gottes, halte deine Hand schützend über mein Leben, bis es Gott gefällt, mich sterben zu lassen. Und wenn ich dann gestorben bin, gib, daß ich die Freuden des Paradieses erlange!"

Eines Abends nach einem verregneten Tag, als er gerade traurig und gebeugt so dahinschlenderte mit seinen Kugeln in der Hand und den Messern, die er in den alten Teppich eingewickelt hatte, und einen Heuboden suchte, um sich dort hungrig schlafenzulegen, traf er unterwegs einen Mönch, der desselben Weges ging, und er grüßte ihn höflich. Und wie sie so im gleichen Schritt nebeneinander hergingen, begannen die beiden auch einige Worte miteinander zu wechseln.

„Kollege", sagte der Mönch, „wieso bist du ganz in Grün gekleidet?"

„Mein Vater", antwortete dieser, „ich heiße Barnabé und bin Jongleur von Beruf. Es wäre der schönste Beruf auf der Welt, wenn man nur davon leben könnte."

„Mein Freund", erwiderte der Mönch, „gib acht, was du da sagst. Es gibt keinen schöneren Beruf, als Mönch zu sein. Im Kloster singt man feierlich das Gotteslob und verehrt die Heilige Jungfrau und die Heiligen. Überhaupt ist das Leben eines Mönchs ein ständiger Lobpreis Gottes."

Barnabé gab zur Antwort: „Vater, ich gestehe, als Unwissender gesprochen zu haben. Dein Beruf kann sich natürlich mit meinem nicht messen. Sicherlich, es heißt schon etwas, einen Stab mit einer Münze obendrauf auf der Nasenspitze zu balancieren und dabei zu tanzen, aber das hält selbstverständlich keinen Vergleich mit dem aus, was du tust. Es wäre mir viel lieber, wenn ich so wie du jeden Tag das hl. Offizium singen könnte, vor allem das Lob Mariens, die ich besonders verehre. Gern würde ich auf meine Kunststücke verzichten, die mich berühmt gemacht haben von Soissons bis Beauvais, in Hunderten von Städten und Dörfern, um Mönch zu werden."

Der Mönch war von der schlichten Einfalt des Jongleurs sehr angetan. Er erkannte in ihm einen Menschen guten Willens und schlug ihm vor: „Komm mit mir, ich werde dafür sorgen, daß du ins Kloster aufgenommen wirst. Ich bin nämlich dort der Prior."

So geschah es, daß Barnabé Mönch wurde. Und er fand, daß die Mönche im Kloster in der Verehrung der Heiligen Jungfrau geradezu wetteiferten: Der Prior verfaßte gelehrte Traktate über die Tugenden der Gottesmutter; Fra Maurizio schrieb diese Traktate mit kundiger Hand auf feinstes Pergament, und Fra Alessandro schmückte sie mit bezaubernden Miniaturen. Fra Marbodio wiederum meißelte aus Marmor unermüdlich die schönsten Statuen, so daß sein Bart, die Brauen und die Haare bereits ganz voll Staub waren. Seine Augen waren ständig geschwollen und voller Tränen, aber trotz seines Alters blieben seine Kraft und seine Freude ungebrochen. Es gab im Kloster auch Dichter, die lateinische Verse und Hymnen zu Ehren der Heiligen Jungfrau schufen.

Angesichts solch großartiger Werke fühlte sich Barnabé ob seiner eigenen Unwissenheit und Unfähigkeit recht armselig. „Ich bin so unglücklich", klagte er der Gottesmutter, „weil ich keine erbaulichen Reden halten, keine feinen Malereien, keine schönen Statuen oder eleganten Verse zu deinem Ruhm zu schaffen in der Lage bin. Ich habe leider gar nichts zu bieten." Und er war sehr, sehr traurig.

Doch eines Morgens wachte er ganz fröhlich auf, lief in die Kapelle und blieb dort ganz allein mehr als eine Stunde lang. Und nach dem Mittagessen ging er wieder dorthin. Von da an ging Barnabé jeden Tag, während die anderen Mönche ihren verschiedenen Tätigkeiten nachgingen, in die verschwiegene Kapelle, und er war nie mehr traurig und niedergeschlagen. Die Sache weckte natürlich die Neugier der anderen Mönche, und man fragte sich: „Warum eilt Barnabé wohl ständig in die Kapelle?"

Da beschloß der Prior, ihn genauer zu beobachten, und eines Tages, als Barnabé sich wie immer wieder einmal in der Kapelle eingeschlossen hatte, kam er in Begleitung von zwei älteren Mönchen, um ihn durch einen Türspalt zu beobachten. Sie sahen Barnabé, wie er vor dem Marienaltar seine Kunststücke mit den sechs Kupferkugeln und den zwölf Messern aufführte. Die zwei älteren Mönche begriffen nicht, daß dieser Mann sein ganzes Wissen und Können in den Dienst der Gottesmutter stellte, und hielten das Ganze für ein ungeheures Sakrileg. Der Prior hingegen wußte, daß Barnabé ein reines Herz besaß, doch er hielt ihn für ein wenig verrückt. Und so machten sie sich daran, ihn gewaltsam aus der Kapelle zu zerren. Doch plötzlich sahen sie, wie die Heilige Jungfrau die Stufen des Altares herabstieg, um mit dem Saum ihres Mantels den Schweiß auf dem Antlitz des Gauklers zu trocknen.

Da warf sich der Prior zu Boden und rezitierte die Worte: „Selig die Einfältigen, denn sie werden Gott schauen!"

„Amen", antworteten die beiden alten Mönche und küßten dabei den Boden.

Diese „Geschichte", die man in der Klosterbibliothek von Weißenstein in einer französischen Anthologie nachlesen kann, stammt von Anatole France. Als ich sie vor fünfzig Jahren als Junge gelesen hatte, war ich vor allem von ihrem Stil begeistert: So elegant, so ausgewogen und voll natürlichem Charme! Heute fällt das Urteil etwas anders aus: Anatole France kennt sicher alle Finessen eines Schriftstellers, aber hier leistet er sein Meisterstück: Die Madonna interessiert ihn bloß als Gegenstand seines schriftstellerischen Schaffens. Schade, denn diese kleine mittelalterliche Fabel, die er verwendet und weiterspinnt, war von einem urtümlichen und echten Glauben beseelt. Wer sie erzählte oder hörte, wußte zwar, daß es sich um eine Fabel handelte, aber er fühlte zugleich, daß er sie brauchte, so wie Jesus und seine Zuhörer die Gleichnisse brauchten, um die großen Wahrheiten zu verlebendigen.

Wenn einer diese kleine Fabel heute, wo die Menschen sich wieder nach echter Schlichtheit sehnen, von neuem erzählen möchte, müßte er vor allem betonen, wie sehr sie dem wahren Bild Mariens entspricht. Ist es nicht Maria, die im „Magnificat" nach dem Beispiel der Propheten gesagt hat: „Gott . . . hat die Mächtigen vom Thron gestürzt, und die Niedrigen hat er erhöht"? Die Fabel stellt uns Maria vor Augen, wie sie ganz die Strategie Gottes verfolgt, der „die Pläne der Stolzen zunichte macht und die Demütigen mit seiner Gnade beschenkt": eine Maria, die nicht die Schreibfeder des Priors putzt und auch nicht den Meißel von Fra Marbodio vom Boden aufhebt, sondern die den Schweiß des armen, kleinen Barnabé trocknet.

Eine weitere „Kostbarkeit", die ich in der Klosterbibliothek von Weißenstein wiederentdeckt habe, ist ein Gedicht von Johann Nepomuk Vogl, einem österreichischen Dichter der Romantik. Eines Nachts klopft es an die Tür des Hauses neben dem Friedhof. „He, alter Wächter, steh auf: Du mußt mir ein kostbares Grab zeigen!" – „Wer ist denn der Teure, der dir gestorben ist?" antwortet der Wächter, nachdem er sich erhoben hatte. „Es ist meine Mutter. Wie, kennst du denn Marthas Sohn nicht mehr?" – „Mein Gott", ruft da der Wächter aus, „du bist so gewachsen, so braungebrannt von der Sonne und vom Pulverdampf der Schlachten, ich habe dich wirklich nicht mehr erkannt. Komm, wir gehen!" Wenig später auf dem Friedhof: „Hier, unter Erde und Steinen, ruht deine arme Mutter." Da weint der Soldat am Grabe und betet. Doch dann schüttelt er den Kopf und sagt zum Wächter: „Du hast dich geirrt: Hier ruht nicht meine Mutter. Wie könnte denn ein so enger, kleiner Raum die Liebe einer Mutter umschließen?"

Die Zeitschrift „Katechese" brachte vor vielen Jahren diese letzten Zeilen Vogls gleichsam als poetischen Beweis für die Unsterblichkeit der Seele. Ja – schien man damit sagen zu wollen –, ein Grab kann zwar den Körper eines Menschen aufnehmen, aber nicht seine Seele. Ich bin damit voll und ganz einverstanden. Doch ausgerechnet an dem Tag, als ich das Gedicht von Vogl in der Klosterbibliothek wiederfand, leugnete ein Theologe in der Zeitung „Dolomiten" den Unterschied zwischen Seele und Leib. Es gibt nur den *ganzen* Menschen – betonte er –, der nicht in zwei Teile zerlegt werden könne. Das sage uns auch die Bibel. Die Unterscheidung zwischen Leib und Seele sei eine Erfindung Platons und der griechischen Philosophen. Die Theologen hätten sie sich unglückseligerweise zu eigen gemacht, hätten sie mit der Lehre des Evangeliums vermischt und seien so einem unmenschlichen „Angelismus" anheimgefallen, der überall, vor allem aber auf dem Gebiet des Sexuellen, nur Sünden wittere.

Ich legte die „Dolomiten" zur Seite und schlug das Matthäusevangelium auf, nämlich die Worte Jesu im 10. Kapitel, Vers 28: „Fürchtet euch nicht vor denen, die den Leib töten, die Seele aber nicht töten können, sondern fürchtet euch vor dem, der Seele und Leib ins Verderben der Hölle stürzen kann."

Ich habe mich gefragt: Wer steht diesen Worten Jesu näher, der Dichter Vogl oder dieser Theologe und alle, die ihm folgen? Ist die Unterscheidung von Leib und Seele bloß eine platonische Fabel oder eine Wahrheit des Evangeliums? Für mich gibt es keinen Zweifel: Sie ist eine Wahrheit des Evangeliums.

Die Klosterbibliothek von Weißenstein enthält neben anderen nordischen Sagen auch die von *Kriemhild* und *Sieg-*

fried in einer glänzenden Ausgabe von Engelmann (1889). Siegfried, der Held und Königssohn, verliebt sich als Gast am Hofe Gunthers, des Königs von Burgund, in Kriemhild, die Schwester des Königs. Um sie zur Braut zu bekommen, gewinnt er für Gunther die Hand der Walküre Brunhild. Zwei Frauen am selben Hof, eine Schönheit wie Kriemhild und eine Heldin wie Brunhild, sind jedoch zuviel des Guten. Brunhild ist verärgert darüber, daß sie von der Verlobung Kriemhilds mit Siegfried nicht rechtzeitig informiert wurde, und macht plötzlich Schwierigkeiten. Um sie in einer Kraft- und Geschicklichkeitsprobe zu besiegen, bedient sich Gunther des unter einer Tarnkappe unsichtbar gewordenen Siegfried und läßt Brunhild in dem Glauben, er selbst habe sie mit eigener Kraft bezwungen. Kurz darauf eröffnet ihr jedoch Kriemhild, um die Schwägerin zu demütigen: „Mein Mann war es, der dich bezwungen hat." Brunhild schwört Rache: Mit Hilfe von Hagen tötet sie Siegfried und macht Kriemhild zur Witwe. Diese schwört nun ihrerseits Rache und wartet nur auf eine günstige Gelegenheit, die sich nach einigen Jahren auch ergibt. Sie willigt nämlich ein, Attila, den mächtigen Hunnenkönig, zu heiraten. Mit viel Geduld wartet sie ab, läßt viel Zeit verstreichen, doch dann, eines Tages, lädt sie die Burgunder in den Königspalast ihres Mannes ein und läßt sie dort heimtückisch überfallen. Der Palast wird zum Schlachthaus: Gunther und Hagen fallen zusammen mit Tausenden der Burgunder, und auch Kriemhild selbst findet den Tod. Eine schreckliche Tragödie. Noch tragischer erscheint jedoch das Gesetz, das als Leitfaden hinter dieser ganzen Geschichte steht: Blut schreit nach Blut; Rache ist süß; Verrat ist in bestimmten Fällen sogar Pflicht; man ist fatalistisch dem Kampf und dem Tod ausgeliefert. Vor vierzig Jahren habe ich mir nach der Lektüre gesagt: Wie schrecklich! Wie notwendig wäre es doch, daß die christliche Lehre vom Verzeihen und der Feindesliebe diesen ganzen Haß und Pessimismus zerstört! Nach der neuerlichen Lektüre des Nibelungenliedes frage ich mich: Wie sollen wir diese Lehre mit jenen Theologen glaubhaft darlegen, die den Haß, der aus den Fenstern des christlichen Hauses geworfen wurde, bei der Tür wieder hereinlassen? Sie schreiben nämlich, daß die einzigen echten

Feinde die Inhaber von Macht und Besitz seien: Diese müsse man zwar lieben, doch die einzige Art, sie zu lieben, sei die, sie zu bekämpfen und zu vernichten und so das ganze „System" zu zerstören, dessen Gefangene sie seien. Der Klassenkampf – der etwas ganz anderes ist als der gerechte Arbeitskampf, der jeden ungerechten Profit mit energischen Maßnahmen, aber ohne Haß und mit christlicher Güte ausschalten will –, der von diesen Theologen geradezu als ein religiöses Ideal betrachtet wird, ist praktisch ein Rückfall in den Geist der Nibelungen und ein Aufruf zur Rache. Jene, die heute unterdrückt sind oder behaupten, es zu sein, werden morgen, wenn sie den Klassenkampf gewonnen haben, selbst Unterdrücker sein und die Besiegten zur Rache und Vergeltung provozieren. Möge Gott uns vor neuen Walküren und neuen Attilas, vor einer neuen Spirale der Gewalt bewahren!

Die Madonna von Weißenstein hat ihr Heiligtum gerade an einem Ort, wo die deutsche und lateinische Kultur einander begegnen. Beide Völker haben in der Vergangenheit zahlreiche Heilige hervorgebracht, die viel für die Armen, für den Frieden, für die Eintracht getan haben. Es mag genügen, an Elisabeth von Thüringen und Franz von Assisi zu erinnern. Unser Gebet an diesem Ort muß daher lauten: „Heilige Mutter Gottes, erflehe uns von Gott neue Heilige, ein großes Maß an Nächstenliebe und vollkommenen Frieden!"

Hat die Kirche des Konzils die Waffen gestreckt?

Beitrag in der Zeitschrift „Gente Veneta" (1977)

Ich habe ihn im Zug getroffen. Er saß mir gegenüber. Plötzlich legte er die Zeitung weg und sagte zu mir:

– Entschuldigen Sie, Hochwürden, aber mir scheint, daß dieser Lefèbvre eigentlich recht hat. Die Kirche hat tatsächlich einen anderen Weg eingeschlagen, sie hat die Waffen gestreckt, als sie auf dem Konzil die Religionsfreiheit verkündete.

Ich machte keinerlei Andeutung, daß ich selbst Teilnehmer des Konzils gewesen war. Ich schloß sachte mein Brevier und antwortete:

– Ja, in gewisser Hinsicht hat das Konzil tatsächlich einen neuen Weg eingeschlagen. Es hat dabei wohl an Karl den Großen gedacht, der jene Sachsen, welche die Taufe verweigerten, einfach köpfen ließ. Oder an Bernard Gui, den Inquisitor, der gegen die Katharer in Südfrankreich wütete, und an viele andere ähnliche Fälle. Und so hat es demütig bekannt: In der Kirche der Vergangenheit „ist bisweilen eine Weise des Handelns vorgekommen, die dem Geist des Evangeliums wenig entsprechend, ja sogar entgegengesetzt war" (DH 12). Das Konzil hat also eine Reihe keineswegs lobenswerter Tatsachen offen eingestanden, es hat sie zutiefst bedauert und erklärt, daß solches sich nie mehr wiederholen dürfe. In diesem Sinne hat es also einen neuen Weg eingeschlagen. Was jedoch die traditionelle Lehre angeht, hat es keinerlei Änderungen gegeben, denn das Konzil hat betont: Die Kirche hat immer „die Lehre, die sie von ihrem Meister und von den Aposteln empfangen hatte, im Laufe der Zeit bewahrt und weitergegeben ..., daß niemand zum Glauben gezwungen werden darf" (DH 12).

– Der Meister? – erwiderte mein Gesprächspartner. Aber hier – und er warf einen Blick auf die Zeitung – zitiert Lefèbvre gerade die Worte Christi: „Wer nicht glaubt, wird verdammt werden."

Darauf gab ich zur Antwort:

– Einen Moment. Er „wird verdammt werden". Aber von Gott, nach diesem irdischen Leben. Das Konzil hat nicht einmal im Traum zu sagen gewagt, daß wir vor Gott frei seien: Wir alle sind tatsächlich verpflichtet, nach der Wahrheit zu suchen, sie anzunehmen, nachdem wir sie erkannt haben, und Gott und seiner Kirche Antwort zu geben, wenn wir einmal akzeptiert haben, daß auch sie mit im Spiel ist. Das Konzil wollte vielmehr von der Freiheit gegenüber dem Staat in religiösen Belangen sprechen. Der Titel des Konzilsdokumentes spricht nämlich von „gesellschaftlicher und bürgerlicher Freiheit in religiösen Dingen". Die politischen Instanzen, ob katholisch oder nicht, können demnach weder jemanden zum Glauben zwingen, wenn er nicht will, noch darf jemand daran gehindert werden, einen Glauben anzunehmen und öffentlich zu bekennen.

– Sie haben mir aber immer noch nicht klar gesagt, wie das Konzil Christus und den Aposteln folgt.

– Wenn Sie wünschen, versuche ich es Ihnen jetzt zu sagen. Erinnern Sie sich an das Gleichnis vom Weizen und vom Unkraut? Die Knechte wollten das Unkraut auf dem Feld ausreißen, doch der Gutsherr sagte: Nein, laßt beides wachsen bis zur Ernte, d. h. bis zum Ende der Welt. Erst dann soll die Trennung erfolgen. Mit anderen Worten: Sicherlich will Jesus, daß „alle Menschen zur Erkenntnis der Wahrheit gelangen". Er hat oft seine Zuhörer aufgefordert, Glauben zu haben, doch über unseren Glauben und die Werke wird erst nach dem Tod ein Urteil gesprochen. Aber der Glaube setzt einen freien Willen voraus. Nie hat Jesus den Leuten seine Wahrheiten mit Gewalt aufgezwungen, nie hat er die Verbreitung gegenteiliger Meinungen unterbunden. Als Jakobus und Johannes den Vorschlag machten, über die Samariter Feuer vom Himmel kommen zu lassen, verpaßte er den beiden eine Rüge und sagte: „Ihr wißt nicht, welchen Geistes ihr seid."

– Gut, aber sagen Sie mir: Scheint es Ihnen nicht auch, daß

mit gewissen Ideen und Individuen, die durch die Welt geistern, das reine Chaos ausbricht, wenn der Staat einfach alles durchgehen läßt?

– Das Konzil sagt nicht, daß man alles durchgehen lassen soll. Es nennt sogar zwei Fälle, wo der Staat eingreifen und Einschränkungen auferlegen muß.

– Und welche sind das?

– Erstens, wenn die Religionsfreiheit von jemandem dazu benutzt wird, die Freiheit oder die Rechte anderer zu gefährden. Die USA zum Beispiel, die hinsichtlich religiöser Bekenntnisse äußerst liberal sind, haben es seinerzeit abgelehnt, den Staat Utah in die Union aufzunehmen, weil die dort lebenden Mormonen nicht offiziell auf die Polygamie verzichten wollten. Diese war nach ihrer Religion erlaubt, aber sie verletzte das Recht der Frauen auf ihre Würde, ihre Gleichberechtigung und ihre Freiheit. Dieses Festhalten an der Einehe seitens der USA scheint mir im Lichte des Konzils eine berechtigte Einschränkung der Religionsfreiheit zu sein.

– Und der zweite Fall?

– Er betrifft das Gemeinwohl und die öffentliche Ordnung. Der Staat hat nämlich allen zu dienen und eine wirklich friedliche Koexistenz innerhalb des Pluralismus der Meinungen zu sichern. Eine eventuelle Beschränkung muß daher genaue Gesetzesvorschriften beachten, sie kann nicht willkürlich und nur zugunsten einer Seite erfolgen. Freiheit – sagt das Konzil – soviel wie möglich, Beschränkung der Freiheit nur soweit, als dies für die Aufrechterhaltung der öffentlichen Ordnung wirklich notwendig ist.

– Alles schön und gut, aber der „Syllabus“ Pius' IX. spricht da doch eine ganz andere Sprache.

– Einen Moment noch. Ja, Pius IX. hat die „philosophische Freiheit“ und die „Freiheit des Kultes“ verurteilt, aber in dem Sinne, als ob man vor Gott frei sein könne, nach Belieben diese oder jene Religion anzunehmen, überhaupt keine Religion zu haben, oder in dem Sinne, als ob Wahrheit und Unwahrheit dieselbe Behandlung verdienten. In diesem Punkt ist das Konzil mit Pius IX. durchaus einer Meinung. Es fügt bloß noch hinzu: Der Staat ist in bezug auf religiöse Wahrheiten nicht zuständig. Er hat sich dem Gewissen seiner Bürger unterzuordnen und darf bloß dann eingreifen, wenn anderen Bürgern Unrecht zugefügt oder die öffentliche Ordnung gefährdet wird.

– Diese Interpretation des „Syllabus“ ist mir neu!

– Nein, sie ist durchaus nicht neu. Ähnlich hatte sich bereits der große Bischof Dupanloups wenige Monate nach der Verkündigung des „Syllabus“ geäußert. Wenn auch damals gewisse intransigente Kreise ihn deshalb schwerstens angegriffen haben, so hat doch der Großteil des Weltepiskopates seiner Interpretation zugestimmt, und Pius IX. selbst hat ihm in einem Breve ausdrücklich sein Lob dafür ausgesprochen.

– Glaubt also das Konzil, mit diesem Dokument über die „gesellschaftliche Freiheit in religiösen Dingen“ alle Gegner der Kirche „entwaffnet“ zu haben?

– Die Konzilsväter wußten genau, daß die Kirche immer Gegner haben wird. Es war ihr Anliegen, alle wissen zu lassen, daß die Kirche niemandes Gegner sein will, daß sie nichts sehnlicher wünscht, als im Geiste Christi, ihres Herrn, zu leben, der mild und demütig war und nicht gekommen ist, sich dienen zu lassen, sondern wie der alttestamentliche Gottesknecht zu dienen: „Das geknickte Rohr zerbricht er nicht, und den glimmenden Docht löscht er nicht aus.“

Vierter Teil

PROBLEME UNSERER ZEIT

Die Frau

Homilie zum Fest Mariä Himmelfahrt (1975)

Die katholische Kirche feiert heute die Gottesmutter Maria, die zu einer solchen Herrlichkeit erhoben wurde, daß sie nach Dantes Worten „über der Schöpfung" steht.

Der „neue Feminismus", der hier und dort in Erscheinung tritt, macht uns jedoch zum Vorwurf: „Ja, Maria habt ihr in den Himmel erhoben, aber die anderen Frauen habt ihr immer in untergeordneten Positionen gehalten. Ihr habt es nicht verstanden, die Würde der Frau echt anzuerkennen. Deshalb geschieht es heute, nach so vielen Jahrhunderten Christentum, daß die Frau sich ohne oder gegen die Kirche ihre Freiheit erobert und ihre eigenen Rechte geltend macht."

Ich möchte auf diesen Vorwurf antworten und mich dabei auf die Bibel, auf die Geschichte und das heutige Verhalten der Kirche berufen.

Die Bibel

1. „Gott schuf den Menschen als sein Abbild; als Abbild Gottes schuf er ihn. Als Mann und Frau schuf er sie" (Gen 1,27). Es ist dies die erste biblische Nennung der Frau, und daraus geht hervor, daß Mann und Frau nur *gemeinsam* das wahre Abbild Gottes sind. Getrennt sind sie dieses göttliche Abbild nur zum Teil.

Die zweite Nennung der Frau in der Bibel ist noch bezeichnender. In volkstümlicher Weise wird Adam als Beherrscher der Welt dargestellt, aber er scheint freudlos dahinzuleben, isoliert zu sein inmitten zwar großartiger, aber ihm doch unterlegener Lebewesen. Doch kaum hat ihm Gott die Frau zugeführt, wird Adam hellwach, und was er in seinem

Entzücken zum Ausdruck bringt, ist das erste Liebeslied der Weltgeschichte: „Das endlich ist Bein von meinem Bein und Fleisch von meinem Fleisch ... Darum verläßt der Mann Vater und Mutter und bindet sich an seine Frau, und sie werden *ein* Fleisch" (Gen 2,23–24). Hier, bei der Frau, wird auch von Liebe und ehelichem Einssein gesprochen. Diese Liebe ist so, daß sie der Liebe zu Vater und Mutter vorgezogen wird. Und das Einswerden geschieht so, daß die Persönlichkeit des Mannes sich in der Frau vollendet und umgekehrt.

Ein großartiger Plan Gottes, ehrenvoll für den Mann wie für die Frau: Doch leider, die Sünde macht ihn zunichte. Hören wir, was Gott zu der Frau sagt: „Unter Schmerzen wirst du Kinder gebären. Du hast Verlangen nach deinem Mann; er aber wird über dich herrschen" (Gen 3,16). Die Frau wird Leiden und Schmerzen zu ertragen haben, die nicht hätten sein müssen. Beim Mann wird – zum Schaden des Mannes selbst – autoritäres Gehabe („er wird über dich herrschen") an die Stelle von Rücksichtnahme und Zärtlichkeit treten, und sein Verständnis für all das, was die Frau ihm an Liebe und sonstigen Gaben zu schenken vermag, wird immer mehr abnehmen.

2. Ist für die Bibel die Frau nur eine „Gebärmaschine"? Sieht sie in ihr vor allem die Mutter möglichst vieler Kinder? Sicherlich, Gott hat zum ersten Ehepaar gesagt: „Seid fruchtbar und vermehrt euch, bevölkert die Erde" (Gen 1,28), und oft erscheint den Juden die Fruchtbarkeit wie ein großer Segen (vgl. Ps 127). Es wird aber auch betont, daß es nicht so sehr wichtig ist, viele Kinder zu haben, sondern wohlerzogene Kinder. „Wünsch dir nicht schöne Kinder, wenn sie nichts taugen ... Mögen sie auch zahlreich sein, freu dich nicht über sie, wenn sie keine Gottesfurcht besitzen" (Sir 16,1–2). An einer anderen Stelle heißt es, daß der Wert der Frau nicht in ihrer Fruchtbarkeit liegt, sondern in ihr selbst: „Selig ist die Kinderlose, die unschuldig blieb und kein Lager der Sünde kannte" (Weish 3,13). „Wer eine Frau gefunden, hat Glück gefunden und das Gefallen des Herrn erlangt" (Spr 18,22). An anderen Stellen wird die eheliche Liebe gepriesen. Im Hohenlied faßt die Braut den Ausbruch ihrer Leidenschaft für den Geliebten in so feurige Worte, daß sie bei uns abendländischen

Menschen nur Staunen hervorrufen. Im Buch der Sprichwörter wird dem Mann empfohlen: „Freu dich der Frau deiner Jugendtage, der lieblichen Gazelle, der anmutigen Gemse! Ihre Liebkosung mache dich immerfort trunken" (Spr 5,18–19). „Viel zu oft" – würde Paul VI. dazu sagen – „schien die Kirche, sehr zu Unrecht, der menschlichen Liebe zu mißtrauen. Deshalb wollen Wir es heute klar aussprechen: Nein, Gott ist nicht der Feind der großen humanen Wirklichkeiten. Die Kirche stellt in keiner Weise die von Tausenden Familien täglich gelebten Werte in Abrede."

3. Es gibt die Meinung, das Alte Testament würde die Frau im Hause einsperren und sie von der Öffentlichkeit fernhalten; erst Jesus Christus habe den Mut gehabt, sie aus dieser Isolation zu befreien. Das stimmt nicht ganz. Man wirft dem Buch der Sprichwörter vor, im „Lob der tüchtigen Frau" (Spr 31,10–31) nur die Hausfrau im Sinn gehabt zu haben. Doch von der Frau wird darin auch gesagt: „Sie gleicht den Schiffen des Kaufmanns: Aus der Ferne holt sie ihre Nahrung ... Sie überlegt es und kauft einen Acker." Hausfrau ja, aber alles andere als im Hause eingesperrt. Nicht im Hause eingesperrt war auch die Prophetin Debora, die ihren Sitz unter der Palme hatte und die Streitigkeiten der Leute schlichtete. Sie war nicht nur äußerst klug, sondern auch eine so mutige und tapfere Frau, daß sie sogar einen so furchtsamen Mann wie den Richter Barak damit ansteckte, so daß er sich an die Spitze des Heeres stellte und es zum Sieg führte (vgl. Ri 4–5). Auch die Prophetin Hulda scheut sich nicht, den König Joschija mit drohenden Worten zur Umkehr zu zwingen (vgl. 2 Kön 22,14–20). Noch energischer als Hulda tritt die Witwe Judit in Erscheinung, die standhaft und fest Entscheidungen trifft, Taten vollbringt, ja sogar tötet, um die eigene Stadt zu retten. Dafür wird sie vom Volk umjubelt.

4. Ein weiterer Vorwurf lautet, die Bibel vermittle ein pessimistisches Bild der Frau. Darauf antworte ich: Es ist ein ganz realistisches Bild. Was soll man denn Gutes sagen von der Frau Potifars, von Delila, Isebel, von Atalja und Herodias? Zur Zeit des Propheten Amos gibt es Frauen, welche „die Schwachen unterdrücken und die Armen zermalmen und zu ihren Männern sagen: Schafft Wein herbei, wir wollen

trinken!“ Kein Wunder, wenn der Prophet sie mit der nicht sehr schmeichelhaften Bezeichnung „Baschankühe“ brandmarkt (Am 4,1). Jesus Sirach gilt unter den biblischen Autoren als am meisten „frauenfeindlich“. In Wirklichkeit versucht er nur, zwei Bilder einander näherzurücken: hier die Megäre am königlichen Hof, dort die liebenswürdige und verständnisvolle Braut. Von der ersten sagt er: „Lieber mit einem Löwen oder Drachen zusammenhausen, als bei einer bösen Frau wohnen“ (Sir 25,26). Und von der zweiten: „Die Anmut der Frau entzückt ihren Mann... unbezahlbar ist eine Frau mit guter Erziehung“ (Sir 26,13–14). Die klugen Frauen in der Bibel sind Legion: Man braucht nur an die Frauen der Patriarchen zu erinnern, etwa an Rahel, für die Jakob sieben Jahre diente; und „weil er sie liebte, kamen sie ihm wie wenige Tage vor“ (Gen 29,20). Einige der Frauen, die aus Schwachheit auf Abwege geraten sind, werden rehabilitiert: Von den vier, die im Stammbaum Jesu aufscheinen, waren z. B. drei Sünderinnen: Rahab eine Dirne, Tamar eine Blutschänderin, Batseba eine Ehebrecherin. Und Christus hat nichts dagegen, von ihnen abzustammen!

5. Ein bevorzugter Platz ist in der Bibel für Maria reserviert, die auserwählt war, Mutter Gottes zu werden und positiv an der Menschwerdung und Erlösung mitzuwirken. In der Vergangenheit betonte man vor allem die Gnadenhaftigkeit der göttlichen Erwählung. Heute hebt man auch die Antwort Mariens hervor, ihr Ja, oder besser gesagt, ihre „aktive und verantwortungsbewußte Zustimmung“ (MC 37). Ein verantwortungsbewußtes und mutiges Ja zu einer Aufgabe, die die ganze Welt umfaßte; ein Ja, das auch die Frau von heute betrifft und ihr sagt: Wenn du Maria nachfolgen willst, darfst du dich nicht scheuen, auch große Aufgaben im öffentlichen Leben zu übernehmen.

6. Bibelstellen, die schwierig zu interpretieren oder miteinander in Einklang zu bringen sind, finden meist eine plausible Lösung. Dazu ein Beispiel. Paulus sagt: „Es gibt nicht mehr Juden und Griechen, nicht Sklaven und Freie, nicht Mann und Frau; denn ihr alle seid ‚einer‘ in Christus Jesus“ (Gal 3,28). Dagegen scheint Jesus das Priestertum und die äußere Leitung der Kirche allein den Aposteln anzuvertrauen. Paulus selbst

will, daß „die Frauen in der Versammlung schweigen; es ist ihnen nicht gestattet zu reden“ (1 Kor 24,34). Und er ordnet an: „Ihr Frauen, ordnet euch euren Männern unter wie dem Herrn (Christus)“ (Eph 5,22). „Ihr Frauen, ordnet euch euren Männern unter, wie es sich im Herrn geziemt. Ihr Männer, liebt eure Frauen“ (Kol 3,18). Wie lassen sich diese Stellen miteinander vereinbaren?

Ich versuche es zu erklären. *Erstens:* Die Gleichheit von Männern und Frauen, Freien und Sklaven ist eine Gleichheit „in Christus“. Sie sind auf gleiche Weise von ihm erlöst worden und in gleicher Weise seine Brüder. Mit dieser Gleichheit, die ein unvergleichliches Geschenk ist, können sekundäre Ungleichheiten ethischer und sozialer Natur einhergehen, zumindest innerhalb einer bestimmten Zeitepoche und kulturellen Umwelt. *Zweitens:* Das Priestertum, die Leitung der Kirche, ist gewissen Personen von Gott nur anvertraut im Hinblick auf einen Dienst an den anderen: Wer die Weihe empfängt, hat die Pflicht, dieses Amt zum Wohle aller auszuüben, aber nicht das Recht, Privilegien zu beanspruchen und persönliche Vorteile daraus zu ziehen. *Drittens:* Nach Paulus durften die Frauen in den Versammlungen nicht autoritativ das Wort ergreifen; sie konnten jedoch sprechen, wenn sie das Charisma der prophetischen Rede besaßen. Paulus selbst nimmt auf diesen Fall Bezug, wenn er verlangt, daß die Frauen, wenn sie prophetisch reden, ihr Haupt verhüllen sollen (vgl. 1 Kor 11,5). In Cäsarea begegnet er vier Prophetinnen, den Töchtern des Diakons Philippus (Apg 21,9), er spricht mit großem Respekt von Chloë (vgl. 1 Kor 1,11), von Priska, Tryphäna und Tryphosa, von Persis und anderen, die „für den Herrn viel Mühe auf sich nehmen“ (vgl. Röm 16,3–4.12). *Viertens:* Eine gewisse Unterordnung der Frau ihrem eigenen Mann gegenüber läßt sich schwer leugnen. „Grad und Art dieser Unterordnung können jedoch sehr verschieden sein je nach den verschiedenen persönlichen, örtlichen und zeitlichen Verhältnissen“ (Pius XI. in der Enzyklika „Casti connubii“).

7. Wenn wir in die Vergangenheit blicken, so muß daran erinnert werden, daß es zahlreiche Ungleichheiten zum Nachteil der Frauen in den von der Kirche geprägten Gesellschaften und in der Kirche selbst gegeben hat. Sie lassen sich zum Teil mit den allgemeinen Vorurteilen, mit der damals vorherrschenden Philosophie und Mentalität, zum Teil aber auch mit dem männlichen Vormachtstreben, mit den menschlichen Leidenschaften und der Unwissenheit erklären. Die Frau hat aber von der Kirche auch sehr viel empfangen: Als gottgeweihte Jungfrau, Braut und Mutter wurde sie von der Kirche mit Ehren überhäuft: ein gigantischer Fortschritt im Vergleich zu der Art und Weise, wie sie im Heidentum behandelt wurde. Selbst der Marienkult ist zum Teil der Frau zugute gekommen. Sie hat aber nicht alles erreicht, was sie erhoffte? Das ist wahr, aber es ist so schwer, gegen Interessen, Institutionen und Mentalitäten anzukämpfen, die seit Jahrhunderten eingewurzelt sind! Jedenfalls sollte man nicht krampfhaft Schuldige suchen, und wenn es solche geben sollte, darf man ihre Schuld auch nicht übertreiben.

8. Die Kirche – so hörte ich sagen – hätte die Mentalität der Juden übernommen, welche die Frau als dem Manne unterlegen erachteten, sie vom Morgen- und Tischgebet fernhielten und ihre Teilnahme auf das öffentliche Gebet beschränkten. Man stützt sich bei diesem Einwand auf den Talmud. Doch der Talmud wurde 400 Jahre nach Christus geschrieben: Es ist nicht zu leugnen, daß er uns beim rechten Verständnis des Evangeliums in manchen Punkten behilflich sein kann, aber es stimmt auch, daß er voller Fabeln und Sonderlichkeiten ist. Wir können mit gewissen Rabbinen der Frühzeit, welche die Bibel für Silber und den Talmud für Gold hielten, nicht übereinstimmen. Wir haben die Apostelgeschichte, die uns die erste kleine christliche Gemeinde vor Augen führt, wie sie betend das Kommen des Heiligen Geistes erwartet. Sie besteht aus den elf Aposteln und einigen „Frauen mit Maria, der Mutter Jesu“ (Apg 1,14). Was das öffentliche Gebet betrifft, so braucht man nur an die biblischen Gesänge von Mirjam, der Schwester des Mose (Ex 15,20), von Hanna (1 Sam 2,1–10),

Debora (Ri 5,2–31), Judit (Jdt 16,1–17) und vor allem an das „Magnificat" Mariens (Lk 1,46–55) zu erinnern. Sie alle finden in der Liturgie der Kirche seit Jahrhunderten häufige Verwendung.

9. Man zitiert auch manchmal Aussagen von Kirchenvätern und Theologen, die von einer gewissen Geringschätzung der Frau zeugen. Aber eine Schwalbe macht noch keinen Sommer, sagte schon Aristoteles. Andere Kirchenväter und Theologen heben die Frauen dafür in den Himmel. Ich zitiere Hieronymus, der von manchen, die ihn nur oberflächlich gelesen haben, als Weiberfeind betrachtet wird. In der Einleitung zum Buch Zefanja schreibt er: „Man müßte ganze Bücher schreiben, um die wirkliche Größe der Frau darstellen zu können." Und anderswo: „Das schwache Geschlecht hat über das Zeitalter gesiegt; das starke Geschlecht wurde vom Zeitalter besiegt" (Brief 122). „Während die Männer schwiegen, haben Hulda, Hanna und Debora prophetisch geredet; im Dienste Gottes ist nicht der Unterschied des Geschlechts von Bedeutung, sondern nur die innere Einstellung" (Brief 120). Das waren für Hieronymus nicht nur leere Worte: In Rom arbeitet die adelige Dame Marcella mit ihm an der Übersetzung des Neuen Testamentes; in Betlehem helfen ihm Paula und Eustochium bei der Revision der Evangelienübersetzung und bei der schwierigen Aufgabe, die Bücher des Alten Testamentes aus dem Hebräischen zu übersetzen.

10. Man muß feststellen, daß es im Vergleich zu den Männern, vor allem den Bischöfen und Ordensleuten, nur wenige Frauen gibt, die von der Kirche heiliggesprochen wurden. Und es sind auch wenige Ehefrauen darunter, im Gegensatz zu den vielen Mönchen und Nonnen. Diese Feststellung ist richtig, aber nicht verwunderlich, wenn man die Vorgangsweise bei einer Heiligsprechung kennt. Im Hochmittelalter war die Stimme des Volkes ausschlaggebend, und es war natürlich so, daß die Tugenden eines Bischofs oder Abtes besser bekannt waren als die einer verheirateten Frau, die den Haushalt zu führen und die Kinder zu versorgen hatte. Später erforderte eine Heiligsprechung kompliziertere und intensivere Nachforschungen. Man wandte sich daher an Organisationen wie die Diözese oder den betreffenden Orden. War die

Heiligmäßigkeit einer verheirateten Frau jedoch einmal bekannt und bestätigt, dann war die Kirche gerne bereit, ihrer kultischen Verehrung zuzustimmen. Ich erinnere nur an die hl. Monika, an Margareta von Schottland, Elisabeth von Ungarn, Elisabeth von Portugal, an die hl. Hedwig, Brigitta und Franziska von Rom. Bei den Ordensschwestern ist es offensichtlich, daß das Ordensleben eine Hilfe darstellt für ein heiligmäßiges Leben. Ich möchte nicht, daß jemand vergißt, was Pius XII. in Erinnerung rufen wollte: Es gibt Männer und Frauen, welche die Ehe für ihre innere Ausgeglichenheit brauchen. Die normale Frau aber, wenn sie tugendhaft ist, erhält sich ihre Ausgeglichenheit auch ohne Mann und ohne Kinder: Der Stand der Jungfräulichkeit kann ihr die volle Entfaltung der eigenen Persönlichkeit ebenso ermöglichen wie die Ehe, ja oft sogar noch mehr.

11. Hat die Kirche die Frau abgewertet, indem sie sie vom Studium fernhielt und ihre intellektuelle und geistliche Weiterbildung vernachlässigte? Ich will nur einige Namen und Fakten aufzählen. Es gab – von der Kirche anerkannt – Äbtissinnen mit Ring, Mitra und Stab, die jahrhundertelang echte Autorität, ähnlich jener der Bischöfe, über Pfarren und Abteien ausübten. Im benediktinischen Zweig von Fontevrault hatte die Äbtissin administrative Gewalt auch über die Mönche. Eine ähnliche Situation finden wir im Erlöserorden, der von der hl. Brigitta von Schweden gegründet wurde. Die Zisterzienseräbtissinnen von Huelgas und Conversano sollen sich sogar weitgehender Sonderrechte gegenüber Pfarreien und kirchlichen Institutionen erfreut haben. Für Conversano (das „Monstrum Apuliae") anerkennt ein Dokument der Konzilskongregation aus dem Jahre 1709 grundsätzlich solche Privilegien, auch wenn es sie ein wenig einschränkt: Mitra und Stab ja, aber sie dürfen nur neben der Äbtissin auf einem Tischchen deponiert sein; der Kuß ist nur auf die Hand erlaubt, und die Äbtissin muß dabei Handschuhe tragen; die Priester dürfen vor der Äbtissin keine Kniebeuge machen, sondern nur eine Verneigung.

Das sind natürlich Ausnahmen, sie zeigen jedoch, daß die Kirche die Frau keineswegs geringschätzte. In den mittelalterlichen Frauenklöstern stand das Studium der Mädchen hoch in

Ehren. Zur Zeit der Karolinger verfaßte eine Herzogin sogar ein „Liber manualis", das ein Handbuch des vollkommenen Christen und perfekten Aristokraten sein wollte. Wenig später beherrscht in Deutschland Roswitha, die bei Nonnen in die Schule ging, Griechisch und Latein, Musik und Philosophie, ja sie macht es sogar dem römischen Dichter Terenz nach und schreibt Dramen und Legenden in tadellosen lateinischen Versen. Katharina von Siena und Teresa von Avila gehören zu den bedeutendsten „Kirchenlehrern". Caterina Cibo lernt – zur Zeit der Gegenreformation – Hebräisch und Griechisch, um die Heilige Schrift besser verstehen zu können. Franz von Sales – vielleicht der größte Seelenführer, den die Kirche je gehabt hat – hatte es mit unzähligen Frauen zu tun. Wenn auch die Briefe, die uns von ihm erhalten sind, an bedeutende Damen und Nonnen gerichtet sind, so steht doch fest, daß auch viele Frauen aus dem Volk und vom Lande sich an ihn wandten: Als man ihm vom Tod Annette Bouteys, einer einfachen Bäuerin, Mitteilung machte, konnte er sich der Tränen nicht erwehren, weil er wußte, welche Größe sie vor Gott besaß.

In seinem „Traktat über die Erziehung der Mädchen" schlägt Fénelon vor, daß man ihnen eine gute Allgemeinbildung zukommen lassen soll, einschließlich der lateinischen Sprache. Als genialer und weitsichtiger Pädagoge ist er ein Vorläufer Rousseaus: Die Erziehung – sagt er – solle die Mädchen vor allem lehren, gewisse Verhaltensweisen zu lieben, dann würden sie auch gehorsam sein, ohne daß überall gleich Vorschriften erlassen werden müßten. In dem bedeutenden Werk von Henri Bremond „Histoire littéraire du sentiment religieux en France" gibt es ein Kapitel mit der Überschrift „Les grandes abbesses". Es handelt sich um unzählige mutige und gebildete Frauen auf hohem geistlichen Niveau, die im 17. Jahrhundert eine energische Reform der Klöster in Angriff nehmen und ziemlich weit vorantreiben. Ganz Frankreich blickt gebannt auf sie: vom König und der Königin angefangen bis zu den Bischöfen, den bedeutendsten Männern der damaligen Zeit und dem einfachen Volk. Auf die kontemplativen Nonnen folgen, mit Vinzenz von Paul, die apostolisch und karitativ tätigen Ordensschwestern. Seit der

Französischen Revolution gibt es kein Elend und keinen sozialen Notstand, deren sie sich nicht annehmen: Länder der Dritten Welt, Opfer der Cholera, Alte, Häftlinge, Waisen, Kranke, Kinder und gefährdete Jugendliche, Prostituierte, die ihr Leben ändern möchten. Seltsam! Manche Priester sind heute mit den eigentlichen priesterlichen Aufgaben nicht mehr zufrieden; sie möchten – so sagen sie – „zu den Armen gehen", zu den Außenseitern der Gesellschaft. Gleichzeitig aber beschuldigen sie die Kirche, die Schwestern bei den Armen, also gewissermaßen in der Etappe festgehalten und nicht an die Front geschickt, also zu kirchlichen Ämtern zugelassen zu haben. Dieselben Tätigkeiten sind also plötzlich, wenn bestimmte Priester sie tun, die Front, wo die großen Schlachten geschlagen werden; wenn sie aber von Schwestern verrichtet werden, dann sind es Betätigungen für Etappenhengste, die sich vor der wirklichen Arbeit drücken.

Heute

12. In den letzten Jahren sind in der Frauenfrage beachtenswerte Fortschritte erzielt worden. Es gibt jedoch noch immer ungerechte Ungleichheiten. Wenn sie wirklich ungerecht sind, dann fordert die Kirche alle auf, sie auszumerzen. Papst Pius XII. sagte im Jahre 1957 in einer Ansprache an die Weltunion der katholischen Frauenorganisationen zu den Frauen: „Ihr könnt und müßt euch das Programm der Befreiung der Frau ohne Einschränkungen zu eigen machen, das bei einer Vielzahl eurer Schwestern ungeheure Hoffnungen erweckt, die sich noch immer entwürdigenden Situationen gegenübersehen oder Opfer des Elends, der Unwissenheit ihrer Umgebung, des totalen Abgeschnittenseins von Kultur und höherer Bildung sind." Auf derselben Linie begrüßte Papst Johannes XXIII. in seiner Enzyklika „Pacem in terris" als ein „Zeichen der Zeit" die Tatsache, daß die Frau, „die sich immer mehr ihrer eigenen Menschenwürde bewußt wird, es nun nicht mehr hinnimmt, bloß als ein Mittel betrachtet zu werden; sie verlangt vielmehr, daß sie sowohl in ihrer Funktion als Hausfrau wie auch im öffentlichen Leben als menschliche Person betrachtet wird."

13. Es wird aber notwendig sein, die Gefahr einer „falschen Gleichheit, welche die vom Schöpfer selbst festgelegten Unterschiede leugnet“ (OA 13), zu vermeiden. Mann und Frau sind zwar von Natur aus gleichwertig, aber nicht identisch, sie haben weder denselben Leib noch dasselbe Seelenleben: Sie haben wohl dieselben Fähigkeiten, aber sie gebrauchen sie auf verschiedene Weise. Gleiche Rechte allein lösen das Problem nicht, sagt Paul VI., „man muß auf eine wirksame gegenseitige Ergänzung aus sein, so daß die Männer wie die Frauen ihre je eigenen Reichtümer und ihre dynamischen Fähigkeiten zum Aufbau einer Welt beisteuern, die nicht nivelliert und einförmig ist, sondern harmonisch geeint“.

14. Manche Probleme, die heute im Hinblick auf die Frau herausgestellt werden, sind bloß Anliegen einer kleinen Elite, die große Masse der Frauen interessiert sich gar nicht dafür: Es geht da oft um ungesicherte oder überhaupt noch nicht existierende Rechte. Sich darauf zu versteifen, während Millionen von Frauen noch nicht einmal die wesentlichsten und elementarsten Grundrechte genießen, scheint nicht sehr klug zu sein. Das gilt z. B. auch für das Problem des Priestertums der Frau. Neulich beklagte sich jemand bitter bei mir, weil der Papst die Frage der „Ämter“ der Kompetenz des „Internationalen Komitees für die Frau“ entzogen hatte. Ich zweifle daran, ob es mir gelungen ist, meinen Gesprächspartner zu überzeugen, aber ich möchte auch euch die Argumente vorlegen, die ich ihm vorgetragen habe.

15. Ein „Amt“ bedeutet einen „Dienst“ an der Kirche. Es gibt sehr viele Ämter: Das Wohl der Kirche erfordert es, daß *alle* ausgeübt werden. Es ist jedoch nicht erforderlich, daß jeder immer gerade die Ämter ausübt, die schon andere innehaben; ja es ist sogar festgelegt, daß es eine Pluralität und gegenseitige Ergänzung der verschiedenen Ämter geben soll (vgl. Eph 4,11–12).

Einige von diesen Ämtern sind an das Weihesakrament gebunden: der Diakonat, das Priestertum und das Bischofsamt. Andere gründen sich auf die Taufe. Zu diesen letzteren ist der Zugang für die Frauen immer mehr erleichtert worden: Sie lehren heute Theologie und kanonisches Recht an den kirchlichen Universitäten; sie arbeiten in den Pfarrgemeinden, den

Diözesen und selbst beim Heiligen Stuhl mit; sehr viele Frauen werden auch als außerordentliche Spender der Eucharistie eingesetzt.

16. Die Schwierigkeiten ergeben sich bei den an das Weihesakrament gebundenen Ämtern. Man stellt sich die Frage: Ist es theologisch möglich, Frauen zu Priestern zu weihen?

Die Theologen sind da verschiedener Meinung: „Das ist unmöglich" – sagen die einen –, „denn Jesus hat nur Männer zu seinen Aposteln erwählt, und die Praxis der Kirche hat diesbezüglich nie irgendwelche Ausnahmen zugelassen." – „Es ist dies durchaus möglich" – erwidern die anderen –: „Jesus hat die Frauen nur damals von diesem Amt ausgeschlossen, weil zu seiner Zeit eine Frau als Priester unmöglich gewesen wäre; heute ist dies anders." – Eine dritte Gruppe unterscheidet: „Weibliche Bischöfe und Priesterinnen nein, denn so etwas hat es noch nie in der Kirche gegeben. Weibliche Diakone jedoch, die auch eine eigens dafür vorgesehene Weihe empfangen haben, gab es schon früher. Also könnte man das auch heute wieder einführen."

Die Frage ist nicht leicht. Die Mehrheit der Theologen gehört zur ersten Gruppe, einige halten es mit der dritten, und nur ganz wenige vertreten die Meinung der zweiten Gruppe. Die Kirche wird eine lange Tradition nicht so ohne weiteres aufgeben, außer es werden ihr sehr ernst zu nehmende Argumente vorgelegt, die für das Gegenteil sprechen. Argumentationsweisen jedoch, die bloß auf Schlagworten beruhen, sind eher kontraproduktiv. Es ist also besser, weitere Erkenntnisse und eventuelle Entscheidungen abzuwarten, ein Urteil in dieser Frage vorläufig noch aufzuschieben und sich statt dessen der viel dringenderen Probleme der Frau anzunehmen. „Die Stunde ist gekommen" – so lautet die Botschaft des Konzils an die Frauen –, „in der die Berufung der Frau sich in ihrer ganzen Fülle vollendet... Die Frauen, die erfüllt sind vom Geist des Evangeliums, können sehr viel dazu beitragen, der Menschheit zu helfen."

Man soll auch nicht alles, weil es gerade neu ist, sofort als Fortschritt und Errungenschaft für die Frau ausgeben. Geht doch einmal in die Kirchen und Museen Venedigs und schaut euch die verschiedenen Darstellungen der Gottesmutter und der Heiligen an: die Himmelfahrt Mariens von Tizian, die Madonna von Torcello, die hl. Ursula von Carpaccio, die hl. Barbara von Palma dem Älteren und viele andere. Und dann vergleicht sie mit den Frauen auf den öffentlichen Plakatwänden. Dort alt, hier modern. Die Frau, wie sie früher dargestellt wurde und wie sie jetzt präsentiert wird. Ich zweifle sehr daran, ob dieser Vergleich, was die Wertschätzung der Frau betrifft, zugunsten der heutigen Zeit ausgeht! Die erhabene Größe, in der die Religion Maria und die Heiligen sieht, hat auf die Frau überhaupt abgefärbt und trotz allem die Männer beeindruckt!

Erziehung in der Familie

Beitrag im „Messaggero di S. Antonio" (1977)

Erziehung ist ein Werk der Liebe. Es mag seltsam klingen, aber es ist sicher, daß die Kindererziehung beim guten Einvernehmen zwischen den Eltern beginnt. Wenn nämlich das Kind bemerkt, daß seine Eltern sich nur wenig lieben, fühlt es sich desorientiert, unsicher, alleingelassen mit seinen Problemen, und das ist kein guter Start für den langen Weg der Erziehung. Kinderärzte sagen, daß die Kinder schon von den ersten Monaten an mit äußerst sensiblen Antennen ausgestattet sind, mit denen sie die psychischen Vorgänge bei ihrer Mutter registrieren. Wenn sie in einen Zustand nervöser Spannung gerät, weil der Mann sie verlassen hat oder weil es Streit zwischen den beiden gibt, so zeigt der Säugling sofort Reaktionen: Er nimmt weniger Nahrung zu sich, kann sie manchmal nicht bei sich behalten, wird unruhig und gereizt. Die schwersten Fälle in der Kinderheilkunde haben ihre Ursache oft nicht in organischen Erkrankungen des Kindes, sondern in der ständigen Hektik der Mutter.

Wenn das Kind bemerkt, daß die Eltern sich gegenseitig in Liebe zugetan sind, fühlt es sich intuitiv geborgen, es ist dann viel ausgeglichener und läßt sich besser erziehen. Gute Eltern wissen das, und sollte das Kind zufällig einmal Zeuge einer momentanen Mißstimmung zwischen ihnen geworden sein, dann trachten sie danach, es auch an ihrer liebevollen Versöhnung teilhaben zu lassen, um den ungünstigen Eindruck, den sie hinterlassen haben, wiedergutzumachen.

Die Liebe zum Kind sollte – so sagt man – auch die weitere Erziehung bis zum Verlobungsalter beeinflussen. „Was für ein Vater wird er einmal für meine Kinder sein?" – müßte sich die Verlobte fragen. Und der Bräutigam: „Was für eine Mutter wird sie einmal abgeben?" Simone Weil hat einmal gesagt: „Es gibt absolut nichts in mir, das seinen Ursprung nicht in der Begegnung zwischen meinem Vater und meiner Mutter hätte."

Betsy Trotwood, die Tante von David Copperfield, war sich vollkommen sicher, daß ihre junge Schwägerin ein Mädchen zur Welt bringen würde. In ihrer ungezügelten Phantasie sah sie sich schon als Patin des Mädchens dessen künftiges Schicksal mitbestimmen. Sie wartete während der Geburt ganz nervös im Wohnzimmer zu ebener Erde. Doch dann trat der Arzt aus dem Zimmer der Wöchnerin und verkündete treuherzig und voll Freude: „Es ist ein Knabe!" Miß Betsy sagte kein Wort, aber sie schnappte sich ihren Hut mit den langen Bändern und schleuderte ihn dem Arzt ins Gesicht, um ihn für die unerfreuliche Botschaft zu bestrafen. Dann setzte sie den verbeulten Hut wieder auf und verließ wutentbrannt das Haus.

Reaktionen dieser Art dürfte es bei den Eltern nicht geben, wenn die Geburt eines Kindes aus diesem oder jenem Grund eine Enttäuschung darstellen sollte!

Es geschieht aber auch dies: Wenn das Kind geliebt wird und sich geliebt fühlt, lernt es viel leichter, auch die anderen zu lieben und mit ihnen enge und vertrauensvolle Beziehungen aufzunehmen. Doch nicht nur das, es wird auch angeleitet, auf die Enttäuschungen des Lebens ruhig und gelassen zu reagieren, wenn es in seinen kleinen Unglückssituationen die Mutter und den Vater ganz nahe bei sich weiß. Wohlverstanden: Diese Nähe bedeutet nicht eine Liebe, die nichts weiter als Mitleid ist und die den Kindern alles durchgehen läßt, sondern vielmehr eine Liebe, die zur Bewältigung von Krisen und zur Toleranz erzieht.

Ein dreijähriges Kind weinte einmal verzweifelt und deutete unentwegt auf eines seiner Füßchen hin. Das Kindermädchen nahm es auf den Arm und zog ihm den Schuh aus, in dem sich ein winzig kleines Steinchen fand. „Ah", rief da das Kindermädchen aus, „siehst du? Dieser böse Stein hat dir so wehgetan. Wir werfen ihn einfach weg!" Die Mutter, die das Geschrei gehört hatte, eilte herbei und sagte zum Kindermädchen: „Zieh dem Kind den Schuh mit dem Steinchen wieder an! Ganz im Ernst: Tu, was ich dir sage!" Und sie gehorchte.

Die Mutter aber begab sich an das andere Ende des Zimmers, drehte sich um, breitete ihre Arme aus, und mit einem liebevollen Lächeln rief sie ihrem Kind aufmunternd zu: „Du hast mich ja so lieb, komm doch in meine Arme, ohne zu weinen, mit dem Steinchen im Schuh!“ Und das Kind lief tatsächlich, ohne zu weinen und ein wenig hinkend, in die Arme der Mutter, die zu ihm etwas sagte, was es damals zwar noch nicht verstand, was sie ihm aber in der Folgezeit immer wieder einhämmerte: „Du mußt es immer so machen wie jetzt. Geh deinen Weg, ungeachtet aller Hindernisse und Leiden, die im Leben immer wieder vorkommen. Denk an die Worte deiner Mutter: Man kommt nicht in den Himmel, außer mit einem Steinchen im Schuh!“

Einst sagte man: Erziehung ist eine Sache der Autorität! Das kann man zwar noch immer vertreten, aber mit einigen Anpassungen.

Dem Jugendlichen z. B. kann man nicht in gleicher Weise etwas befehlen wie dem Kind. Der Jugendliche, der in einer Wachstumskrise steckt, fühlt, daß er sich in einem Reifungsprozeß befindet, und er will seine Reife sich selbst und den anderen beweisen. Daher sein Wunsch, alles allein zu machen, daher sein Verlangen nach Unabhängigkeit und seine Gereiztheit, wenn ihm scheinbar widersprochen wird. „Du bist kein Kind mehr“, sagt der Vater zu ihm, doch schon am nächsten Tag heißt es: „Das ist nichts für dich, du bist noch ein Kind.“ – „Entscheide dich frei!“ – doch das Kind hat den Eindruck, daß die Eltern es ganz subtil in eine Richtung drängen, die ihnen gefällt. „Gestern abend bin ich mit einer halben Stunde Verspätung nach Hause gekommen – sie haben eine Tragödie daraus gemacht!“ – „Sie nörgeln ständig an mir herum und halten mir die Freundinnen vor Augen, die angeblich alles viel besser machen als ich. Schau dir diese an oder jene!“ In jeder Familie, kann man sagen, gibt es Kinder, die so empfinden. Überall gibt es den Zusammenprall der beiden Generationen: der Jungen, die der Erfahrung der anderen mißtrauen, und der Älteren, die ihre Erfahrungen gemacht haben und nicht alles ständig neu zur Diskussion stellen wollen.

Was soll man dazu sagen? Von seiten der Eltern ist viel Nachsicht und Geduld nötig, aber auch kluge Standfestigkeit.

Von seiten der Kinder nicht weniger Respekt und die Bereitschaft zum Gehorsam. Die ersteren sollten bereitwillig mit ihren Kindern diskutieren, sie sollten echte Freunde ihrer Kinder werden und sich ernstlich für Sport, Mode und alles Neue interessieren. Die letzteren aber sollten sich dem Gespräch nicht verschließen und gemeinsam mit den Eltern ihren Weg suchen: Zur Mutter, die mit dem Umgang, den ihre Tochter pflegt, nicht zufrieden ist, soll diese nicht sagen: „Mutter, du verstehst nichts davon", sondern: „Warum meinst du, daß meine Freundin ein flatterhaftes Ding ist?"

Vieles in der Welt hat sich geändert, und man muß das zur Kenntnis nehmen. „Die Jugend" – sagt das Konzil – „hat in der heutigen Gesellschaft einen sehr bedeutsamen Einfluß. Dabei sind ihre Lebensverhältnisse, ihre Geisteshaltung und die Bindung zur eigenen Familie weitgehend geändert ... Im wachsenden Bewußtsein der eigenen Persönlichkeit, getrieben von vitaler Begeisterung und überschäumendem Tatendrang, übernehmen sie eigene Verantwortung, begehren sie ihren Anteil am sozialen und kulturellen Leben ... Die Erwachsenen mögen dafür Sorge tragen, mit den Jugendlichen in ein freundschaftliches Gespräch zu kommen" (AA 12).

Die Tatsachen stehen uns klar vor Augen: Die Jugend hat nicht unwesentlich dazu beigetragen, daß die Regierungen von Korea, der Türkei und Indonesiens gestürzt wurden, sie haben auch den „neuen Kurs" in der Tschechoslowakei erzwungen. Seit Jahren füllen die Jugendlichen die Spalten der Tagespresse, indem sie die Leute entweder beeindrucken und begeistern oder ihnen Sorgen bereiten: Zuerst Anhänger Kennedys mit seiner Parole von den „neuen Grenzen" und dann Carters in Amerika, berauscht vom Freiheitsdrang und Heldentum des Prager Frühlings, im Banne von Beats, Blue Jeans, Teddy Boys, Blousons Noirs ziehen sie in Massen zu den hysterischen Auftritten brüllender „Sänger" mit ihren elektrischen Gitarren in verschiedenen europäischen Ländern. Diese jugendliche „Protesthaltung" mit ihren schulischen und sozialen Forderungen ist sicher in ihren Methoden und angewandten Mitteln übertrieben, zeigt aber dennoch die ernsthafte Sehnsucht nach echten „Werten".

All das einfach zu verdammen wäre nicht sehr klug. Besser

ist da wohl das „freundschaftliche Gespräch“ innerhalb der Familie, wie es vom Konzil angeregt wurde. Dabei sollen das Neue, wenn es gut ist, akzeptiert und die Kinder nach und nach dazu gebracht werden, auch selbst Verantwortung zu übernehmen und ihre sterile Protesthaltung zugunsten realistischer Vorschläge aufzugeben. Dieses Gespräch sollte in einer Weise geführt werden, daß die schlimmen Konsequenzen sichtbar werden, zu denen unkontrollierte oder von gewissen Leuten gesteuerte „Bewegungen“ führen können. Das wäre die Art von Autorität, wie sie heute gegenüber der Jugend ausgeübt werden müßte. Die Methode der „starken Hand“ von gestern sollte man lieber vergessen. Es ist nicht sehr klug zu sagen: „Mein Vater hat mich so behandelt, also behandle ich dich ebenso!“ Es ist nämlich keineswegs bewiesen, daß dein Vater die bessere Methode hatte.

Schließlich ist Erziehung auch eine Sache des guten Beispiels: Sie bedeutet nicht nur, die Kinder gewissermaßen vor sich herzuschieben, sondern sie in Liebe bei der Hand zu nehmen und mitzureißen. „Beppo, geh zur Beichte!“ sagt der Vater und erzielt damit die entsprechende Reaktion. Wenn er jedoch sagt: „Beppo, komm, gehen wir zusammen beichten!“, schaut die Sache schon ganz anders aus. Über die „Briefe an die Familie“ Papst Johannes' XXIII. hat Carlo Bo geschrieben: „Das Fundament (bei Papst Johannes) ist noch immer dasselbe wie in den ersten Jahren, es ist Ausdruck der religiösen Erziehung, die er in der Familie genossen hat. Man könnte sagen, daß Johannes XXIII. im Schoße der Familie gelernt hat, die wenigen Dinge, an die er glaubte, zu befolgen und danach zu leben. Nicht einmal der lange und wertvolle Dienst als Priester hätte es vermocht, etwas wirklich Wesentliches noch hinzuzufügen, was er nicht schon zuvor aus den Worten und dem Beispiel seiner Eltern abgeleitet hätte.“

Wie dieses Beispiel aussah, versteht man, wenn man liest, was Roncalli im Jahre 1939 anläßlich des Todes seiner Mutter aus Konstantinopel schrieb: „Wenn ich meine Gedanken zurückschweifen lasse und mich erinnere, wie meine Mutter Marianna war, welch reines Gewissen, welchen Glauben, welch echte Liebe zu den Ihren sie besaß, welchen Geist der Frömmigkeit, der Großherzigkeit, der Gemütsruhe in allem, dann muß einen das wirklich zutiefst berühren. Und was für ein Herz, welch gutes Herz sie für alle hatte! Doch genug davon. Mit euch denke ich in Tränen an sie, aber zugleich empfinde ich eine Zärtlichkeit und Heiterkeit des Herzens, die mir das sicherste Zeichen dafür zu sein scheinen, daß sie sich schon bei den himmlischen Chören der Seligen befindet ..."

Kinder, die solches von ihren Eltern sagen können, werden nur durch selbstverschuldete und katastrophale Verirrungen im Leben scheitern!

Bei den Kindern stehen Erzieher und Lehrer oft höher im Kurs als die eigenen Eltern. Doch eine gute Familie ist durch nichts zu ersetzen: In ihr erziehen sich die Kinder gegenseitig, ebenso wie auch die Eltern, und die Kinder erziehen auch ihre Eltern. Wenn fünf Kinder da sind, dann wird eben die Torte, welche die Mutter gebacken hat, in fünf Stücke geteilt, und jedes der Kinder lernt, daß es nicht allein auf der Welt ist und daß man auch den anderen ein wenig Platz lassen muß. Wenn eines der Geschwister mit einer Mandelentzündung im Bett liegt, sehen die anderen, wie alle im Hause um den Patienten besorgt sind, und sie machen dabei die Erfahrung, daß sie selbst nicht der Nabel der Welt sind und nicht verlangen können, daß alle nach ihrer Pfeife tanzen. Ja, sie werden sogar angeregt, sich in selbstloser Weise von der Welle der Sympathie und Liebe mitreißen zu lassen, die in diesen Tagen dem Kranken entgegenschlägt. Natürlich ist dabei vorausgesetzt, daß mehrere Geschwister da sind und daß stimmt, was Papst Johannes XXIII. in seinen „Briefen an die Familie" mehrmals zum Ausdruck gebracht hat: „Der Herr segnet besonders die großen Kochtöpfe" – nämlich die kinderreichen Familien.

Aber auch die Eltern erziehen sich gegenseitig: In der Kraft des Ehesakramentes gelangen sie „zur gegenseitigen Heiligung und so gemeinsam zur Verherrlichung Gottes" (GS 48). Tatsächlich, sie sitzen von nun an für immer im selben Boot. Die hl. Monika hat mit ihrer Geduld und Güte ihren heidnischen Mann Patricius zu Gott geführt. Die hl. Margareta von Schottland hat mit ihrer echten Religiosität und guten Haushaltsführung ihren Gatten, König Malcolm, so beeindruckt, daß er, der selbst völlig ungebildet war, das Gebetbuch der Königin küßte mit den Worten: „Hieraus lernt meine Frau die Kunst und schöpft Weisheit und Kraft, um ihre Aufgabe so gut zu erfüllen."

Charles Péguy hat einmal gesagt: Jede Wiege ist ein Stelldichein der Heiligen Drei Könige. Auch an der Wiege ihres Kindes sind die Eltern wie diese Könige, weil sie jeden Tag ihre Gaben vor dieser Wiege niederlegen: Entbehrungen, Ängste, Nachtwachen, Verzichte. Dafür erhalten sie aber andere Gaben: neuen Lebenswillen, eine Freude, die durch das Opfer geläutert wurde, eine ganz neue gegenseitige Liebe und ein vertieftes wechselseitiges Verstehen. Der Vater war vielleicht autoritär und hatte kein Interesse an den Problemen seiner Kinder. „Papa" – sagt das Kind zu ihm –, „du darfst die Tür jetzt nicht mehr so mit einem Ruck aufmachen, es könnte ein kleines Kind dahinter spielen. Du wirst vieles an deinem Verhalten ändern müssen und nicht mehr mit absoluter Sicherheit sagen können: Heute mache ich dies und morgen jenes." Hat nicht auch Sokrates mit seinen Kindern gespielt? Sah man nicht auch Agesilaus, den König von Sparta, eines Tages wie sein Kind auf einem Steckenpferd reiten? Ich selbst weiß von vielen Vätern, daß sie angesichts der reinen Unschuld ihres Töchterchens zu fluchen aufgehört haben. „Ich kann doch den Zauber einer solchen Unschuld nicht trüben!" – haben sie sich gesagt. Jedenfalls ist es oft so, daß es „die Gänseriche sind, die die Gänse zur Tränke führen". Oder wie das Konzil es ausdrückt: Oft sind es die Kinder, die als lebendige Mitglieder der Familie auf ihre Weise zur Heiligung der Eltern beitragen.

Wie wäre es mit ein bißchen Religion?

Beitrag im „Messaggero di S. Antonio" (1977)

Heute wird so viel über die Schule diskutiert. Es besteht kein Zweifel, daß zuallererst den Eltern das Recht und die Pflicht der Erziehung zukommt. „Blut ist kein Wasser", sagt nämlich ein Sprichwort. Die Bande des Blutes nähren eine ganz besondere Liebe bei den Eltern, sie geben ihnen ein spezielles Gespür für die Fähigkeiten, die Schwächen und die Bedürfnisse ihrer Kinder und regen sie zu einer großherzigen Hingabe zu deren Besten an. Dieselben Blutsbande wecken in den Kindern dementsprechend ebenfalls Liebe und Vertrauen, was einer Aneignung der Inhalte der elterlichen Unterweisung nur förderlich sein kann. Das Zusammenleben von Eltern und Kindern innerhalb der häuslichen Gemeinschaft bietet so viele Gelegenheiten zur Erziehung, wie sie anderen Pädagogen nicht zur Verfügung stehen. Wohlgemerkt, diese erzieherischen Möglichkeiten können sich aus anderen Gründen noch ausweiten, sich verringern oder ganz zunichte gemacht werden, z. B. durch die Fähigkeiten der Eltern und das Ansehen, das sie bei ihren Kindern genießen; durch die ruhige und gelöste oder gereizte Atmosphäre, die in der Familie herrscht; durch störende Einflüsse, die man fernzuhalten versteht oder die man unbehelligt eindringen läßt.

Oft ist es der Erfolg ihrer Kinder, wonach die Eltern in erster Linie trachten, d. h. heute ein gutes Zeugnis und morgen ein schöner Posten. Das ist jedoch ziemlich wenig, wenn man alles nur darauf setzt. Schon Montaigne hat einmal gesagt: Es geht nicht darum, mit Wissen „vollgestopfte Köpfe", sondern „gebildete Köpfe" hervorzubringen. Vittorino da Feltre hat seine berühmte Schule ein „fröhliches Haus" genannt: Die Gonzaga, die Montefeltro und andere, die daraus hervorgingen, waren vielleicht weniger mit Gelehrsamkeit vollgestopft als die Schüler anderer Humanisten, alle wurden sie jedoch tüchtige Leute. Die praktische Sichtweise Vittorinos ist allerdings nicht zu verwechseln mit der reinen Konsumideologie, die uns vom Fernsehen suggeriert wird und die wir alle ganz unbemerkt zu übernehmen in Gefahr sind. Ich will das kurz erklären: Auf dem Bildschirm sehen wir ab und zu den bekannten Sportler Mazzola, wie er einer Gruppe von Buben das Fußballspielen beibringt. „Der Sportler von heute für die Athleten von morgen", sagt dazu der Sprecher. Ihr denkt euch vielleicht dabei: „Endlich einmal einer, der den Knirpsen klarmacht, daß man auch Opfer bringen und die Entbehrungen des Trainings auf sich nehmen muß!" Doch leider, nur ein kurzer Augenblick, dann stürzt sich die ganze Meute mit Mazzola an der Spitze auf die so köstlichen und lauthals angepriesenen Mehlspeisen. Die Szene wechselt, und es erscheint Beppo, der in der Schule ein absoluter Faulpelz ist. „Man sollte ihn mehr schuften lassen, dann wird sich der Erfolg schon einstellen", denkt ihr euch wahrscheinlich. Doch im Fernsehen heißt es: „Die Mama soll Beppo diesen bestimmten Kaugummi kaufen, dann wird sie sehen, welche Resultate das zeitigt: ein Zeugnis mit den allerbesten Noten!" Als drittes eine Szene an der Universität mit einem Studenten, der sich Fragen über seine Zukunft stellt. „Er braucht sich keine Sorgen zu machen" – versichert der Sprecher –, „er muß nur diesen bestimmten Anzug kaufen: eine glänzende Karriere ist ihm gewiß." Diese Art von Werbung scheint harmlos zu sein, sie ist jedoch in der Erziehung kontraproduktiv. Umso mehr, als sie nie einen Kranken zeigt, einen Behinderten, einen alten Menschen, nie die Behausung armer Leute, ein Krankenzimmer oder eine Gefängniszelle, sondern die Aufmerksamkeit auf zweitrangige Dinge lenkt, die verherrlicht und in den Himmel gehoben werden. Andere Dinge, die sehr real, wenn auch schmerzlich sind, werden dafür verschwiegen und die jungen Leute in dem Glauben bestärkt, das Leben sei immer und für alle leicht und unbeschwert, alle könnten mit wenig Aufwand schön, elegant und glücklich sein, und eine schöne Frisur, weiße Zähne und ein sauberes Hemd – „weißer geht es nicht" – seien das höchste Ideal, das es anzustreben gelte.

Wie reagieren die Jugendlichen auf die Arbeitslosigkeit, auf Mißerfolge, Krankheiten, Neidgefühle und unterschwellige Sticheleien der Arbeitskollegen? Ist es nicht Aufgabe der Eltern, ihre Kinder auch auf die unvermeidlichen Prüfungen des Lebens vorzubereiten? Doch wie wird diese Vorbereitung aussehen ohne Zuhilfenahme der Religion?

Nur wenn der junge Mensch sich unter den liebevollen und ermutigenden Augen Gottes geborgen fühlt, wird er diese Opfer auf sich nehmen. Wenn jedoch der Himmel für ihn abgeschafft ist und Gott ihm nichts mehr bedeutet, wird die einzige Moral, nach der er sich richtet, die sein, sich nicht erwischen zu lassen. Ist einmal das Bedauern darüber verschwunden, die persönliche Freundschaft mit Gott abgebrochen zu haben, verschwindet auch der rechte Sinn für die Sünde. Was dann noch bleibt, sehen wir ja: Die Sünde wird als ein Märchen angesehen, das unsere Großväter erfunden haben, damit wir schön brav bleiben, ja man ist sogar stolz auf seine Sünden. Die einzige Sünde, wenn überhaupt, seien – so sagt man – die ungerechten sozialen Strukturen, gegen die wir alles zum Kampf mobilisieren müßten. Das Schlimme ist, daß die Eltern ihren Kindern eine religiöse Einstellung nur vermitteln können, wenn sie selbst eine solche besitzen. Sie haben aber in Wirklichkeit keinen Funken Religion, wenn sie darunter bloß ab und zu den Besuch einer hl. Messe verstehen oder die paar kargen Augenblicke, die sie für Gott übrig haben, als ob er ein armer und verachteter Bettler wäre; wenn sie zu Hause Gespräche, Bücher und Zeitschriften dulden, die sich über religiöse Dinge lustig machen und an der Kirche nur Kritik üben.

„Die Religion ist notwendig", hat ein Vater einmal zu mir gesagt, „aber nur ja nicht zuviel davon, nur ein religiöser Anstrich." Ich habe ihm geantwortet: „Ein solcher Anstrich wäre bloß eine Karikatur der Religion und wegen der Widersprüchlichkeiten, die dabei zum Vorschein kämen, sogar eine Propaganda gegen die Religion."

Eine Frau hat mich gebeten, mich dafür einzusetzen, daß ihre Tochter in eine Klosterschule aufgenommen wird. „In die staatliche Schule" – erklärte sie – „wollen wir sie nämlich nicht schicken, mein Mann und ich, wegen der Orientierungslosigkeit und Verpolitisierung, die dort gegenwärtig herrschen." Darauf gab ich zur Antwort: „Liebe Frau, die Plätze in den wenigen katholischen Schulen, die noch nicht von libertinistischen Vorschriften zersetzt sind, erweisen sich angesichts der großen Nachfrage als viel zu spärlich, und es fehlen auch die finanziellen Mittel, um sie wesentlich zu vermehren. Andererseits ist es notwendig, daß die Katholiken auch in den staatlichen Schulen präsent sind, um die gewissenhaften Lehrer, an denen es dort nicht mangelt, zu unterstützen und zu ermutigen, um das primäre Erziehungsrecht der Eltern zu verteidigen angesichts von Vereinigungen und Bewegungen, die in unzulässiger Weise die Familie zu ersetzen trachten und Methoden, Lehrpläne und Schulbücher einführen, die mit echter Erziehung nichts mehr zu tun haben. Und außerdem, liebe Frau, bedenken Sie doch, daß die Schule heutzutage nur eine von vielen Bildungsmöglichkeiten für die Jugend darstellt. Nehmen Sie z. B. nur das Fernsehen. Ich verfolge seit einiger Zeit anhand einer Zeitschrift das Fernsehprogramm des französischen Senders ‚Europe 1', wo in letzter Zeit speziell für die Jugend zu folgenden Themen Stellung genommen wurde: 1. Das Recht des Jugendlichen auf volle sexuelle Freiheit. – 2. Das Recht der Kinder ab 14 Jahren, von daheim auszuziehen. – 3. Über die Einsetzung einer aus Eltern, Lehrern und Schülern bestehenden Kommission, die über jeden Fall entscheiden sollte, wo ein Kind sich in Schwierigkeiten befindet oder Angst hat. – 4. Das Recht der Burschen, nach freier Wahl Freundschaften und Beziehungen, auch homosexueller Art, einzugehen, und das Recht der Mädchen, solche Verbindungen auch mit erwachsenen und verheirateten Männern zu unterhalten. – 5. Das Recht, die eigenen Eltern wegen erlittener Züchtigung vor Gericht anzuklagen. – 6. Das Recht, nach freiem Ermessen Ärzte aufzusuchen, sich nach Belieben zu kleiden, zu Unterhaltungen zu gehen und die Ferien zu gestalten. In diesem letzteren Fall haben selbstverständlich die Eltern für die Kosten aufzukommen."

„Ist das ernst gemeint?" – antwortete die Frau. „Etwas Schlimmeres könnte man sich gar nicht vorstellen, um die Kinder aller Hemmungen zu entledigen und uns Eltern vollends den Mut zu nehmen."

„Liebe Frau, das Schlimmste ist vielleicht etwas ganz anderes. Wenn nämlich die Jugendlichen geradezu mit den Händen auf die schweren sozialen Ungerechtigkeiten hingestoßen werden, die es leider gibt, und wenn ihnen dann gesagt wird: Die Kirche, die gegenwärtigen Strukturen haben das verursacht. Man muß daher alles über den Haufen werfen und eine ganz neue, gerechte Welt schaffen, ohne Kriege und ohne Ungleichheiten. Die Jugendlichen sind da natürlich sofort Feuer und Flamme, und ohne auch nur die geringste Idee zu haben, was an die Stelle der gegenwärtigen Strukturen treten soll, stürzen sie sich dann in idealistischem Übereifer und im Namen der Hoffnung in die Revolution und in eher verzweifelte Versuche, die „Stadt der Zukunft" zu bauen.

„Mein Gott, was tun, um ihnen Einhalt zu gebieten und sie von diesem Weg wieder abzubringen?"

„Ich weiß es nicht. Vielleicht sollten wir ein besseres Vorbild abgeben, mehr Gerechtigkeit walten lassen und mehr ansteckende christliche Begeisterung ausstrahlen. Außerdem sollten wir nicht aufhören, diese Jugend zu lieben, die zum größten Teil von guten Absichten beseelt ist, wir sollten beten und abwarten. Auch der hl. Augustinus ist mit 19 Jahren aus der Kirche ausgetreten, so sehr hatte man sie ihm in einem falschen Licht dargestellt. Acht Jahre später kehrte er aus zwei Gründen wieder in den Schoß der Kirche zurück: 1. In Mailand begegnete er einem Heiligen, dem Bischof Ambrosius, und mit ihm einer lebendigen, echt christlichen Gemeinschaft. 2. Er war zutiefst enttäuscht von den Parteien und Gruppierungen, die ihm, der nach der Wahrheit dürstete, das Blaue vom Himmel versprochen, aber nichts gehalten hatten.

Diese Methode dürfte auch heute noch zweckmäßig sein: Den Jugendlichen eine Begegnung mit echten Persönlichkeiten und christlichen Gemeinschaften zu ermöglichen und sie die Erfahrung machen zu lassen, daß gewisse Ideologien zwar in der Lage sind, große Hoffnungen zu wecken, aber nie, sie auch zu erfüllen."

Sexualerziehung und Ehevorbereitung

Beitrag im „Messaggero di S. Antonio“ (1977)

Das Konzil hat die Familie als *Hauskirche* definiert. Es wollte damit vor allem auf die Tatsache hinweisen, daß die Familiengemeinschaft der geeignete Ort für eine optimale Erziehung ist, eine Erziehung *zur* Familie, *in* der Familie und *mit* der Familie.

1. Eine äußerst bewährte Vorbereitung für die Gründung einer eigenen Familie ist eine positive und kluge Sexualerziehung, die sich schrittweise dem Alter der Kinder und Jugendlichen anpaßt (vgl. GS 2).

Positiv: Wer mit seinen Kindern über die menschliche Sexualität spricht, über ihre Ausdrucksformen und wichtigsten Probleme, darf nicht bei der reinen physiologischen Information stehenbleiben, sondern muß auch betonen, daß die Liebe der Eltern ein wesentliches Element darstellt. Sie ist sogar Ausdruck und Fortsetzung der Liebe Gottes, der alles geschaffen und so geordnet hat.

Klug und schrittweise: Die Aufklärung sollte allmählich und dem Alter entsprechend erfolgen. Auf die ersten Fragen des Kindes über das Geheimnis des Lebens soll man die zunächst unbedingt nötige Antwort geben, aber in offener und aufrichtiger Natürlichkeit, ohne Ausflüchte ins Nebulose, ohne geheimnisvoll zu tun. Auf spätere Fragen muß man dann weitere ehrliche Antworten geben, ohne wegen der Neugier des Kindes, die ja nur ein Zeichen eines natürlichen Reifungsprozesses ist, in Panik zu geraten.

Das setzt natürlich voraus, daß Vater und Mutter hin und wieder überhaupt mit ihren Kindern sprechen, daß sie sich für das interessieren, was diese denken, und daß sie ihnen helfen wollen, voll Vertrauen auch Fragen über die heikelsten Dinge zu stellen. Es sollte keine urplötzliche und überhastete Aufklärung erfolgen, der man die Nervosität und Verlegenheit anmerkt, sondern eine, welche die Dinge zwar klar beim Namen nennt, aber sich immer der gegebenen Situation anpaßt. Ein Vater, der niemals auch nur fünf Minuten mit seinem Kind unter vier Augen geredet hat und der es eines Tages plötzlich in die Arme nimmt und zu ihm sagt: „Komm her, ich muß dir etwas Wichtiges sagen!", trifft sicher nicht den richtigen Ton und die allerbeste Methode!

– Meine Kinder denken nicht im Traum an solche Dinge!

– Das meinen Sie, liebe Frau. In Wirklichkeit begegnen alle Kinder und Jugendlichen dem Bereich der Sexualität mit größtem Interesse und voll Neugier. Seit jeher (denken wir nur an unsere eigene Kindheit und Jugend), heute aber ganz besonders werden die jungen Menschen von tausenderlei Reizen „bombardiert". Denken Sie nur an die Werbung (im Fernsehen, in den Zeitungen, auf Plakaten), die für die verschiedensten Dinge immer auf die gleiche Weise Reklame macht: mit dem nackten Körper der Frau, mit Zweideutigkeiten und frivolen Anspielungen. Denken Sie an Zeitschriften und Illustrierte, in denen ganz unverhüllt und in skrupelloser Weise über die intimsten Dinge berichtet wird. Denken Sie an die erotischen Details in manchen Romanen, an die heute weitverbreitete Promiskuität, die den Austausch von Zärtlichkeiten und Intimitäten in aller Öffentlichkeit zuläßt, was eigentlich zu verurteilen wäre, was aber im Gegenteil kein Mensch mißbilligt.

– Ich habe Angst, daß mein Kind verdorben wird, wenn ich mit ihm darüber spreche!

– Aber liebe Frau, gerade damit Ihr Kind die Dinge klar vor Augen gestellt bekommt, müssen Sie mit ihm reden. Wenn es von Ihnen oder dem Vater nichts darüber erfährt, wird es eben von seinen Kameraden „aufgeklärt" werden, und das ist sicher weniger empfehlenswert. Hört es nämlich gewisse Anspielungen, dann wird es sich sagen: „Das alles muß ja äußerst interessant sein, weil es mit soviel Geheimnistuerei verbunden ist! Die anderen wissen offenbar etwas darüber, nur ich nicht!" Das Kind wird sich unterlegen vorkommen, es wird sich schämen, und um wenigstens etwas in Erfahrung zu bringen, wird es sich an seine älteren Kameraden wenden oder ängstlich in Wörterbüchern und Lexika nachschlagen. Dabei wird es aber nur Bruchstücke erfassen und meist unsicher und ängstlich bleiben. Da es aber nicht wagt, sich vertrauensvoll mit jemandem auszusprechen, wird es vielleicht das, was bloß Neugier oder schlicht Wissensdrang ist, für etwas sehr Böses halten. Ja es kann sogar vorkommen, daß einer sich schlechte Gewohnheiten aneignet, obwohl er sich nach außen hin heuchlerisch den Anschein eines Unschuldslammes gibt.

– Ich habe aber nicht den Mut, darüber zu sprechen!

– Das habe ich nicht etwa von einer Mutter gehört, sondern von einem Vater, einem durch und durch anständigen Mann, der noch hinzufügte: „Lieber würde ich vier Tage lang Steine klopfen, als eine halbe Stunde mit meinem Kind über diese Dinge zu reden.“ Das geht jedoch entschieden zu weit. Ein bißchen Verlegenheit ist manchmal zwar verständlich, vor allem wenn man es nicht gewohnt ist, mit den Kindern darüber zu sprechen und sich von ihnen diesbezügliche Fragen stellen zu lassen. Doch das Unbehagen läßt sich leicht überwinden, etwa mit Hilfe eines geeigneten Buches. Schlimmstenfalls kann man das Kind an einen guten Lehrer oder Erzieher verweisen, zu dem es volles Vertrauen hat.

2. Das ist ein erster Schritt. Der zweite wird folgendermaßen beschrieben: „Jugendliche sollen über die Würde, die Aufgaben und den Vollzug der ehelichen Liebe am besten im Kreis der Familie selbst rechtzeitig in geeigneter Weise unterrichtet werden, damit sie, an keusche Zucht gewöhnt, im entsprechenden Alter nach einer sauberen Brautzeit in die Ehe eintreten können“ (GS 49).

Stellen, die von der „Würde der ehelichen Liebe“ handeln, findet man da und dort in den Konzilsdokumenten, wobei allein in einem einzigen Kapitel 32mal die eheliche und bräutliche Liebe erwähnt wird. Zweimal werden die Worte des hl. Paulus zitiert: „Ihr Männer, liebt eure Frauen, wie Christus die Kirche geliebt hat“ (Eph 5,25). Das Konzil gibt damit zu verstehen: Wollt ihr eine richtige Vorstellung von der Kirche gewinnen? Dann denkt an die zärtliche und echte Liebe zweier Gatten, und ihr werdet verstehen, welche Beziehung sie zu Christus hat, was und wieviel sie wert ist!

Und umgekehrt: Wollt ihr die Zärtlichkeit und Großzügigkeit der echten ehelichen Liebe begreifen? Dann denkt an die grenzenlose Liebe, die Christus der Kirche entgegengebracht hat (GS 48).

Ein anderes Mal fordert es „die Braut- und Eheleute auf, in keuscher Liebe ihre Brautzeit zu gestalten und in ungeteilter Liebe ihre Ehe durchzuhalten und zu entfalten" (GS 49), und zitiert gut und gern acht Stellen der Heiligen Schrift, darunter die folgende: „Freu dich der Frau deiner Jugendtage, der lieblichen Gazelle, der anmutigen Gemse! Ihre Liebkosung mache dich immerfort trunken, an ihrer Liebe berausche dich immer wieder" (Spr 5,18–19).

Und das Konzil fährt fort: „Diese Liebe, die auf gegenseitige Treue gegründet und in besonderer Weise durch Christi Sakrament geheiligt ist, bedeutet unlösliche Treue, die in Glück und Unglück Leib und Seele umfaßt und darum unvereinbar ist mit jedem Ehebruch und jeder Ehescheidung" (GS 49). Das hört sich wunderbar an. Ist es auch leicht zu verwirklichen? Nein, zu diesem Punkt bemerkt das Konzil, daß den Ehegatten „ungewöhnliche Tugend" abverlangt ist, daß „Festigkeit in der Liebe, Seelengröße und Opfergeist" Dinge sind, welche die Gatten ständig „pflegen und im Gebet erbitten" müssen (GS 49).

An anderer Stelle sagt das Konzil: „Echte eheliche Liebe wird in die göttliche Liebe aufgenommen" (GS 48). Ich glaube, daß dieser Satz so verstanden werden kann: Gott hat es so gefügt, daß den Ehepartner zu lieben gewissermaßen bedeutet, Gott selbst in der Person des Gatten zu lieben, in Anwendung der Worte Jesu: „Was ihr für einen meiner geringsten Brüder getan habt, das habt ihr mir getan" (Mt 25,40).

Einen ähnlichen Sinn, wenn auch anders akzentuiert, unterstellt Franz von Sales diesem Satz. Der Patriarch Jakob – so schreibt er – war ein junger und heiligmäßiger Mann. Weil er heilig war, wohnte Gott in seinem Herzen; weil er jung war, verliebte er sich in die anmutige Rahel. Wie hat sich Gott aber nun in dem Augenblick verhalten, als er sich verliebte, Gott, der bis dahin alleiniger Gast im Herzen Jakobs gewesen war? Ganz einfach: Er wird gesagt haben: „Mein Lieber, du bist verliebt? Das ist nur natürlich, wenn man in das entsprechende

Alter kommt. In deinem Herzen werden wir von nun an eben zu zweit sein: ich und sie. Ich mache ihr gerne Platz." Gott verlangt von seinen Geschöpfen, daß sie ihn bevorzugt, aber nicht ausschließlich lieben.

Und weiter: Durch ihre Liebe werden die Ehegatten „zu Gott hingeführt" und in ihrer Aufgabe „unterstützt und gefestigt" (GS 48). Das heißt: Die Liebe ist kein Hindernis, kein Stolperstein, sondern vielmehr eine Hilfe, eine Ermutigung und eine Stufe auf dem Weg zur Heiligkeit. Man soll also nicht sagen: Die Gatten gelangen trotz Ehe und Liebe zur Heiligkeit, sondern vielmehr: Die Gatten können sich gerade durch ihre eheliche Liebe gegenseitig zur Heiligkeit führen.

3. Ein dritter Gesichtspunkt: „Es ist Aufgabe der Eltern, die jungen Menschen bei der Gründung einer Familie mit klugem Rat, den sie gern hören sollen, anzuleiten" (GS 52).

Früher einmal wurde großer Wert auf die *Mitgift* gelegt. Größeren Wert würde ich aber auf einen guten Charakter legen, auf die Fähigkeit zum harmonischen Zusammenleben, auf die Bereitschaft, sich gegenseitig so zu akzeptieren, wie man ist, auf die Eignung, die Kinder recht zu erziehen, auf eine echte religiöse Einstellung, mit einem Wort: auf die Eigenschaften des Herzens.

In diesem Punkt bin ich ganz eines Sinnes mit Rousseau, dem ein junges Mädchen einmal die Frage gestellt hat: „Wie kann ich einen Mann glücklich machen?" Der Philosoph nahm ein Blatt Papier und schrieb darauf folgendes Rezept: „Schönheit: 0. Talent zur Führung des Haushalts: 0. Erziehung, Bildung, Besitz: 0. Ein gutes Herz: 1."

– Aber meinen Sie das ernst? fragte das Mädchen überrascht, als es dieses „Rezept" in Händen hielt.

– Ganz im Ernst, erwiderte der Philosoph. Wenn ein Mädchen ein gutes Herz hat, gebührt ihm die Note 1; wenn es darüber hinaus auch noch schön und reich ist, kommt eine Null dazu, also 10; kommen noch andere Eigenschaften hinzu, steigt der Wert auf 100, auf 1000. Doch ohne die Herzensgüte sind die anderen Dinge bedeutungslos.

Der selige Domenico Moscati betonte jedoch, daß neben der Herzensgüte auch noch andere Voraussetzungen notwendig sind. Als der berühmte Arzt einmal an das Krankenbett einer Studentin gerufen wurde, bat ihn deren Mutter nach der Visite um sein Urteil über die Bücher, die ihre Tochter in großen Regalen stehen hatte.

– Es scheinen sehr viele und erlesene Bücher zu sein, sagte er, nachdem er einen Blick darauf geworfen hatte, aber ein sehr wichtiges Buch fehlt leider.

– Und welches? fragte die Mutter des Mädchens.

– „Der Küchenkönig" – ein Buch, aus dem man lernen kann, gute Suppen und köstliche Gerichte zuzubereiten!

Moscati hatte recht. Der Mann wird immer – und das ist nur mehr als billig – auf das schöne Gesicht, die gute Figur, die graziösen Bewegungen, die elegante Kleidung seiner Frau Wert legen. Er wird auch stolz darauf sein, daß sie Shakespeare und Tolstoj gelesen hat, aber praktisch und naschhaft, wie wir alle ein wenig sind, wird er doppelt glücklich sein, wenn er entdeckt, daß er neben einer schönen Frau auch noch einen Schatz von einer „Königin" geheiratet hat. Eine Königin nicht nur der Küche, sondern auch der glänzenden Böden, der geschmackvoll eingerichteten Wohnung, der sauber herausgeputzten Kinder, die wie lebendige Blumen heranwachsen. Und auch die Frau wird sich in ihrer Haut wohl fühlen, wenn sie in der Lage ist, sich in allem gut zurechtzufinden. Was bei jener Frau nicht der Fall war, die einmal in die Bäckerei kam, um zu fragen, ob sie einen fertigen Kuchen kaufen könne.

– Sicherlich – war die Antwort –, wir haben Kuchen bester Qualität!

– Aber ich will nicht einen Kuchen bester Qualität – antwortete die Frau ein wenig verlegen –, ich möchte einen eher mittelmäßig gelungenen, damit die Leute meinen, ich hätte ihn selbst gebacken.

Das Konzil war der Meinung, auch in unserer Zeit habe „die wahre Liebe zwischen Mann und Frau als hoher Wert Geltung" (GS 49). Seither scheint sich die Situation etwas verschlechtert zu haben. Es ist nämlich eine Zunahme freier Lebensgemeinschaften festzustellen sowie eine vermehrte Anzahl von Menschen, die freiwillig auf die Ehe verzichten, aber nicht gerade aus edlen Motiven. Sehen wir zu, daß wir diesen gefährlichen Mangel an Liebe nicht ungewollt fördern. Das kann geschehen, wenn die Tochter ihre müde und nervöse

Mutter ständig klagen und jammern hört: „Was für ein unbefriedigendes Leben haben doch wir Frauen! Die Kinder machen dauernd Lärm, die Wäsche ist zu waschen, die Mahlzeiten müssen zubereitet werden, Einkäufe sind zu tätigen, das Geschirr muß gewaschen und ständig muß aufgeräumt werden, was die anderen in Unordnung gebracht haben! Immer nur dieselbe monotone alltägliche Arbeit, durch Monate und Jahre hindurch!" Wenn man allzuoft so spricht, besteht die Gefahr, daß die Tochter ihre Rolle als Frau nur ungern und mit Widerwillen auf sich nimmt und ihr Schicksal beklagt, nicht als Mann geboren zu sein. Es ist jedoch ganz etwas anderes, wenn die Mutter ihre bescheidenen, aber wunderbaren Pflichten der täglichen Hingabe an die anderen mit Freude und in Liebe erfüllt.

Ähnlich gefährlich ist es für den Sohn, wenn der Vater keinerlei Begeisterung für seine Aufgabe als Familienoberhaupt erkennen läßt: als Mittelpunkt der Familie, als Mann, der Entscheidungen trifft und auch zu seinen Entscheidungen steht, der die kleinen Familienzwistigkeiten nicht dramatisiert, sondern sie mit Humor zu entschärfen versteht, der unparteiisch die Waage der Gerechtigkeit in Händen hält, der es nicht als Belästigung empfindet, derjenige zu sein, der immer wieder Geld herausrücken muß für dieses und jenes, der all die vielen kleinen Probleme löst, der sich nicht davonmacht und sich drückt, wo er kann, der sich nicht zu seiner Karten- oder Kegelpartie flüchtet wie in eine Oase, in die ruhige Atmosphäre des Wirtshauses nach dem häuslichen Gewitter.

Aber ist es für die Männer überhaupt möglich, eine Führungs- und Leitungsfunktion in der Familie auszuüben? Das Konzil ist sich der Schwierigkeiten bewußt und versucht abschwächend zu erklären: Sie sollen führen ... „mit klugem Rat, den die Kinder gern hören sollen". Die *Art und Weise* der Führung und Leitung besteht also im Ratgeben. Das ist der springende Punkt: Man sollte des Guten nicht zuviel tun, aber zu spät einzugreifen kann schlimme Folgen haben. Wenn möglich, soll man versuchen, die Kinder schon frühzeitig aufzuklären, und ihnen die nötige Freiheit lassen. Es soll der Eindruck herrschen, daß man wirklich *nur* das Wohl der Kinder im Auge hat. Man soll den Kindern klarzumachen versuchen, daß vier Augen mehr sehen als zwei und sechs mehr als vier, vor allem wenn es sich um die Augen der Eltern handelt, die ihnen aufrichtig und in vernünftiger Weise in Liebe zugetan sind.

Ich möchte nichts Schlechtes über unsere heutige Zeit sagen und über die größere Freiheit, welche die Kinder heutzutage bei ihrer Partnerwahl haben, und schon gar nicht vergangenen Zeiten nachtrauern. Vor dreihundert Jahren z. B. glaubte die hl. Franziska de Chantal, eine Witwe mit Kindern, später Nonne und Heilige, für ihre Töchter einen Mann aussuchen zu müssen. Maria Amata verheiratete sie mit Bernhard, einem Bruder des hl. Franz von Sales. Fanny wollte sie einem gewissen de Ballon, einem schwerreichen Adeligen, zur Frau geben, doch die Frau de Charmoisy schnappte ihr den Kandidaten für ihre eigene Tochter weg. Die hl. Franziska mußte sich also mit einem billigeren Ersatz zufriedengeben, nämlich einem Herrn de Toulougeon, den sie Fanny in einem Brief folgendermaßen vorstellte: „Schau, liebe Tochter ... er wird Dich besuchen kommen, um von Dir zu erfahren, ob er wohl gut genug ist für Dich ... Sicher, ich bin stolz darauf, daß ich selbst es gewesen bin, die diese Ehe *ohne Dich* eingefädelt hat ... Der Herr de Toulougeon ist zwar etwa 15 Jahre älter als Du, aber Du wirst mit ihm viel glücklicher sein als mit einem leichtsinnigen und liederlichen Wirrkopf, wie es die jungen Leute von heute sind."

Tatsächlich betrug der Altersunterschied, den weibliche und mütterliche Diplomatie (vor der offenbar auch Heilige nicht gefeit sind!) mit „etwa 15 Jahren" angab, in Wirklichkeit fast 27 Jahre. Und die jungen Männer von damals waren keineswegs lauter „Wirrköpfe", so wie auch heute nicht alle Jugendlichen Wirrköpfe sind. Insgesamt, wenn ich die Methoden vergleiche, bevorzuge ich eindeutig die heutige Art, die den Kindern große Freiheit bei der Partnerwahl läßt, vorausgesetzt, daß auch den Eltern noch ein klein wenig Mitspracherecht eingeräumt wird.

Diese sollen also der hl. Franziska de Chantal nacheifern in der aufmerksamen und wachen Sorge um die Zukunft ihrer Kinder, nicht aber darin, daß sie sie einfach über ihren Kopf hinweg verheiraten oder ihnen die Karten auf dem Tisch vertauschen, mag es auch in „heiliger" Diplomatie geschehen!

Retortenbabys

Interview für die Zeitschrift „Prospettive nel mondo" (1978)

Was ist Ihre Meinung zu dem englischen Retortenbaby?

Es fällt mir nicht leicht, auf Ihre Frage so schnurstracks zu antworten, per Telefon vom Krankenhaus aus, wo ich mich gerade befinde, ohne Bücher, die ich zu Rate ziehen könnte. Das ist aber nicht die einzige Schwierigkeit. Ich habe nämlich bisher nur einige Zeitungsberichte über das „englische Retortenbaby" gelesen. Um mich über das aus den Zeitungen schon Bekannte hinaus zu äußern, müßte ich die wissenschaftlichen Daten der beiden hauptsächlich damit befaßten Ärzte kennen. Nicht nur das: In diesem Augenblick spreche ich nicht als Bischof, sondern als Journalist, der von einem Kollegen befragt wird. Bei einem so komplizierten und quasi neuen Thema warte auch ich gespannt auf das, was das authentische Lehramt der Kirche dazu sagen wird, nachdem es die Experten angehört hat. Meine Antwort auf Ihre Frage ist daher eine ganz persönliche, sie erfolgt auf eigene Gefahr und ist wohl nur eine vorläufige. Ich möchte sie in vier Punkten zusammenfassen.

1. Ich teile nur zum Teil die Begeisterung derer, die ihr Entzücken über den Fortschritt von Wissenschaft und Technik angesichts der Geburt dieses englischen Babys zum Ausdruck bringen. Der Fortschritt ist eine große und schöne Sache, aber nicht jeder Fortschritt dient dem Menschen. Die ABC-Waffen (atomare, bakteriologische und chemische Waffen) sind auch ein Fortschritt, zugleich aber auch eine Katastrophe für die Menschheit. Die Möglichkeit, Kinder in der Retorte zu zeugen, bringt zumindest große Gefahren mit sich. Ein Beispiel: Die natürliche Befruchtung führt manchmal zu

mißgebildeten Kindern. Wird das bei der künstlichen Befruchtung nicht in noch größerem Ausmaß der Fall sein? Wenn ja, befindet sich dann der Wissenschaftler angesichts der neuen Probleme nicht in der Rolle des „Zauberlehrlings", der gewaltige Kräfte entfesselt, ohne in der Lage zu sein, ihnen Einhalt zu gebieten und sie zu beherrschen? Ein anderes Beispiel: Besteht bei der heutigen Geldgier und moralischen Skrupellosigkeit nicht die Gefahr, daß eine neue Industrie von „Kinderfabriken" entsteht, vielleicht für diejenigen, die eine gültige Ehe nicht eingehen können oder wollen? Wenn dies geschieht, wäre das für Familie und Gesellschaft nicht eher ein großer Rückschritt als ein Fortschritt?

2. Die Presse richtet zum größten Teil Glückwünsche an das englische Ehepaar und gratuliert ihm und dem Kind. So wie Gott, der das Leben der Menschen will und liebt, richte auch ich die herzlichsten Glückwünsche an das kleine Mädchen. Was seine „Eltern" betrifft, so habe ich kein Recht, sie zu verurteilen: Subjektiv, wenn sie in rechter Absicht und gutem Glauben gehandelt haben, kann es vor Gott sogar sehr verdienstvoll gewesen sein, diese Entscheidung getroffen und die Ärzte beauftragt zu haben, sie in die Tat umzusetzen.

3. Nimmt man jedoch das Faktum an sich und sieht vom subjektiven guten Glauben ab, dann stellt sich das moralische Problem so dar: Ist eine extrauterine Befruchtung in der Retorte erlaubt? Pius XII. traf bei seinen Ausführungen über die künstliche Befruchtung in der Ehe – wenn ich mich recht erinnere – folgende Unterscheidung: Dient der Eingriff des Arztes nur dazu, den ehelichen Akt zu unterstützen oder ein Kind zu bekommen, indem gewissermaßen der bereits abgeschlossene eheliche Akt fortgesetzt wird? In diesem Fall bestehen keinerlei moralische Bedenken, der Eingriff kann ohne weiteres erfolgen. Die künstliche Befruchtung hingegen ist aber nicht darauf aus, den ehelichen Akt zu unterstützen oder fortzusetzen, sondern schließt ihn geradezu aus und ist ein Ersatz für ihn. Diese Art von künstlicher Befruchtung ist unerlaubt, denn Gott hat die Weitergabe des menschlichen Lebens mit der ehelichen Sexualität verknüpft. So ungefähr argumentiert Pius XII. Ich finde keine zwingenden Argumente, um von dieser Norm abzuweichen und die Trennung

der Weitergabe des Lebens vom ehelichen Akt für erlaubt zu erklären.

4. „Doch“ – so habe ich in einigen Zeitungen gelesen – „es ist lächerlich, jemanden mit moralischen Problemen zu belasten, der von den großartigen Errungenschaften der Wissenschaft Gebrauch macht. Und außerdem gehört dies in den Bereich des freien Gewissens des einzelnen.“ Gut, aber der Moral geht es nicht um die Fortschritte der Wissenschaft, sondern um die menschlichen Handlungen, durch die einzelne Personen die wissenschaftlichen Errungenschaften zum Guten oder Bösen gebrauchen können. Was das Gewissen des einzelnen betrifft, sind wir einer Meinung: Ihm ist immer zu folgen, ob es nun zu einer Tat antreibt oder davon zurückhält. Der einzelne muß sich jedoch um eine rechte Gewissensbildung bemühen. Das Gewissen hat nämlich nicht die Aufgabe, ein Gesetz zu schaffen. Es hat vielmehr zwei andere Aufgaben: sich zu informieren, was das göttliche Gesetz verlangt, und dann zu urteilen, ob zwischen diesem Gesetz und einer bestimmten Handlung, die wir setzen, Einklang besteht. Mit anderen Worten: Das Gewissen hat dem Menschen zu befehlen und nicht ihm zu gehorchen.

Die Aufgabe des Journalisten

Beitrag im „Messaggero di S. Antonio“ (1977)

Am 9. Juni habe ich in Mestre den neuen Sitz der Nachrichtenagentur ANSA eingeweiht. Als erster sprach Dr. Gianni Granzotto, dann der Bürgermeister von Venedig, schließlich wurde auch mir das Mikrophon gereicht. Ich sagte einige Worte, doch danach fühlte ich mich wie jener Schneider bei Manzoni, der bei der denkwürdigen Begegnung mit Kardinal Federigo nur ein trockenes und knappes „Aber gern geschehen“ murmelte, weil ihm sonst nichts anderes einfiel. Auch mir kamen erst nachher jene Gedanken in den Sinn, die ich hätte zum Ausdruck bringen können, aber nicht gebracht habe. Als Wiedergutmachung vertraue ich sie nun dem „Messaggero“ an.

Granzotto sprach von der Agentur ANSA als dem Angelpunkt des gesamten italienischen Journalismus. Wenn die Zeitung ein kleines Nachrichten-Bächlein ist, so ist ANSA – sagte er – ein großer Fluß, ein Meer von Nachrichten, die den Journalisten und den Menschen, die auf solche Nachrichten aus sind oder sie benötigen, zur Verfügung stehen. Da kam mir in den Sinn, was Kardinal Mercier einmal gesagt hat: „Wenn der hl. Paulus heute leben würde, wäre er sicher Journalist geworden.“ Von der Zeitung „La Croix“ aus Paris wurde ihm daraufhin geantwortet: „Aber nein, Eminenz, der hl. Paulus pflegte doch den Stier immer bei den Hörnern zu packen. Wenn er also wiederkäme, wäre er mit Sicherheit Direktor der Agentur Reuter geworden.“ Man soll sich also nicht bei den kleinen Bächlein aufhalten, sondern zum Meer gehen.

Granzotto betonte auch, daß die Agentur ANSA die Nachrichten im Rohzustand liefert; es sind die Journalisten, die ihnen dann erst Farbe verleihen. Wie sagte doch der

Rabulist: „Der Advokat muß die Dinge klar und eindeutig darstellen; an uns liegt es dann, sie zu verkomplizieren.“ Sollen etwa auch die Journalisten sich so verhalten? Damit sie dieser Versuchung nicht erliegen, mahnte Johannes XXIII.: „Ihr Journalisten müßt die Behutsamkeit eines Arztes, die Vielseitigkeit eines Literaten, die Schlauheit eines Juristen und das Verantwortungsbewußtsein eines Erziehers haben.“

Diese Mahnung vor Augen, will ich einmal das Verhalten einiger Journalisten unter die Lupe nehmen. Natürlich beziehe ich mich, um nicht mit faulen Tomaten beworfen zu werden, nur auf die Vergangenheit.

Louis Blanc, Herausgeber der ältesten sozialistischen Zeitung der Welt, pflegte zu seinen Mitarbeitern immer zu sagen: „Wir schreiben für die Proletarier, daher weg mit den Börsenberichten aus der Zeitung! Veröffentlicht keine Resultate, die ihr nicht vorher gründlich geprüft habt!“ Man gab ihm zur Antwort: „Uns interessiert nur das Geld und die Erhöhung der Auflage.“ Und sie machten genauso weiter wie bisher. Doch Blanc sagte: „In einem solchen Laden will ich nicht länger arbeiten“, und nahm seinen Hut. Man wird sagen: Ein naiver Idealist! Aber konsequent, einer, der die Wahrheit liebte und immer bestrebt war, aufbauend und erzieherisch zu wirken, wenn auch auf seine Weise.

Mark Twain liebte die Wahrheit auf noch ungeniertere Weise. Seine Zeitung hatte einmal den Tod eines gewissen Herrn X gemeldet. Da erschien dieser Mann in der Redaktion, rüstig und lebendig wie nur was, und verlangte ein Dementi. „Unsere Zeitung bringt grundsätzlich keine Berichtigungen“, gab ihm Twain zu verstehen. Am folgenden Morgen schickte der Mann seinen Diener in die Redaktion mit der formellen Aufforderung, den Fehler sofort zu berichtigen. „Na gut, dann berichtigen wir eben“, sagte Twain. Die nächste Nummer der Zeitung brachte dann in großer Aufmachung den Namen des Mannes unter der Rubrik „Neugeborene“.

Wer sich allzusehr dem Geschmack des Publikums anpaßt, mag zwar die Wahrheit sagen, aber er entzieht sich dem von Papst Johannes apostrophierten „Verantwortungsbewußtsein eines Erziehers“, weil er jenen Ratschlag in der Praxis befolgt, den Balthasar Avanzini zur Zeit des deutsch-französischen

Krieges seinen Reportern gab: „Für das Publikum ist es nicht wichtig zu wissen, was Napoleon III. zu Wilhelm von Preußen nach der Niederlage von Sédan gesagt hat. Den Leuten ist viel wichtiger, ob er graue oder rote Hosen anhatte, ob er dabei Zigaretten rauchte oder nicht." Hosen und Zigaretten können dazu dienen, einem Bericht Farbe zu geben und Neugier zu wecken. Es muß aber mißbilligt werden, wenn mit allen Wassern gewaschene Journalisten sich in der Weise hervortun, daß sie gewissen Personen und Ereignissen aufbauschend eine außerordentliche Bedeutung zumessen, obwohl überhaupt nichts dahinter ist. Wie tut es einem jedoch weh, wenn man sieht, wie wirklich wichtige, ja außergewöhnliche Dinge schlampig oder ungeschickt dargeboten werden!

Doch da hat nun der Chefredakteur seine Rolle zu übernehmen. Seine Aufgabe ist es, einen „mißlungenen Artikel" zurückzuweisen, zu kürzen, umzuarbeiten oder in den Papierkorb zu werfen. Hier braucht man jene „Schlauheit des Juristen", auf die Papst Johannes anspielte. Der Autor des Artikels hat nämlich vielleicht zu verstehen gegeben, daß es sich um ein Meisterwerk handelt, das vom Publikum schon sehnlichst erwartet und von Fachleuten sehr gelobt wird. Soll man nun etwa gar zum Telefon greifen und sagen: „Ihr Artikel, lieber Herr, ist ein völliger Humbug"? Nein, um Himmels willen! Aber man kann ihm auch nicht so wie jener Chinese antworten: „Ihr kostbares Manuskript überflutet Augen und Geist mit Licht, es glänzt durch Scharfsinn, Tiefe und Originalität. Doch eben deshalb müssen wir es zurückschicken. Würden wir es nämlich wagen, Ihr Manuskript zu veröffentlichen, so würde das Publikum jeden Tag nach solchen Edelsteinen verlangen, wo doch jeder weiß, daß derartige Werke nur einmal in jedem Jahrhundert das Licht der Welt erblicken."

Und was ist mit der „Behutsamkeit eines Arztes"? Manche Journalisten verstehen es, mit ihrer Feder Balsam auf die offenen Wunden zu träufeln, andere hingegen streuen Salz darauf. Ich bin Leuten begegnet, denen es passierte, daß zwar wahre, jedoch ganz persönliche und völlig private Fakten über sie, die zu wissen das Publikum weder ein Recht noch ein Interesse hatte, auf brutalste Weise in der Öffentlichkeit breitgetreten wurden. Ich habe untadelige Personen weinen gesehen wegen einer Pressekampagne, die auf völlig frei erfundenen Verleumdungen basierte und eine Karriere, ja ein ganzes Leben zu vernichten imstande war. Ich weiß, besagter Chinese tröstete einen Politiker mit folgender Argumentation: „Die eine Hälfte der Leser hat den Artikel überhaupt nie zu Gesicht bekommen; von denen, die ihn gesehen haben, hat ihn die Hälfte nicht gelesen; von denen die ihn gelesen haben, hat die Hälfte nicht geglaubt, was er enthielt; und bei denen, die es geglaubt haben, handelt es sich zum größten Teil um unwichtige Leute. Also seien Sie unbesorgt!" Eine Argumentation dieser Art wird heute wohl nur schwerlich Anklang finden.

Es ist also Pflicht des Journalisten, durch das Blatt Papier hindurch, auf dem er gerade schreibt, auf die Menschen zu blicken, von denen er spricht. Seine Feder muß wie das Schwert eines Ritters sein, ohne Furcht und Tadel; es geht eher in Brüche, als daß es sich mit unschuldigem Blut oder den „dreißig Silberlingen" des Judas befleckt. Das schließt eine offene, freie und faire Polemik keineswegs aus, auch nicht eine angemessene ordentliche oder außerordentliche Entlohnung.

Auf eine außerordentliche Entlohnung hatte es die gesamte Redaktion des „Morning Herald" an jenem Morgen abgesehen, an dem der Milliardär Carnegie in der Redaktion erschien. Ihm war am Michigan-See sein Lieblingshund entlaufen, und nun wollte er in der Zeitung folgende Annonce veröffentlichen: „Tausend Dollar für den, der einen weißen Fox-Terrier namens Billy im Star-Palace abgibt ..." Wieder zu Hause, dachte Carnegie, daß die Angaben über den Hund vielleicht doch zu ungenau wären. Er ging also zurück zur Zeitung, um seiner Annonce noch einige Details hinzuzufügen, doch dort traf er niemanden mehr an. Da fragte er den Portier, und dieser sagte: „Das einzige, was ich Ihnen sagen kann, mein Herr, ist dies: Direktor, Redakteure, Setzer, Korrektoren – alle sind sie zum Michigan-See unterwegs, um einen Hund namens Billy zu suchen."

Ob unsere Journalisten wohl den gleichen Enthusiasmus, die gleiche Bereitschaft und Verfügbarkeit aufbrächten wie jene des „Morning Herald"? Aber nicht für die Suche nach einem Hund namens Billy. Denn die Zeitung ist eine *arma veritatis*, eine Waffe der Wahrheit. Oder vielleicht nicht?

Evangelisation und menschlicher Fortschritt

Geschichte einer kleinen Schraube

(Unveröffentlicht, 1977)

Das Thema „Evangelisation und menschlicher Fortschritt" steht nach der Synode in Rom auf der Tagesordnung vieler Gruppen und Gremien auf diözesaner wie regionaler oder pfarrlicher Ebene. Die nunmehr veröffentlichten Akten der Bischofssynode werden – so hoffe ich – ein Ansporn sein, das Thema noch weiter zu vertiefen und die praktischen Anwendungsmöglichkeiten zu prüfen. Ein weiterer Anstoß könnte von den fünf Ansprachen ausgehen, die der Papst in Vorbereitung auf die Synode bei den jeweils am Mittwoch stattfindenden Generalaudienzen gehalten hat. Im Lichte vor allem dieser Ansprachen möchte ich hier einige Erläuterungen zu den drei Worten des Themas: *„Evangelisation"*, *„menschlicher Fortschritt"* und dem Bindewort *„und"*, zu geben versuchen.

Evangelisation bedeutet, den Inhalt des Evangeliums zu den Nichtchristen, den Christen und den „Nicht-mehr-Christen" zu tragen. Und zwar vollständig, versteht sich, ohne wesentliche Änderungen, ohne die Auslegung, die das Lehramt der Kirche seit jeher gegeben hat, über den Haufen zu werfen. Wer eine Auswahl trifft und vom Evangelium nur das verkündet, was ihm selbst oder seinen Zuhörern gefällt, und das, was ihm nicht gefällt, mit Schweigen übergeht, dessen Evangelisation wäre verstümmelt und verarmt, ja sie wäre ein Verrat an der wirklichen Verkündigung. Wer sich bloß auf seine eigene Interpretation oder die einiger Theologen stützt, entfernt sich von dem bisher gültigen und vom hl. Augustinus mit den berühmten Worten ausgedrückten Grundsatz: „Ich würde nicht an das Evangelium glauben, wenn nicht die Autorität der katholischen Kirche mich dazu bewegte."

Papst Paul VI. hat am 29. September 1976 gesagt: „Die Glaubenswahrheit in ihrer authentischen und bewährten Ausdrucksform ändert sich nicht im Laufe der Zeit, sie nutzt sich nicht ab im Verlauf der Geschichte; sie kann eine pädagogische und pastorale Lebendigkeit der Sprache durchaus zulassen, ja sogar fordern und so eine gewisse Entwicklung durchmachen." Aber unter einer Bedingung – sagt der Papst weiter –, daß der berühmte Grundsatz des hl. Vinzenz von Lérins nicht angetastet wird: „Was überall, immer und von allen geglaubt worden ist, gehört zum wesentlichen Inhalt des Glaubens." Und der Papst fährt weiter fort: „Hier gibt es keine freie Erfindung, keinen Modernismus, keine Glaubensinterpretation, die dem Lehramt der Kirche fremd ist... Das ‚Credo' ändert sich nicht, es wird nicht alt und löst sich nicht auf." Mit anderen Worten: Wer das Evangelium verkündet, muß immer auf das Lehramt schauen als den Angelpunkt seiner Verkündigung, was den Inhalt des Glaubens betrifft. Wenn es nämlich ihm erlaubt wäre, die Bibel nach eigenem Gutdünken auszulegen, wäre es allen erlaubt, und dann wäre sowohl der „eine Glaube" als auch die Einheit der Kirche in Gefahr, die nach dem hl. Paulus „gefestigt wird in jedem einzelnen Gelenk" (Eph 4,16).

Paulus spricht vom Leib und den Gelenken. Der Protestant Forster würde von einem Ozeandampfer sprechen. Dieser – so schreibt er – befand sich auf hoher See im Indischen Ozean. Eine kleine Schraube, die mit Tausenden anderen zwei Stahlplatten zusammenhielt, begann sich unversehens zu lockern und drohte herauszufallen. Da sagten die benachbarten Schrauben zu ihr: „Wenn du herausfällst, folgen auch wir alle nach." Und die Nägel im Schiffsrumpf fügten hinzu: „Auch wir fühlen uns etwas beengt und möchten uns gern ein wenig lockern."

Als die großen Eisenträger dies hörten, riefen sie aus: „Um Gottes willen, bleibt doch, denn wenn ihr nicht fest bleibt, ist es um uns geschehen!" Und die Kunde von dem, was die kleine Schraube zu tun im Begriffe war, verbreitete sich wie ein Blitz quer durch den riesigen Rumpf des Kolosses, der in allen seinen Gelenken zu ächzen und zu zittern begann. Da beschlossen alle Träger und Balken, die Platten und Schrauben, ja sogar die kleinen Nägel, eine gemeinsame Botschaft an die kleine Schraube zu richten, um sie zu bitten, doch auf ihrem Posten zu bleiben, weil sonst das ganze Schiff auseinanderbrechen würde und niemand von ihnen die Heimat wiedersehen könnte.

Diese „kleine Schraube" kann z. B. ein Theologe sein, ein Priester oder ein Katechet. Die Botschaft an ihn kommt von der ganzen Kirche. Wer weiß, ob er sich von der außerordentlichen Bedeutung, die ihm die Kirche zuschreibt, beeindrucken läßt? Ob er die Verantwortung spürt, die er trägt? Wer kann sagen, ob er auf seinem Posten bleiben wird?

Menschlicher Fortschritt bedeutet, sich zu bemühen, daß jeder Mensch und der ganze Mensch vorankommt. *Jeder Mensch:* nicht nur diese oder jene Gruppe von privilegierten Personen und Glückspilzen, sondern auch die Unterprivilegierten und Pechvögel; nicht nur in diesem oder jenem hochentwickelten Industriestaat, sondern auch in den Entwicklungsländern der Dritten Welt. *Der ganze Mensch:* nicht nur im Hinblick auf Nahrung, Kleidung und materielles Wohlergehen, sondern auch auf dem Gebiet der Bildung, des moralischen und religiösen Lebens, des sozialen Aufstiegs.

Doch es wird nie etwas Neues entstehen, wenn sich nicht zuvor in den Herzen ein lebendiges Gefühl der Solidarität entwickelt. „Einer für alle und alle für einen" ist das Motto, das Dumas seinen Musketieren gegeben hat. Schon viel früher hat Jesus in der „Goldenen Regel" gesagt: „Alles, was ihr wollt, daß die Menschen euch tun, das sollt auch ihr ihnen tun." Erzbischof Battisti von Udine hat jüngst den Slogan von einem „Erdbeben für alle" geprägt. Er wollte damit sagen: Es sollten auch jene dem Erdbeben (in Friaul) nicht gleichgültig gegenüberstehen, die gar nicht davon betroffen sind. Einer seiner Priester sagte mir am nächsten Tag: „Unserem Erzbischof widerfährt das Gegenteil von dem, was dem Gouverneur von Martinique widerfuhr." – „Ich verstehe nicht", antwortete ich. – „Kennen Sie die Geschichte nicht? Ein Gouverneur von Martinique hatte eines Tages den Eindruck, daß die Erde bebte; er rieb sich die Augen und hatte schreckliche Angst. Zwei Stunden später kamen seine Beamten und sagten: In der

Stadt hat es ein Erdbeben gegeben: ein ganzes Stadtviertel liegt in Trümmern. Der Gouverneur darauf: Mir fällt ein Stein vom Herzen; ich dachte schon, ich hätte einen Schwindelanfall erlitten. Gott sei Dank ist es nur ein Erdbeben. Verstehen Sie? Unser Erzbischof war schon soweit, daß er bei jedem neuen Erdstoß aus dem Haus lief, um die Leute zu trösten und ihnen Mut zuzusprechen. Wenn er zufällig einen kleinen Schwindelanfall erleiden sollte, dann steht er sicher sofort auf und geht auf die Suche nach Erdbebenopfern."

Wenn wir nicht ein wenig von der Hilfsbereitschaft dieses Erzbischofs aufbringen, wenn wir nicht „allen ein Bruder" werden wie Charles de Foucauld, wird unser menschlicher Fortschritt nur sehr kümmerlich ausfallen. Man braucht nicht erst auf ein Erdbeben oder eine Überschwemmung zu warten: Man muß jeden Tag mit den anderen solidarisch sein, auch wenn man nur eine niedrige Stellung bekleidet und eine unscheinbare Arbeit tut, indem man einfach versucht, beruflich seinen Mann zu stellen und sich weiterzubilden. Was man von jenem Fall nicht sagen konnte, der vom Leibarzt Pius' IX. seinem illustren Klienten vorgetragen wurde, ein Fall, der leider vielen Fällen heute sehr ähnlich sieht. „Heiliger Vater" – sagte der Arzt –, „ich habe einen Sohn, der nicht studieren will, der von morgens bis abends nur die Zeit totschlägt und nichts anderes im Kopf hat als die Jagd." – „Wir haben schon verstanden" – unterbrach ihn der Papst –, „ihr haltet ihn also für geeignet, als Beamter in unsere Dienste zu treten."

Welches Maß an Solidarität heute erforderlich ist, versteht man, wenn man sich das Gesamtbild der Probleme des menschlichen Fortschritts vor Augen hält: größtmögliche Beschäftigungsgarantie, menschenwürdige Arbeitsbedingungen ohne Gesundheitsgefährdung; eine Umwelt, die vor Verschmutzung und Zerstörung bewahrt bleibt; ein unmenschlicher und anachronistischer Rassismus, der in einer planetarisch verstandenen Welt keinen Platz hat; gesicherte friedliche Koexistenz (die „großen" Nationen sollten sich an die getroffenen Vereinbarungen halten; die „kleinen" Nationen sollten von den „großen" in ihrer Eigenart und Autonomie respektiert werden); das Problem des Bevölkerungswachstums, das auf menschenwürdige Weise zu lösen ist (Auswanderung, Einwanderung, Geburtenregelung; es ist symptomatisch, daß sich in der Frage der Geburtenregelung der Heilige Stuhl bei der Konferenz in Bukarest in einer Allianz mit China und den Ländern der Dritten Welt gegen die reichen Industrienationen befand, die danach trachten, die Geburtenrate in den armen Ländern möglichst niedrig zu halten, um die eigene wirtschaftliche Vormachtstellung behaupten zu können); technische und wirtschaftliche Hilfe an die Staaten der Dritten Welt in einer Weise, daß ein gewisser Wohlstandsausgleich erzielt wird, so ähnlich wie bei kommunizierenden Gefäßen; der Skandal des internationalen Waffenhandels, vor allem des Waffenverkaufs an die armen Länder, der unbedingt aufhören muß; Kampf gegen den Analphabetismus; organisierte Hilfe in Katastrophenfällen; Verteidigung der Religionsfreiheit und der anderen moralischen Werte; eine Rechtsordnung, welche die einzelnen Staaten durch eine übergeordnete, wirksame Autorität bindet.

Beim Thema „Evangelisation und menschlicher Fortschritt“ hat auch das Bindewort „*und*“ eine große Bedeutung. Es bringt nämlich die enge Verbindung zwischen Evangelisation und Fortschritt zum Ausdruck. Drei kurze Bemerkungen dazu:

1. Die Priorität kommt der Evangelisation zu: „wegen ihrer Würde und Notwendigkeit“, sagt Paul VI. Und wir können noch hinzufügen: wegen ihrer Nützlichkeit. Jesus hat gesagt: „Euch muß es zuerst um das Reich Gottes und um seine Gerechtigkeit gehen, dann wird euch alles andere (was zum Leben notwendig ist) dazugegeben“ (Mt 6,33).

2. Pius XI. hatte gesagt: „Wenn die Kirche zivilisiert, dann tut sie es, indem sie evangelisiert.“ Paul VI. fügt dem hinzu: Die Evangelisation selbst „kann durch den Fortschritt der Zivilisation gefördert werden“.

3. Wer nie vom menschlichen Fortschritt spricht, wäre auch kein guter Verkünder des Evangeliums. Die Bischofssynode 1974 hat einen häufig zitierten Satz der Synode von 1971 in einem restriktiven Sinn interpretiert. „Die Tätigkeit für den menschlichen Fortschritt“ – so hatte man übersetzt – „ist *der* grundlegende Teil der Evangelisation“; oder: „... ist grund-

legender Bestandteil..." Ja bei den Engländern hieß es sogar: „... ist wesentlicher Teil der Evangelisation." Nein, sie ist bloß „integrierender Teil", erklärte die Synode von 1974.

Paul VI. betonte in dem Apostolischen Schreiben „Evangelii nuntiandi": Zwischen Evangelisation und menschlichem Fortschritt „bestehen enge Verbindungen". Am 22. Oktober 1976, wenige Tage vor Beginn der Synode in Rom, wiederholte der Papst, daß Christus über alle menschlichen Bedürfnisse sehr wohl Bescheid gewußt hat: Diese sind jedoch nicht nur materieller und irdischer Art. „Wer diese höhere Bestimmung des Menschen zu einem transzendenten Ziel mißversteht... mißversteht seine wahre Natur, er erniedrigt sie... und schadet seinem wirklichen Heil... Nicht von Brot allein lebt der Mensch."

Werden diese drei Bemerkungen etwas nützen? Ich weiß es nicht. Viel wichtiger ist jedenfalls die obenerwähnte Solidarität samt zuversichtlichem Unternehmungsgeist und demütiger Zusammenarbeit.

Das erstere fehlte dem Minister des Großherzogtums Toskana, Vittorio Fossombroni, der zu sagen pflegte: Alles geht von allein und erledigt sich von selbst.

Das zweite besaß der berühmte Carnegie, der aus ärmlichen Verhältnissen zum Milliardär aufgestiegen war und der für sein Grab folgende Inschrift festlegte: „Hier ruht ein Mensch, der es verstand, sich mit Mitarbeitern zu umgeben, die tüchtiger waren als er selbst."

Welche Art von Befreiung?

Beitrag im Diözesanblatt von Venedig (1973)

Die erste, nicht leichte und manchmal schmerzliche Aufgabe eines Bischofs ist es, das Wort Gottes in seiner wahren Bedeutung darzulegen. Das läßt sich oft aber nur machen, wenn man auch angibt, welche Interpretationen falsch sind.

Nun, ich sehe, wie heute manche Ideen in den Vordergrund gerückt werden, die in ihrem Ursprung durchaus christlich sind, die aber im Laufe ihrer Weiterentwicklung allmählich einen Teil ihres guten Kerns verlieren, sich mit fremden Ideologien vermischen und schließlich dem Buchstaben und Geist des Evangeliums diametral entgegenstehen.

Es ist z. B. eine gute und dem Evangelium gemäße Idee, den sozialen Problemen eine große Bedeutung beizumessen. Dieser Gedanke hat auch den Geist des Konzils geprägt, das gerade deshalb ein „Pastoralkonzil" genannt wurde. Es ist also gut und eine religiöse Verpflichtung, sich um den Fortschritt der benachteiligten Klassen zu kümmern, um internationale Gerechtigkeit und Frieden, um Arbeitslosigkeit, die Verteidigung der Arbeitsplätze usw.

Weniger gut und weniger mit der Religion zu vereinbaren ist das, was man zuweilen daraus folgert: Wenn z. B. erklärt wird, daß die Lösung dieser Probleme das absolute Hauptziel der *religiösen* Aktivität sein müsse (wohlgemerkt: nicht der politischen oder sozialen, sondern der religiösen Aktivität), oder wenn man betont, daß andere Probleme, wie etwa die Vermeidung der Sünde oder die Tatsache, daß wir dazu berufen sind, Freunde Gottes zu sein durch ein heiligmäßiges Leben, in dem das Gebet und die Sakramente eine wichtige Rolle spielen, bloß zweitrangig seien.

Ja, man geht sogar noch einen Schritt weiter. Aufgrund der Tatsache, daß die sozialen Probleme eng mit den politischen

Problemen verknüpft sind, bildet man sich ein, daß jedes Apostolat (auch das der Priester und Ordensleute) nutzlos und vergeblich sei, wenn es nicht in erster Linie eine „politische" Dimension hat. Diese Feststellung verblüfft und alarmiert oft die Gläubigen, und daher versucht man sie zu rechtfertigen, indem man das Evangelium „politisch" interpretiert und in Christus nicht mehr das Lamm, sondern den Wolf Gottes erblickt, einen Rebellen, der gekommen ist, um die Menschen von allen Unterdrückungen zu befreien, deren Opfer sie sind.

Damit nicht genug. Man sagt auch noch: 1. Alle Unterdrückungen haben ihre Quelle in der kapitalistischen Organisation der Gesellschaft. – 2. Die gegenwärtigen Regierungen tun nichts anderes, als die besitzenden Klassen an der Macht zu halten. – 3. Selbst die Lehre der Kirche hat sich von der kapitalistischen Ideologie durchdringen lassen. Und man zieht daraus den Schluß: Man verwirklicht das Evangelium nur dann, wenn man sich dafür einsetzt, die Strukturen des Staates radikal zu ändern, sei es auch mit Gewalt. Man ist kein guter Katholik, wenn man nicht mithilft, die ganze Kirche in diese revolutionäre Aktion mit hineinzuziehen.

Ich habe nicht die Absicht, mich in die Politik einzumischen, aber ich werde nicht müde werden, eure Aufmerksamkeit auf die wahre Bedeutung der Sendung Jesu hinzulenken. Alle vier Evangelisten betonen, daß Jesus Christus gekommen ist, um ein Werk vorzubereiten und auszuführen, das vor allem geistlicher und innerlicher Natur ist. In der Wüste, nachdem er versucht worden war, hat er gesiegt. Aber es war ein geistiger Kampf und ein innerer Sieg, kein sozialer oder politischer. Und von dieser Art waren alle Kämpfe seines Lebens. „Durch Gebet und Fasten" (vgl. Mt 17,20) werdet ihr siegen – so hat er uns gelehrt. Ja, Jesus ist ein Befreier, aber in erster Linie befreit er uns von der Sklaverei der Sünde. Der hl. Paulus sagt dies ganz klar: „Ihr wart Sklaven der Sünde, seid jedoch von Herzen der Lehre gehorsam geworden ... Ihr wurdet aus der Macht der Sünde befreit und seid zu Sklaven der Gerechtigkeit geworden" (Röm 6,17–18).

Wenn das wahr ist – und es ist wahr –, müssen alle fundamentalen Wahrheiten unseres Glaubens bestehen bleiben. Wenn ihr jedoch die Erbsünde leugnet und sagt, daß die einzige Sünde die Unterdrückung der Armen sei, ist es nicht mehr notwendig zu betonen, daß Christus gekommen ist, um uns von der Sünde zu erlösen. Es fällt dann auch die Notwendigkeit der göttlichen Hilfe und des Gebetes weg, um das Böse zu meiden oder sich von ihm loszusagen. Wenn ihr mit Harvey Cox behauptet, daß die „bösen Geister", von denen der hl. Paulus spricht (vgl. Eph 6,12) und gegen die wir kämpfen sollen, nichts weiter seien als die politischen und sozialen Mächte, welche die menschliche Freiheit einsperren und einschränken, dann tut ihr recht daran, die Religion auf Politik zu reduzieren. Wenn ihr im verlorenen Sohn, im verirrten Schaf, in der verlorenen Drachme – großartige Bilder der Erlöserliebe Christi – etwas anderes sehen wollt als den Sünder, wenn ihr vor allem behauptet, daß Christus bloß ein Mensch gewesen sei, der „ganz für die anderen" da war und nicht auch „ganz für den Vater", daß er nicht wahrer Gott war und nicht imstande, Sünden zu vergeben, daß er nicht gekommen ist, um zu suchen und zu retten, was verloren war (Lk 19,10), dann fällt das ganze Gebäude in sich zusammen. Dann wäre der christliche Glaube bis zum heutigen Tag ein kolossaler Irrtum gewesen, seit zweitausend Jahren hätten wir uns alle selbst und andere getäuscht.

Wer diese schrecklichen Schlußfolgerungen nicht ziehen will und im wahren Glauben verankert bleiben möchte, muß daher der Sendung Christi jenen Sinn wiedergeben, den sie seit jeher gehabt hat, und daran festhalten, daß er vor allem gekommen ist, um uns in einer geistlichen, inneren Befreiungsaktion, welche die Seele eines jeden einzelnen von uns zum Ziel hat, von der Sünde zu befreien.

Wer diese Wahrheiten vertritt, muß sich heute – auch von Personen guten Glaubens – so manchen Tadel und die Beschuldigung gefallen lassen, er fördere die „Entfremdung" des Menschen, er sei in das „System" integriert und verteidige die bestehenden Machtverhältnisse. Wenn solche Anschuldigungen gegen mich erhoben werden sollten, dann werden sie mich – so hoffe ich – nicht daran hindern, mit der Gnade Gottes meine Pflicht zu erfüllen. Und ich hoffe, daß alle Priester, denen ich die Aufgabe übertragen habe, das Wort Gottes den Menschen auszulegen, es mir gleich tun werden.

Christentum und Marxismus

Homilie zum Fest der hl. Lucia (1975)

Der Name Lucia enthält bereits ein Programm. Er bedeutet nämlich Licht. Sei es das natürliche Licht, das es dem menschlichen Auge ermöglicht, die Schönheit der Schöpfung zu sehen, sei es das Licht des Glaubens, das den Verstand erkennen läßt, was Gott zu uns gesprochen und zu unserem Heil getan hat.

Manchmal geschieht es, daß sich ein Hindernis zwischen das Auge und das Licht schiebt, und dann ist unser Blick getrübt, oder wir können überhaupt nichts mehr sehen. Das gilt auch für unser geistiges Erkennen. Ich glaube, Newman war es, der einmal auf ein Blatt Papier das Wort „Gott" geschrieben hat. Er reichte es einem Ungläubigen, mit dem er gerade diskutierte, und sagte zu ihm: „Lies das!" Und der andere tat es. Newman schrieb nun auf ein zweites Blatt dasselbe Wort, verdeckte es aber mit einer Goldmünze. Wieder gab er es seinem Gesprächspartner und sagte: „Lies!" – „Ich kann nicht" – antwortete der –, „das Geldstück zwischen meinem Auge und dem Wort hindert mich daran!"

Das ist eine alltägliche Geschichte: Gott, seine Wahrheiten, seine Liebe, seine Kirche werden oft von unseren Leidenschaften zugedeckt, die als eine übertriebene Anhänglichkeit an Ehren, Vergnügen, Geld oder an die eigenen Ideen und Vorstellungen anzusehen sind. Die Politik setzt vor allem in unseren Tagen viele dieser Leidenschaften frei und umhüllt unsere Sinne mit dichten Rauchschwaden, die den Glauben behindern. Es gehört zu meiner Hirtenpflicht, darauf hinzuweisen, und ich will es tun, indem ich einige Stichworte aufgreife, die heute ständig in aller Munde sind.

1. *Kapitalismus:* Jemand prangert Mißbräuche und Ex-

zesse an? Sofort nennen ihn manche einen Kommunisten. Andere wiederum sehen im Kapitalismus nur das schwarze Schaf, das unter allen Umständen schlechtgemacht werden muß. Die Kirche hingegen lehrt, daß nur „eine gewisse Form des Kapitalismus“ bekämpft und abgelehnt werden muß: jener Kapitalismus nämlich, der „die Quelle von vielen Übeln ist, von Ungerechtigkeiten und brudermörderischen Kämpfen“, der sich – in bestimmten Fällen – als ein „verderbliches System“ erweist und einem unerwünschten „internationalen Imperialismus der Hochfinanz“ den Weg bereitet (PP 26).

Mit dem Kapitalismus sind noch drei weitere Stichworte verbunden: Profit, Konkurrenz und Privateigentum an den Produktionsmitteln. Auch darüber gibt es Diskussionen. Das Lehramt der Kirche erklärt, daß Profit, Konkurrenz und Privateigentum nicht in jedem Fall und absolut verboten sind. Wenn sie richtig geregelt und in bestimmten Grenzen gehalten werden, können diese drei Dinge sogar sehr stimulierend wirken. Im gegenteiligen Fall allerdings können sie – und haben es auch getan – zu schwersten Mißständen führen. Wann? Wenn der Profit als „eigentlicher Motor des wirtschaftlichen Fortschritts“ betrachtet wird, wenn Konkurrenz und Wettbewerb zum „obersten Gesetz der Wirtschaft“ erhoben und wenn das Eigentum als ein „Recht ohne Schranken, ohne entsprechende Verpflichtungen der Gesellschaft gegenüber“ betrachtet wird (PP 26 u. 33).

2. *Pluralismus:* Das Konzil (GS 43) und Paul VI. (OA 50) haben gesagt: „Ein und derselbe Glaube kann die Triebkraft sein für Unternehmen verschiedener Art.“ Wenn also – so hörte ich sagen – ein Katholik erlaubterweise Christdemokrat sein kann, dann kann ein anderer ebenso erlaubterweise Kommunist sein.

Meine erste Antwort war: Ja, zwei Katholiken können sich für verschiedene Dinge einsetzen, aber unter der Bedingung, daß der Glaube bei jedem derselbe bleibt. Ein Beispiel: Von zwei Katholiken wählt der eine die Monarchisten, der andere die Republikaner; der eine kämpft für den Föderalismus, der andere ist dagegen; der eine tritt für eine Wehrdienstzeit von 18 Monaten ein, der andere für eine Verkürzung. Verschiedene Einstellungen und Präferenzen, aber sie berühren nicht im geringsten irgendeine Glaubenswahrheit. Angenommen aber, ein Getaufter unterstützt in irgendeiner Weise die Legalisierung der Abtreibung. Dann handelt er gegen den Glauben, der besagt: „Niemandem ist es erlaubt, einen Unschuldigen zu töten, und keine menschliche Autorität kann andere dazu ermächtigen, ein unschuldiges und wehrloses menschliches Wesen zu beseitigen."

Meine zweite Antwort lautete: Lieber Freund, du zitierst zwar das Konzil und den Papst, machst dabei aber eine Extrapolation. Und zwar in dem Sinne: Du hast einen Satz hergenommen, ihn aus seinem Zusammenhang gerissen und so zurechtgebogen, wie es dir paßte, obwohl diese Bedeutung weder das Konzil noch der Papst je im Sinne hatten. Hör doch genau hin, was das Konzil sagt: „Da sich in dieser unserer Zeit neue Fragen erheben und schwerste Irrtümer verbreitet werden, die die Religion, die sittliche Ordnung, ja die menschliche Gesellschaft selbst von Grund aus zu verkehren trachten, ist es dieser Heiligen Synode ein ernstes Anliegen, die Laien ... zu ermutigen, im Geist der Kirche noch eifriger bei der Herausarbeitung, Verteidigung und entsprechenden Anwendung der christlichen Grundsätze auf die Probleme unserer Zeit ihren Beitrag zu leisten" (AA 6).

„Was die christliche Ausrichtung der zeitlichen Ordnung angeht ... Die Laien sollen sich im rechten Gebrauch der Dinge und in der Organisation von Einrichtungen üben, immer unter Bedachtnahme auf das Gemeinwohl gemäß den Grundsätzen der kirchlichen Sitten- und Soziallehre" (AA 31).

Hör auch noch, was der Papst gerade in dem Dokument sagt, das du zitiert hast. Er schreibt dort: „Daher kann der Christ, der nach seinem Glauben leben will und die politische Tätigkeit als Dienst zum Nutzen anderer ausübt, niemals – ohne sich selbst zu widersprechen – jenen ideologischen Systemen Folge leisten, die von Grund aus oder doch in wesentlichen Stücken ihrer Lehre mit dem Glauben und dessen Menschenbild unvereinbar sind" (OA 26).

3. *Marxistische Analyse:* Ich höre oft sagen: „Die Analyse von Marx über die Mißstände in der Gesellschaft ist eine wissenschaftliche Diagnose und auch eine gültige und wirksame Therapie zur Beseitigung dieser Mißstände. Und das

sage ich als Katholik, denn ich unterscheide genau zwischen der Analyse und der Ideologie. Der ersteren stimme ich zu, letzterer nicht."

Die Fachleute leugnen allerdings die Wissenschaftlichkeit der marxistischen Analyse, die ja von den Tatsachen vollkommen widerlegt wurde. Aber es ist nicht meine Sache, in diese Diskussion einzusteigen. Mir kommt es vielmehr darauf an, mit Paul VI. mahnend daran zu erinnern, daß es „töricht und gefährlich" ist, die engen Bande außer acht zu lassen, die zwischen der Analyse und der marxistischen Ideologie bestehen (vgl. OA 34). Ich habe dabei die schmerzlichen Fälle einiger Leute, darunter auch Priester, vor Augen, die sich zunächst nur für die marxistische Analyse begeisterten, schließlich aber den Glauben verloren haben.

Und ich füge noch etwas hinzu: Viel gefährlicher vielleicht als die marxistische Doktrin sind die leninistisch-stalinistische Taktik und Strategie der Marxisten. Welche Strategie? Sich mit einem Lächeln und mit freundlich ausgestreckten Händen in alle Institutionen, auch katholische, einzuschleichen; mit allen Mitteln Spaltungen unter den Katholiken zu fördern und Verwirrung zu stiften, um so zu ihrer Schwächung beizutragen; das Verhalten je nach Ort und Situation zu ändern. Die Amerikaner intervenieren in Vietnam? Schmutzige Imperialisten! Die russischen Panzer ersticken den „Prager Frühling" im Blut? Das war nur ein harmloser Spaziergang, um die Lage zu „normalisieren".

Doch in Italien wird der Kommunismus einmal ganz anders aussehen! So sagt man uns, aber es ist nicht glaubwürdig. Bei uns – sagte mir bei der Synode 1974 ein Bischof von jenseits des Eisernen Vorhangs – gaben sich die Kommunisten anfangs auch so wie jetzt bei euch: „Wir werden auch andere Parteien zulassen, werden die Freiheit und die Religion respektieren usw." Wenige Monate nach ihrer Machtergreifung waren wir alle im Gefängnis!

Wer so vertrauensselig ist, dem möchte ich nur ganz schlicht mit Cesare Cantù sagen: „Losgebunden und aus dem Stall geführt, glaubte dieser Ochse, er käme nun auf die Weide, statt dessen aber spannten sie ihn vor den Pflug. Es genügt ein kurzer Augenblick des Übermuts, um ein goldenes Armband in den Brunnen zu schleudern; um es aber wieder herauszufischen, benötigt man Stunden und Tage, ja es kann sogar sein, daß es nicht mehr gelingt, seiner habhaft zu werden." Es ist klar, daß mit diesem goldenen Armband die religiöse und bürgerliche Freiheit gemeint ist.

4. *Zusammenarbeit mit allen:* Manche berufen sich hier auf Papst Johannes XXIII. und das Konzil und unterscheiden zwischen falschen philosophischen Lehrmeinungen und geschichtlichen Bewegungen, die in ihnen ihren Ursprung haben. „Während der wissenschaftliche Begriff" – wiederholen sie – „nicht mehr geändert werden kann, unterliegen doch diese Bewegungen notwendig den Veränderungen der jeweiligen Situation" (PT 84). Einverstanden. Doch welche Schlüsse zog Papst Johannes daraus? Er sagte: „Daher kann der Fall eintreten, daß Konferenzen über den Gebrauch bestimmter Dinge, die bisher unter keiner Rücksicht sinnvoll waren oder erschienen, jetzt wirklich fruchtbringend sind oder es morgen sein können" (PT 84). Es *kann* dies der Fall sein. Aber hat es sich hier bei uns in Italien bewahrheitet, ist hier so etwas geschehen? Mir scheint nicht, zumindest wenn wir dem Glauben schenken, was die Bischöfe der Emilia und Toskana öffentlich sagen und schreiben.

Ich erwähne nur einen Fall. Die Vietcong waren – so behaupteten sie wenigstens – die Befreier, die Eintracht und Frieden bringen würden usw. Aber was ist letztendlich geschehen? Heute – erklärte Mons. Seitz, der Bischof von Kontum – sind wir in Südvietnam so frei wie Fische in einem Netz: Zweihundert ausländische Priester, hundert Schwestern, fünfzig Laienmissionare sind ohne Prozeß und ohne irgendeine Begründung des Landes verwiesen worden. Alle katholischen Schulen wurden geschlossen, die gesamte Kirchenpresse wurde verboten, und sämtliche Jugendorganisationen wurden aufgelöst.

So manchen Katholiken, die – zugegebenermaßen – guten Glaubens und voll Idealismus sind, aber nicht sehr klug handeln, möchte ich die folgenden Worte Pauls VI. in Erinnerung rufen: „Inmitten weit auseinanderlaufender Bewegungen, in denen sich neben rechtmäßigen Forderungen auch sehr verworrene Bestrebungen zeigen, muß der Christ sehr sorgfältig seinen Weg wählen und sich hüten, sich auf bedingungslose und den Grundsätzen echter Humanität zuwiderlaufende Beteiligung an Unternehmungen einzulassen, sei es auch mit Berufung auf tiefempfundene Solidarität" (OA 49).

Manche von euch werden sich jetzt wahrscheinlich fragen, warum ich mich denn so ausführlich zum übersteigerten Kapitalismus auf der einen und zum Kommunismus auf der anderen Seite äußere.

Das kann ich sofort sagen: *Erstens,* weil es meine Aufgabe ist, über den Glauben zu sprechen: Heute ist der Glaube aber nicht nur durch die Angriffe jener gefährdet, die ihn bekämpfen, sondern auch durch das Schweigen dessen, der die Pflicht hat zu sprechen, nämlich des Bischofs, der ja ein „Diener des Wortes Gottes" ist. *Zweitens,* weil der Papst und meine Mitbrüder im Bischofsamt, die ja erst unlängst mit klaren Worten zu unserem Thema Stellung genommen haben, gerade in diesen Tagen von der Presse scharf angegriffen werden und es nicht fair wäre, sie im Stich zu lassen. *Drittens,* weil ein Bischof danach trachten muß, vor allem Gott zu gefallen, auch wenn er dadurch zur Zielscheibe der Kritik von seiten der Menschen zu werden droht.

Bitten wir den Herrn, daß er auf die Fürsprache der hl. Lucia, der Heiligen des Lichtes, das Licht des Glaubens in der Kirche weiterhin leuchten läßt und daß wir nicht bloß düstere Lämpchen, sondern weithin ausstrahlende Leuchttürme christlichen Lebens sind. Die wirksamste Reklame für den Glauben ist nämlich immer noch das vorbildliche Leben der Gläubigen.

Theologie oder Politologie?

Ansprache vor Theologiestudenten in S. Vito di Cadore (1976)

Wir haben gerade gehört, daß sich nach der Rede Jesu zwei Fronten gebildet haben. Die Meinung der ersten Gruppe: „Was er sagt, ist unerträglich!" Und man ging weiter seine Wege. Die zweite Gruppe bleibt bei ihm, und als ihr Sprecher ruft Petrus aus: „Herr, du hast Worte des ewigen Lebens" (vgl. Joh 6,60–69).

Heute sind wir Zeuge eines anderen Phänomens. Manche Christen sagen im Schlepptau gewisser Theologen ebenfalls: „Diese Rede ist unerträglich!" Aber statt sich nun abzuwenden, bleiben sie. Sie bleiben, um ein eigenes, dem Lehramt der Kirche entgegengesetztes „Evangelium" zu verkünden, und ignorieren bewußt die Tatsache, daß „die Heilige Überlieferung, die Heilige Schrift und das Lehramt der Kirche ... so miteinander verknüpft und einander zugesellt sind, daß keines ohne die anderen besteht" (DV 10).

Es gibt natürlich sehr viele Aspekte dieses Phänomens. Greifen wir einen davon heraus, der sich auf den sozialen Sektor bezieht.

Was sagt Jesus von sich selbst? Was sagen die Schriften über ihn?

Ich bin gekommen, um mein Leben hinzugeben als Lösegeld für viele (Mt 20,28); um das Volk von seinen Sünden zu erlösen (Mt 1,21); um die versprengten Kinder Gottes wieder zu sammeln (Joh 11,52). Der hl. Paulus schreibt an die Korinther: „Vor allem habe ich euch überliefert, was auch ich empfangen habe: Christus ist für unsere Sünden gestorben, gemäß der Schrift" (1 Kor 15,3). Und er sagt an anderer Stelle:

Aus den beiden Völkern, die unversöhnliche Feinde waren, den Juden und Heiden, hat Christus ein einziges Volk gemacht, „er versöhnte die beiden mit Gott in einem einzigen Leib“ (vgl. Eph 2,14–16).

Kaum hat Johannes der Täufer Jesus erblickt, ruft er aus: „Seht, das Lamm Gottes, das die Sünde der Welt hinwegnimmt“ (Joh 1,29). Nach der Auferstehung Jesu faßt Petrus sein Leben mit den Worten zusammen: „Er zog umher, tat Gutes und heilte alle, die in der Gewalt des Teufels waren, denn Gott war mit ihm“ (Apg 10,38). Der (geistige) Kampf Jesu mit dem Satan wird von den Synoptikern besonders hervorgehoben, die ihren Bericht über das öffentliche Auftreten Jesu mit der dreifachen Versuchung in der Wüste beginnen lassen (vgl. Mt 4,1–11; Mk 1,12–13; Lk 4,1–13). Der hl. Paulus sagt, daß wir uns in der gleichen Situation befinden, denn auch wir haben nicht gegen schwache Menschen zu kämpfen, „sondern gegen die Fürsten und Gewalten, gegen die Beherrscher dieser finsteren Welt, gegen die bösen Geister des himmlischen Bereichs“ (vgl. Eph 6,12).

Was sagen hingegen manche Theologen?

Die Verbindung von Tradition, Schrift und Lehramt der Kirche ist eine reine Erfindung der Hierarchie. Diese hat die Bibel so zurechtgebogen, daß sie den Interessen der Mächtigen, mit denen sie verbündet war, entgegenkam und deren Machtstellung festigte, die sie sich willkürlich angemaßt hatten. Sie führen folgende Beispiele dafür an:

Die Hierarchie habe die kolossale Kluft, welche die Welt in zwei Klassen teilt: in Unterdrückte und Unterdrücker, zugedeckt und verheimlicht, um jeden revolutionären Kampf zu verhindern. Statt dessen habe sie von einem einzigen Ursprung und dem gemeinsamen Ziel aller Menschen gesprochen. Sie habe auch behauptet, die Eucharistie sei ein Mahl, zu dem Reiche und Arme, Unterdrückte und Unterdrücker hinzutreten dürften. Der „eucharistische Streik“, d. h. die Tatsache, daß gewisse Priester Diktatoren und Kapitalisten von der Eucharistie ausschließen, sei ein prophetisches Zeichen und eine berechtigte Sanktion.

Die Hierarchie habe Gott immer als einen mächtigen Herrn präsentiert, als eine Art Pharao, der Befehle erteilt, während Gott doch ein Freund sei, der liebt und geliebt werden will. Es sei die Stunde gekommen, Gott aus dem Gefängnis zu befreien, in das ihn die Hierarchie eingesperrt habe.

Die Hierarchie habe die Bibel ihres politischen Inhalts beraubt, sie habe statt dessen eine rein spirituelle Theologie forciert, die mit den wirklichen Problemen der Menschen nichts zu tun hat und nur vom Heil der Seelen spricht. Gerade das Gegenteil aber sei notwendig, nämlich eine neue Theologie, die von der jeweiligen „Situation" ausgeht, keine „essentialistische", sondern eine „existentialistische" Theologie, die nicht der Frage nachgeht: „Was ist?", sondern: „Was nützt es den Menschen?" Eine solche Theologie müßte die Umstände und menschlichen Probleme besonders berücksichtigen.

Ein typisches und sinnbildhaftes Beispiel, um welches Heil es dabei gehe, sei der Exodus, der die Hebräer zeige, wie sie sich von ihren Unterdrückern, den Ägyptern, befreien.

Auch Jesus selbst sei gegen die Unterdrücker in Politik, Wirtschaft und Religion aufgetreten. Es seien nämlich die Machthaber gewesen, die ihn verurteilt hätten. Unter seinen Aposteln befänden sich auch Zeloten, jüdische Widerstandskämpfer gegen den römischen Imperialismus. Die Händler, die er aus dem Tempel gejagt hatte, seien die Kapitalisten von damals gewesen. Die paulinischen „Fürsten und Gewalten" müßten heute mit „die Reichen und Mächtigen" übersetzt werden.

Einige Fragen an die „neuen" Theologen

Ist das Lehramt etwas, was die Kirche sich widerrechtlich angemaßt hat und von Christus in keiner Weise vorgesehen war? Dann hat sich die Kirche seit fast zweitausend Jahren bis heute geirrt, und Christus samt Heiligem Geist haben es nicht vermocht, ihr zu helfen und ihr beizustehen. Umgekehrt habt erst ihr die Kirche „wiederentdeckt", ihre wahre Bedeutung ans Licht gebracht. Ihr seid die Inhaber des authentischen Lehramtes. Doch wer hat euch diese Aufgabe übertragen? Ihr, die ihr die rechtmäßigen Hirten der Usurpation beschuldigt, habt euch eure Funktion vielleicht nicht willkürlich angemaßt? Ihr nennt „unerträglich", was die Kirche sagt; ich finde es noch viel unerträglicher, dieses euer „Lehramt" zu akzeptieren.

Ist es nicht sehr vereinfachend und unhistorisch, nur von zwei Klassen zu sprechen: den Unterdrückten hier und den Unterdrückern dort? Sowohl das Bürgertum wie das Proletariat sind ihrerseits wieder aus Gründen der Nationalität, der Verteidigung des Arbeitslohnes und der erworbenen Rechte von tiefen Gegensätzen zerrissen. Haben die jüngsten Streiks nicht die Spaltung zwischen Angestellten und Angestellten, Arbeitern und Arbeitern, zwischen Gewerkschaft und Gewerkschaft offen zutage treten lassen? Haben in den letzten Kriegen nicht die Proletarier einer Nation gegen die Proletarier der feindlichen Nation die Waffen erhoben? Haben die Gewerkschaften nicht oft die eingesessenen Arbeiter gegen die zugewanderten Arbeiter unterstützt?

Es ist eine Utopie zu glauben, daß der marxistische Klassenkampf zu einer klassenlosen Gesellschaft führen wird, in der Freiheit, Harmonie, Wohlstand und Gerechtigkeit ungestört verwirklicht sein werden. Viel realistischer sagt Jesus: „Von innen, aus dem Herzen der Menschen, kommen die bösen Gedanken, Unzucht, Diebstahl, Mord, Ehebruch, Habgier ..." usw. (Mk 7,21 f). Sicherlich ist der Kampf für die eigenen Rechte und die anderer erlaubt, ja manchmal notwendig, aber ohne Haß. Auf jeden Fall ist das beste Mittel, um Gegensätze, Ungerechtigkeiten und Zwietracht zu mildern (sie ganz aufzuheben ist unmöglich), eine innere Reform der Menschen. Christen dürfen die wesentliche Einheit der Menschheitsfamilie nicht leugnen. Denn Jesus Christus hat uns gelehrt: „Ihr alle seid Brüder" (Mt 23,8), liebt alle, tut allen Gutes, auch euren Feinden (vgl. Mt 5,44; Lk 6,27.35). Über die Eucharistie hat Paulus gesagt: „*Ein* Brot ist es. Darum sind wir viele *ein* Leib" (1 Kor 10,17).

Ist Gott nur unser Freund? Ist er nicht auch unser Herr? Brauchen wir ihn nur zu lieben? Müssen wir ihm nicht auch gehorchen? Dann wären wir ja mehr als Christus. Dieser liebte den Vater von Ewigkeit her, aber seine Liebe wollte er in den

Gehorsam der Kreatur übersetzen. „Obwohl er der Sohn war, hat er durch Leiden den Gehorsam gelernt“ (Hebr 5,8; vgl. Joh 14,31; 15,10).

Eine neue, „situationsbezogene“ Theologie also? Ja, aber nur bis zu einem gewissen Grad. In der Form nämlich, daß die Wahrheiten auf eine neue, angemessenere Weise formuliert werden statt auf eine Art, die heute nicht mehr ankommt. In der Form, daß man neue Tatsachen und Bedürfnisse zur Kenntnis nimmt, nicht aber die ewigen Wahrheiten verändert. In der Theologie darf die „Situation“ nicht die Offenbarung ersetzen. Sonst hätten wir ja so viele Theologien wie Situationen, die europäische Theologie wäre dann z. B. ungeeignet für Amerika und umgekehrt. Damit würde man die Schleusen öffnen für eine Flut von Erfindungen, Übertreibungen und Schwindeleien. Was für eine Bewandtnis kann denn die „Situation“ für die Trinitäts- oder Eucharistielehre haben? Sollten wir aus der Theologie Politologie, Soziologie oder Anthropologie machen? Dann müßte man wohl sagen: „Arm und nackt bist du, Theologie!“

Sprechen wir noch kurz über die sogenannte „Exodus-Theologie“ (vgl. Ex 3,14). Es stimmt: Gott bleibt nicht ungerührt von der Ungerechtigkeit und Unterdrückung, welche die Hebräer erleiden, er hört ihren verzweifelten Aufschrei. Der Hauptgrund für sein Eingreifen ist aber erklärtermaßen ein anderer: Israel ist Gottes „erstgeborener Sohn“ (Ex 4,22), es ist in ganz besonderer Weise *sein* Volk (Ex 3,7). Der Bund hat eine unzerreißbare Einheit zwischen Gott und Israel geschaffen: Daher muß Gott eingreifen. Auch andere Völker waren unterdrückt: Für sie hat Gott nicht unmittelbar und so spektakulär eingegriffen.

Und noch etwas: Nicht Israel befreit sich selbst im Kampf, es ist vielmehr Gott, der Israel befreit. Mose und Aaron greifen nur ein, weil sie dazu gerufen werden: Der „ausgestreckte Arm“, der mit den zehn Plagen zuschlägt und das Rote Meer zerteilt, ist die Hand Gottes.

Gott will nicht die Befreiung um der Befreiung willen; er will das befreite Volk, damit es in einem kultischen Akt auf dem Berg Sinai Gott begegne (Ex 3,12), damit es in ganz besonderer Weise Volk Gottes werde und auf neue Weise erfahre, daß Gott *sein* Gott ist. „Ihr habt gesehen" – sagt er zu Mose –, „was ich den Ägyptern angetan habe, wie ich euch auf Adlerflügeln getragen und hierher zu mir gebracht habe. Jetzt aber... werdet ihr unter allen Völkern mein besonderes Eigentum sein" (Ex 19,4–5). Wir haben es mit einer Aktion Gottes für sich und für sein Volk zu tun. Mehr als ein politisch-soziales Geschehen scheint der Exodus ein religiöses Ereignis zu sein. Die Heilige Schrift betont nicht die neu entstandene Situation zwischen Israel und Ägypten, sondern die neue Beziehung zu Gott. Die politischen Folgerungen, die heute einige aus dem Exodus ziehen wollen, sind also übertrieben.

Ebenfalls übertreiben diejenigen, die aus Christus einen politischen Revolutionär machen wollen. Ein Revolutionär war Jesus, aber in einem anderen Sinn: Er warf gewisse Wertkategorien über den Haufen, nicht aber die Institutionen. Die Leute sagten: Selig die Reichen und die, welche viele Diener haben! Er aber: Selig die Armen und die, welche dienen, statt sich dienen zu lassen. Er weiß, daß der Vater alles in seine Hände gelegt hat; trotzdem wäscht er den Aposteln die Füße, nimmt er die höchste „Belastungsprobe" auf sich, nämlich die Todesangst und den Tod am Kreuz. Seine Revolution hat nichts von Gewalt an sich: Christus tötet nicht andere, sondern er nimmt freiwillig den Tod durch andere auf sich; er wendet nicht Gewalt an gegen die Gewalttätigen, um der Stärkere zu bleiben. „Das Schwache in der Welt" – sagt der hl. Paulus – „hat Gott erwählt, um das Starke zuschanden zu machen" (1 Kor 1,27). Er ist selbst ein Martyrer, der unter seinen Anhängern Millionen von Martyrern zählt, die gerade vom Beispiel seines Martyriums angezogen wurden.

Man sagt: Und doch wurde er von den Machthabern aus politischen Gründen hingerichtet. Das politische Motiv war nur ein Vorwand. Pilatus erkannte sofort, daß der wahre Beweggrund der Neid der Pharisäer war (Mt 27,18), und er versuchte ihn freizulassen. Jesus hatte es peinlichst vermieden, in die politischen Streitigkeiten seiner Zeit verwickelt zu werden, er verheimlichte von Anfang an seine Identität als Messias, die in einem politischen Sinn mißverstanden werden konnte. Ja, er versteckte sich sogar, als man ihn zum König machen wollte (Joh 6,15), und erklärte ausdrücklich, daß man dem Kaiser Steuern zahlen müßte (Mk 12,44; Lk 20,22), eine damals ganz entscheidende politische Frage.

Man spricht weiters von einigen Zeloten unter den Aposteln Jesu. Ein Zelot ist ein „Partisan", der gegen die Römer „Widerstand" leistet, während der „Zöllner" ein „Kollaborateur" mit den Römern ist. Levi-Matthäus war einer von dieser Sorte. Während aber Simon, der Zelot, nur so nebenbei im Verzeichnis der Apostel aufscheint, berichten alle drei Synoptiker ausführlich von Levi, dem Kollaborateur, über seine Berufung und das Gastmahl, das er für Jesus gab und an dem auch noch andere „Zöllner" teilnahmen.

Die Vertreibung der Händler aus dem Tempel zeugt schließlich nur vom Eifer für das Haus Gottes, und es ist wohl sehr weit hergeholt, in den Taubenverkäufern und Geldwechslern, die große Geldscheine in Kleingeld für die Tempelopfer umwechselten, Kapitalisten zu sehen. Es ist auch symptomatisch, daß im Augenblick des wirklich großen und entscheidenden Kampfes der Juden gegen Rom die Christen, eingedenk der Anweisungen Jesu, sich daran nicht beteiligen wollten, sondern noch vor der Belagerung Jerusalems die Stadt verließen und sich über den Jordan in Sicherheit brachten.

Meine lieben jungen Freunde! Ich würde es sehr bedauern, wenn das bisher Gesagte als Einladung zum Individualismus und zu einer gewissen Gleichgültigkeit gegenüber sozialen Fragen mißverstanden würde. Gerade als Christen haben wir die Verpflichtung, für eine gerechtere, menschlichere und brüderlichere Welt zu kämpfen. Und das mit aller Kraft, weil die bisherigen Maßnahmen bei weitem nicht ausreichen und weil leider viele von uns Katholiken allzusehr am Rande gestanden sind und Herrschaftsmechanismen haben hochkommen lassen, die eigentlich unchristlich sind.

Ich habe in dieser Homilie mit denen begonnen, die zwar in der Kirche „bleiben", aber eine gewisse „Anti"-Haltung einnehmen. Einige von ihnen betonen ausdrücklich, daß sie nur „bleiben", um die Kirche von innen her zu verändern. Andere handeln zwar im guten Glauben, es fragt sich aber, wie lange ihr guter Glaube noch anhalten wird. Während des

I. Vatikanums standen sowohl der spätere Kardinal Henry Newman als auch der Karmelit Hyacinthe Loyson, berühmter Prediger von Notre-Dame in Paris, auf derselben Oppositionslinie. Nach der Definition der Unfehlbarkeit des Papstes hatte Newman demütig das Haupt gesenkt, Loyson hingegen war unter Protest „gegangen", und Newman schrieb ihm am 24. November 1870: „Mein lieber Père Hyacinthe! Ich freue mich, etwas von Ihnen zu hören. Aber es schmerzt mich sehr zu wissen, daß Sie sich vom einzig wahren Schafstall Christi entfernt haben. Ich weiß, wie edel die Motive Ihrer Erregung sind und wie groß die Erschütterung ist über diese kirchlichen Ereignisse ... Aber nichts von dem, was geschehen ist, kann unsere Trennung von der Einheit der Kirche rechtfertigen ... Wir müssen Geduld haben ... Die Kirche ist die Mutter derer, die vorangehen, und derer, die hinterherhinken ... Wenn sie mit ihren verschiedenen Stimmen erklärt, daß der Papst unter ganz bestimmten Voraussetzungen unfehlbar ist, dann ist *sie* in diesen Dingen unfehlbar. Was die Bischöfe und Gläubigen auf der ganzen Welt sagen, das ist die Wahrheit, wie auch immer die dabei angewandte Methode aussehen mag, die wir beklagen können."

Den verschiedenen Lefèbvres, Franzonis und ihren Anhängern muß man die Liebe Newmans zur Kirche und seine Worte vor Augen stellen: „Gebt acht, daß ihr keine gefährlichen Schritte macht!"

Nein zur Gewalt – Ja zum Frieden

Homilie zum Neujahrsfest (1978)

„Nein zur Gewalt – Ja zum Frieden" ist das Thema, das der Papst für heute vorgegeben hat. Ich will versuchen, es so praxisnah wie möglich zu behandeln.

Für manche geht Gewalt einzig und allein von oben aus, von der „Gier" derjenigen, die unter allen Umständen an ihrer „Macht" oder ihrem „Besitz" festhalten wollen. Die Regierung und die Gesellschaft übten Gewalt aus, weil sie allzu große Ungleichheiten zuließen, weil sie die Gerechtigkeit und dringende Reformen zu langsam in die Tat umsetzten, der Jugend keine Arbeitsplätze zur Verfügung stellten und so praktisch zu Unterdrückern würden. Gewalttätig seien die Großindustriellen und multinationalen Konzerne, weil sie auf der einen Seite den Weg zu einem gerechten Aufstieg der Arbeiter verstellten und auf der anderen Seite durch die Herstellung und den Verkauf von Waffen große und kleine Kriege in der Dritten Welt förderten.

Wir müssen gestehen, daß diese Anklagen in manchen Fällen nicht unbegründet sind. Die Gewalt nur auf dieser Seite zu entdecken ist jedoch genauso ungerecht wie jede Verallgemeinerung. Die Großindustriellen tragen sicherlich ihren Teil an Schuld, doch nicht alles, was man ihnen in die Schuhe schiebt, ist berechtigt. Auch sie können als Entschuldigung die schwierige Lage und das Risiko ins Treffen führen, das sie eingehen müssen. Erst vor wenigen Tagen beklagte z. B. Albert Ronchey „die Praxis, daß ein Unternehmen Personal immer nur aufnehmen, niemals aber entlassen oder reduzieren darf, wenn die Kosten unwirtschaftlich geworden sind". Aber auch wenn man zugibt, daß es diese allgemeine Gewalt von oben gibt, wäre es ein großer Fehler, darauf von unten nicht mit legalen Mitteln, sondern nur mit bewaffneter Gewalt zu antworten. „Die Kirche“ – hat der Papst unlängst gesagt – „kann nicht die Gewalttätigkeit, vor allem nicht die Waffengewalt – die unkontrollierbar ist, wenn sie entfesselt wird – und auch nicht den Tod von irgend jemand als Weg zur Befreiung akzeptieren, denn sie weiß, daß die Gewalttätigkeit immer Gewalt hervorruft und unwiderstehlich neue Formen der Unterdrückung und der Sklaverei erzeugt, die oft noch drückender sind als jene, von denen sie zu befreien vorgibt“ (EN 37).

Diese Worte des Papstes beziehen sich auf die zweite Art von Gewalt: jene von unten, von seiten derer, die unterdrückt sind oder glauben, unterdrückt zu sein, sei es von „rechts“ oder von „links“, und die deshalb zu den Waffen greifen, Hausbesetzungen, Attentate und Morde durchführen und so dem Terrorismus den Weg bereiten. Dieser ist heute bei uns nicht nur bestens organisiert, mit Ausbildungslagern für den Guerillakampf, und finanziert durch Banküberfälle und aus anderen Quellen, sondern er steht auch mit internationalen Gruppen in Verbindung, auch wenn man eine einzige Leitungszentrale vermutlich ausschließen kann. Das Ziel, das zumindest die führenden Köpfe der Terrorszene anstreben, ist die Zerstörung der Institutionen durch einen künftigen bewaffneten revolutionären Kampf, für den die gegenwärtigen Gewaltakte bloß eine Vorahnung und eine Vorbereitung darstellen.

Diese Methode ist neu und unter einem gewissen Gesichtspunkt recht schlau. Die früheren Anarchisten ermordeten mit Dolch, Pistole und Bomben Könige, Fürsten und Minister. Die heutigen Terroristen gehen umgekehrt vor: Sie verwunden oder töten Richter, Journalisten, irgendwelche Provinzpolitiker. Und das ist ganz genau kalkuliert: Wird nämlich ein Minister getötet – so lautet ihre Rechnung –, zittern vielleicht zwanzig andere Minister vor Angst; wird aber ein Kommunalpolitiker oder ein Journalist ermordet, so zittern Tausende von Funktionären und Journalisten samt ihren Familien. Die Panik breitet sich so immer weiter aus, und der Boden für einen Umsturz wird so immer besser vorbereitet.

Ja, der Boden, das Umfeld. „Der Revolutionär" – lehrte Mao Tse-Tung – „ist wie der Fisch, der das Wasser braucht, um leben zu können." Das Wasser, also in unserem Fall das nötige Umfeld, wird einerseits durch Verbreitung von Angst und Schrecken, durch eine Strategie der Spannung geschaffen, andererseits durch eine gewisse öffentliche Solidarität oder zumindest Passivität seitens eines Großteils der Bevölkerung. Waren es zunächst kleine Gruppen von überpolitisierten Leuten, die terroristisch aktiv wurden, so sind es heute Studenten, Gefängnisinsassen, irgendwelche Außenseiter, Teile der Arbeiterschaft. Es gibt „Fulltime"-Terroristen und solche, die ein Doppelleben führen: Sie leben als „Indianer" mitten unter den Leuten, wo sie eine intensive Propaganda betreiben, vor allem unter den Jugendlichen. Das ist umso gefährlicher, je mehr es als eine gute Sache hingestellt wird, die sogar von Christus gutgeheißen werde, der ganz auf seiten der Revolution stehe. Es sei schließlich im Augenblick das einzige Mittel, um das Blatt zu wenden und eine vollkommen gerechte Gesellschaft ohne Klassenunterschiede und Ungleichheiten zu schaffen.

In dieser Situation ist ein überzeugtes, gemeinsames und aktives „Ja zum Frieden" von größter Dringlichkeit.

Ein überzeugtes Ja: Ich habe folgendes sagen gehört: „Der Terrorismus ist bloß ein Kampf zwischen bewaffneten Gruppen auf der einen und den politischen Parteien auf der anderen Seite. Sie werden sich mit der Zeit schon arrangieren." Das Gegenteil ist wahr: Die traditionellen Parteien sind nur ein partielles Angriffsziel der Terroristen, in Wirklichkeit will man viel höher hinaus und denkt an danach. Und es gibt immer öfter völlig unschuldige Opfer des Terrorismus. Wir sind also alle betroffen.

Ein gemeinsames Ja: Man sagt: „Es ist Sache der Polizei und der Gerichte, der ganzen Sache Herr zu werden." Richtig, doch momentan sind wir schon soweit, daß Polizei und Gerichte nicht mehr genügen, wenn sie nicht auf die einhellige Mitarbeit der gesamten Gesellschaft zählen können, die mithelfen muß, alle Gewalttäter zu isolieren, und jenen Schützenhilfe geben soll, welche die Ordnung aufrechterhalten.

Ein aktives Ja: Es genügt daher nicht, die Situation nur zu beklagen und ein steriles Gejammer anzustimmen über die schwache Regierung, über Gerichte und Polizei, die teilweise selbst darin verstrickt sind, über eine falsch informierende Presse, über Parteien und Gewerkschaften usw. Etwas dagegen *tun* muß man. Unsere Gesellschaft wird als schlecht und korrupt bezeichnet; gut, dann beginnen wir selbst, anständig und ehrlich zu sein, und wir werden die anderen damit anstecken und so einen konkreten Beitrag zur Herstellung größerer sozialer Gerechtigkeit leisten.

Die Terroristen machen Propaganda für ihre Sache unter den Jugendlichen. Tun doch wir für unsere Sache das gleiche! Die meisten von ihnen sind moralisch noch gesund. Ja, sie haben viel größere Probleme, als wir sie hatten. Versuchen wir doch, sie besser zu verstehen und ihnen zu helfen!

Die Terroristen rühmen sich, gegen den Staat Krieg zu führen. Kriminelle Handlungen geben sie als Heldentaten oder politische Aktivitäten aus. In Wort und Schrift sollten wir dem klare, mutige und unmißverständliche Standpunkte entgegensetzen und dabei die Dinge beim wirklichen Namen nennen.

Sie halten die Revolution für ein kurzes Zwischenspiel und eine fast schmerzlose Operation. Überzeugen wir uns selbst und auch sie, daß eine Revolution niemals ein Spiel bleibt, sondern, wenn sie einmal vom Zaun gebrochen wurde, schreckliche und unkontrollierbare Kräfte entfesseln kann. Das beweist die Geschichte zur Genüge. An anderer Stelle habe ich mich erst unlängst zu diesem Thema geäußert und mich dabei auf die Französische Revolution berufen, was mir den Vorwurf eingetragen hat, ich würde in längst vergangenen Zeiten nach Argumenten suchen. Doch ich glaube, daß es durchaus berechtigt ist, in einem katholischen Land wie Italien auf die Exzesse der Revolution in Frankreich, der „ersten Tochter der Kirche“, hinzuweisen. Denn diese Revolution begann mit dem Gesang des „Veni Creator“, mit einer feierlichen Proklamation der Menschenrechte, und an ihrer Spitze standen einige durchaus gemäßigte Leute, die jeden Exzeß verhindern wollten. Doch was ist schließlich passiert?

Papst Pius X. hat im Jahre 1906 jene 16 Karmelitinnen von Compiègne seliggesprochen, die Gertrud von Le Fort in ihrem

Roman „Die letzte am Schafott“ und Georges Bernanos in seinem Werk „Die begnadete Angst“ so großartig dargestellt haben. Eine von ihnen fragte den Richter recht geistreich, was denn das Adjektiv „fanatisch“ bedeute, mit dem er sie bezeichnete, als er sie zum Tode am Schafott verurteilte. „Das bedeutet“ – antwortete der Revolutionsrichter – „die dumme Anhänglichkeit an eure religiösen Praktiken.“ – „Ach, Schwestern“ – rief da die Nonne aus –, „habt ihr gehört: Wir sind wegen unserer Religion verurteilt worden ... Welches Glück, für unseren Gott sterben zu dürfen!“ Nachdem sie auf einem Karren zur Guillotine gebracht worden waren, erneuerten sie gemeinsam ihre Gelübde und stimmten das „Veni Creator“ an, dessen Gesang immer schwächer wurde, als eine nach der anderen ihr Leben aushauchte, bis er schließlich mit der letzten von ihnen ganz verstummte.

Ein hervorragendes Beispiel. Doch daneben gab es auch andere Frauen in der Französischen Revolution, deren Schicksal auf andere Weise tragisch ist, z. B. die sogenannten „Tricoteuses“. Sie saßen strickend, häkelnd und stickend am Straßenrand, beschimpften die Opfer, die auf den Karren zum Schafott geführt wurden, mit vulgären Ausdrücken und spendeten jedesmal frenetischen Applaus, wenn der Henker ihnen einen abgeschnittenen Kopf zeigte, bevor er ihn in den bereitstehenden Korb warf. Auch diese Frauen sind unsterblich geworden.

Ich will nicht unnötig Alarm schlagen, aber dazu aufrufen, Worte und Dinge von heute nicht auf die leichte Schulter zu nehmen, die uns vielleicht schon morgen in äußerst schwierige Situationen bringen könnten.

Möge der Herr uns im neuen Jahr beistehen und uns gewähren, in einer Gesellschaft ohne größere Erschütterungen zu leben. Möge er uns helfen, nicht nur mit dem Mund, sondern auch mit dem Herzen und durch Taten „Nein zur Gewalt – Ja zum Frieden“ zu sagen.

Abkürzungsverzeichnis

AA	=	„Apostolicam actuositatem", Dekret des II. Vatikanischen Konzils über das Apostolat der Laien
DH	=	„Dignitatis humanae", Erklärung des II. Vatikanischen Konzils über die Religionsfreiheit
DS	=	Denzinger/Schönmetzer, Enchiridion Symbolorum Definitionum et Declarationum de rebus fidei et morum
DV	=	„Dei verbum", Dogmatische Konstitution des II. Vatikanischen Konzils über die göttliche Offenbarung
EN	=	„Evangelii nuntiandi", Apostolisches Mahnschreiben Pauls VI. über die Pflicht zur Verkündigung des Evangeliums
GS	=	„Gaudium et spes", Pastoralkonstitution des II. Vatikanischen Konzils über die Kirche in der Welt von heute
LG	=	„Lumen gentium", Dogmatische Konstitution des II. Vatikanischen Konzils über die Kirche
MC	=	„Marialis cultus", Apostolisches Mahnschreiben Pauls VI. über die Marienverehrung
OA	=	„Octogesima adveniens", Enzyklika Pauls VI. über die Welt der Arbeit zum 80. Jahrestag des Erscheinens von „Rerum novarum" Leos XIII.
OT	=	„Optatam totius", Dekret des II. Vatikanischen Konzils über die Ausbildung der Priester
PC	=	„Perfectae caritatis", Dekret des II. Vatikanischen Konzils über die zeitgemäße Erneuerung des Ordenslebens
PO	=	„Presbyterorum ordinis", Dekret des II. Vatikanischen Konzils über Dienst und Leben der Priester
PP	=	„Populorum progressio", Enzyklika Pauls VI. über die soziale Verantwortung
PT	=	„Pacem in terris", Enzyklika Johannes' XXIII. über die Friedensaufgabe der Kirche
SC	=	„Sacrosanctum Concilium", Konstitution des II. Vatikanischen Konzils über die heilige Liturgie

Namenregister